PASHTANA DURRANI

Lasst uns lernen!

PASHTANA DURRANI
MIT TAMARA BRALO

LASST UNS LERNEN!

Mein Kampf für Bildung in Afghanistan

Übersetzung aus dem Amerikanischen von
Viola Krauß und Elvira Willems

LÜBBE

Dieser Titel ist auch als Hörbuch und E-Book erschienen.

Textredaktion: Ulrike Strerath-Bolz, Friedberg
Einband-/Umschlagmotive: © Lisa Abitbol; © legovector/shutterstock
Umschlaggestaltung: Massimo Peter-Bille
Satz: hanseatenSatz-bremen, Bremen
Gesetzt aus der Minion Pro
Druck und Einband: GGP Media GmbH, Pößneck

Printed in Germany
ISBN 978-3-431-05036-3

2 4 5 3 1

Sie finden uns im Internet unter luebbe.de
Bitte beachten Sie auch: lesejury.de

Prolog

Das gesamte Jahr 2016 habe ich damit zugebracht, den Pantoffeln auszuweichen, die meine Mutter nach mir warf. Paschtunische Mütter greifen äußerst gern auf diese erzieherische Maßnahme zurück, wenn ihnen etwas missfällt. Hausschuhe fliegen dir den Großteil deiner Kindheit entgegen, besonders, wenn du nicht gehorsam und dazu noch großmäulig ohne Ende bist. So wie ich. Es gibt sogar einen Ausdruck dafür: fliegender *chappal*.

Geworfen hat sie ihre Pantoffeln nach mir, seit ich verkündete, nicht nach Oxford zu gehen. Von diesem Moment an musste ich nicht einmal mehr den Mund auftun, schon griff meine Mutter nach einem Schuh. Mein Anblick genügte.

Ich bin in einem Flüchtlingslager in Pakistan aufgewachsen, als eine von vier Millionen Afghaninnen und Afghanen, die zum damaligen Zeitpunkt dort lebten, weil jahrzehntelange Kriege sie vertrieben hatten. Alles in meinem Leben war auf eine gute Bildung ausgerichtet. Sie war der einzige Weg, das Leben als Flüchtling hinter sich lassen zu können. Die Aussicht auf Erfolg war denkbar gering, doch ich schaffte es. Ich durfte an einem einjährigen Vorbereitungskurs in Oxford teilnehmen. Ein von mir verfasster Essay hatte dazu geführt, dass mir ein Vollstipendium angeboten wurde. Es handelte sich dabei zwar nicht um eine Zulassung zur Universität an sich, die räumliche Übereinstimmung war Zufall, doch es fühlte sich wie ein Zeichen an. Wir hatten schon alles geplant: Diesen Vorbereitungskurs würde ich mit Bravour meistern und anschließend von der richtigen Universität in Oxford aufgenommen werden, wo ich Philosophie, Politik und Wirtschaft studieren würde. Oxford war mein Traum. Diese Universität hatte Indira Gandhi besucht, bevor sie in Indien regierte, Benazir Bhutto hatte dort ihren Abschluss gemacht, bevor sie Premierministerin von Pakistan wurde. Und Malala ist dort gewesen. Oxford war nicht nur eine Universität, sondern ein mythischer Ort, der südasiatische Frauen in Heldinnen verwandelt. Ich würde eine von ihnen sein.

Und dann doch nicht.

Diesen Entschluss fasste ich nicht aus heiterem Himmel.

Mir saß schon lange der Gedanke im Nacken, eigentlich gar keine Zeit dafür zu haben. Und dieses Widerstreben hatte nichts mit Angst zu tun. Ich war achtzehn und dachte, mir stünde die ganze Welt offen. Ich wusste noch nicht genug von der Welt, um mich vor ihr zu fürchten. In England war ich noch nie gewesen. Der einzige Ort, von dem ich gehört hatte, war Oxford. Nicht einmal London war mir ein Begriff. Was ich mir wünschte, was ich mir erträumte, waren reihenweise ledergebundene Bücher, mit denen ich mich weiterbilden konnte.

Doch seit geraumer Zeit beschlich mich die Vermutung, dass meine Aufgabe zunächst eine ganz andere war: anderen Mädchen wie mir das Lernen zu ermöglichen. Dafür zu kämpfen.

Mädchen zu unterrichten war Familiensache.

Mein Vater, ein Stammesführer, eröffnete vor mehreren Jahrzehnten von seinem eigenen Geld eine Schule. Meine Tante unterrichtet dort. Meine Mutter unterrichtete dort. Ich selbst unterrichtete dort Englisch, seit ich sieben war. Nach meinen Privatstunden ging ich dorthin und brachte den Mädchen alles bei, was ich gerade selbst gelernt hatte.

Während meiner gesamten Kindheit bestand mein Vater darauf, dass ich mich in den Dienst der Gemeinschaft stellte. Er unterrichtete mich beständig in Geschichte. Er beharrte darauf, dass ich etwas zählte, obwohl ich ein Mädchen war. Er verlangte unablässig von mir, die Augen offenzuhalten für die kummervolle Welt, von der ich umgeben war. »Bildung ist nicht selbstverständlich. Schau dich nur um! Bildung ist ein Privileg. Das sollte sie nicht sein, aber so ist es.«

Ich hörte gut zu. Ich tat, was er sagte, und schaute mich um.

Ich sah das Camp, das weder über fließendes Wasser noch über Strom verfügte. Um mich herum litten die Mädchen Hunger und konnten weder lesen noch schreiben. Die meisten von ihnen haben das Camp noch nie verlassen. Sobald sie heiraten, verlassen sie nicht einmal mehr ihr Zuhause. Erst mit dem Tod erfahren viele, zu viele von ihnen ein Stück Bewegungsfreiheit.

Mein Studium in Oxford hatte zum Ziel, ihnen zu helfen, doch wie viele von ihnen würden sich erlauben können, auf mich zu warten? Wie viele würde ich während dieser vier Jahre verlieren?

In den meisten afghanischen Haushalten dürfen die Mädchen erst essen, wenn die Männer fertig gegessen haben. Zuerst ist der Vater an der Reihe, anschließend die Söhne, und falls dann noch etwas übrig bleibt, bekommen es die Mädchen. In den ärmsten Familien bleibt oft nichts übrig. Und mit der Bildung verhält es sich genauso. Die Mädchen sollen warten, bis die Jungen fertig unterrichtet worden sind. Nicht, dass bei den Jungen viel Wert darauf gelegt würde. Da sich Afghanistan fortwährend im Krieg befindet, bleibt nicht viel Zeit, bis die Jungen Waffen in die Hand nehmen. Wir scheinen stets auf etwas zu warten. Wir warten darauf, dass das Kämpfen ein Ende hat und dass die Schulen öffnen, eine Generation nach der anderen. Was Bildung anbelangt, so sind die Afghaninnen und Afghanen das geduldigste Volk der Welt.

Auch ich habe gewartet. Jahrelang wurde mir von Afghanistan erzählt, doch gesehen hatte ich das Land noch nie. Es war zu zerrüttet, nie sicher genug, um es zu besuchen, geschweige denn, um ganz dorthin zurückzukehren. Oxford würde die Warteschleife um weitere vier Jahre verlängern.

Mein Vater liebte Geschichte. Die Kinder hierzulande sind völlig vernarrt in Disney-Prinzessinnen, mein Vater jedoch hieß sie nicht gut. Er paukte mir früher immer ein: »Du brauchst keine Märchen, Pashtana, du brauchst Geschichte. Es gibt so viele afghanische Frauen, die weit wichtiger waren als diese Prinzessinnen!«

Zugegebenermaßen ließen sich nicht sehr viele Unterschiede zwischen den beiden ausmachen. Afghanistan befand sich damals unter der Herrschaft der Taliban, und Cinderella schien kaum weniger erdichtet als die afghanischen Heldinnen der Vergangenheit. Doch ich verstand, was er mir sagen wollte: Als afghanische Frau macht es keinen Sinn, auf einen Märchenprinzen zu warten, der dich rettet. Er wird nicht kommen.

So wurde ich unbeabsichtigt zur Aktivistin. Anfangs verteidigte ich einfach nur mich selbst. In meiner Kindheit wurde ich unablässig drangsaliert. Von meinen Cousins, weil ich ein Mädchen war. Von meinen Schulkameradinnen und Schulkameraden, weil ich ein Stammesmitglied war, und vom Staatssystem, weil ich ein Flüchtling war. Meine Weigerung, so mit mir umspringen zu lassen, hatte viel weitreichendere Konsequenzen für mein Leben, als ich ursprünglich beabsichtigt hatte. Als Stammesangehörige hängt die Messlatte für Aktivismus tief. Da wir unser ganzes Leben lang dazu erzogen werden, uns so unsichtbar wie möglich zu machen, stellt es schon einen politischen Akt dar, wenn wir die Stimme erheben.

Für mich war es dennoch ausgeschlossen, den Mund zu halten. Ich wurde mit einem lauten Mundwerk geboren, und alle denkbaren Konsequenzen erschienen mir weniger schlimm, als still vor mich hin zu leiden. Anfangs belästigte ich mit meinen Ansichten zur Bildungsgerechtigkeit nur meine Familie. Dieser Sache hatte ich mich verschrieben. Doch bald teilte ich meine Meinung auch mit meinen Facebook-Freundinnen und -Freunden. Mit sechzehn wurde mein erster Kommentar zu den Rechten von Flüchtlingsmädchen in einer afghanischen Zeitung veröffentlicht. Er war nicht wirklich kontrovers, doch in einem Land, in dem abweichlerische Stimmen strengstens überwacht werden, fällt man natürlich trotzdem auf. Nicht viele von uns trauten sich, in der Öffentlichkeit etwas zu sagen.

Nach Oxford zu gehen kam mir zu diesem Zeitpunkt egoistisch vor, wie ein Verrat an all dem, wofür ich mich einsetzte. Ich war schließlich schon privilegiert. Ich hatte bereits einen Startvorteil, von dem andere Mädchen nur träumen konnten.

Wie man sieht, hatte ich diesen fliegenden Pantoffel also gar nicht verdient. Im Grunde war mein Vater Schuld daran, dass ich nicht nach Oxford ging. Oxford war nun mal ein Märchen.

Ich entschied mich für Geschichte. Also packte ich die Koffer und machte mich stattdessen auf den Weg nach Afghanistan.

Kapitel 1

Unsere Straße war die letzte der Stadt, bevor das Flüchtlingscamp begann; sie bildete eine unsichtbare Grenze zwischen den Menschen, die dazugehörten, und denen, die nicht dazugehörten.

Am Camp endeten die gepflasterten Straßen, dort fingen die verschlungenen unbefestigten Wege an. Je weiter man ins Flüchtlingscamp hineinkam, desto kleiner wurden die Gebäude, bis sie irgendwann völlig verschwanden und nur noch Zelte übrig blieben. Größtenteils gab es im Camp weder Strom noch fließendes Wasser.

Beinahe täglich kamen neue Menschen in Pakistan an, und die alten gingen niemals fort. Der Krieg in Afghanistan dauerte nun schon um die vierzig Jahre an, und Millionen Afghaninnen und Afghanen hatten ihr Land noch nie gesehen. Ich war eine von ihnen. Ein Flüchtling in dritter Generation.

Meine Großmutter, Khan Bibi, hatte die Familie hierher gebracht, nachdem sie vor dem Krieg und ihrem Ehemann geflohen war. Die Geschichten über Khan Bibi schienen so weit weg von unserer Realität, so weit weg von unserem Leben, dass sie wie Märchen in unseren Ohren klangen. Nur der weiche Klang, den die Stimme meines Vaters jedes Mal annahm, wenn er von ihr erzählte, hauchte Khan Bibi Leben ein.

Sie wuchs in einem Schloss auf. Die Zugbrücke, die das Schloss mit dem Dorf verband, wurde jede Nacht emporgezogen und morgens wieder hinabgelassen. Das quietschende Geräusch, das sie von sich gab, muss so laut gewesen sein, dass man es im ganzen Dorf hören konnte, und so wussten die Menschen, dass es Zeit zum Aufstehen war. Khan Bibi wurde angekleidet und bekam die Haare geflochten.

Meine Mutter erzählte mir regelmäßig, wie Khan Bibi hin und wieder beim Anblick irgendwelcher Details der opulenten Kulissen indischer Seifenopern in Tränen ausbrach. Dann wurde sie an die Vorhänge oder die Fenster ihres früheren Zuhauses erinnert.

Gemessen an den damaligen Verhältnissen war sie eine gebildete Frau und kannte den Großteil des Korans auswendig. Nach der Heirat zog sie aus dem Schloss aus, doch in ihrer Erinnerung ist es ihr Zuhause geblieben.

Nach allem, was man hört, hatten meine Großeltern ein schönes Leben. Jedenfalls bis zu dem Tag, an dem mein Großvater nach einem kleinen Streit beschloss, sich eine Zweitfrau zu nehmen. Da brach die Hölle los.

Für meine Großmutter kam das nämlich überhaupt nicht infrage. Im Islam mag es gestattet sein, mehr als eine Frau zu heiraten, doch in der Oberschicht war das nicht üblich. Es war eine Beleidigung.

Tu das nicht, warnte sie ihn.

Tu das nicht, warnten ihn seine Söhne.

Anfang der 1980er befand sich die Familie schon inmitten des Kriegs. Mein Großvater war ein Anführer der Mudschaheddin im Kampf gegen die sowjetische Besatzung. Was ihn anging, so war er derjenige, der Befehle erteilte, und nicht umgekehrt. Mit einer Sturheit, die eindeutig in der Familie liegt, beschloss er, sie alle zu brüskieren und setzte seine Heiratspläne in die Tat um.

Khan Bibi war jedoch ebenso wenig die Sorte Mensch, die

einfach klein beigibt. An dem Abend, als ihr Ehemann ein absichtlich rauschendes Hochzeitsfest veranstaltete, um den Stachel noch tiefer in die Wunde zu bohren, versammelte sie ihre Kinder um sich und stellte sie vor die Wahl, ob sie mit ihr gehen oder bei ihrem Vater bleiben wollten.

Alle elf Kinder entschieden sich dafür, mit ihr zu gehen.

Khan Bibi blieb keine Zeit zum Packen. Sie brachen noch am selben Abend auf und nahmen nicht einmal Wäsche zum Wechseln mit. Im Haus ihrer Eltern konnte Khan Bibi mit den Kindern nicht bleiben, denn ihr Dorf hatte sich bereits in ein Schlachtfeld verwandelt. Also flohen sie nach Pakistan. Unterwegs besorgte sich Khan Bibi von ihren Verwandten eine Kuh, um ihre Kinder ernähren zu können.

Die Frau, die früher alles besessen hatte und keinen Finger krümmen musste, schrubbte nun die Häuser fremder Menschen, um irgendwie über die Runden zu kommen. Statt ihre Kinder arbeiten zu lassen, wie es wohl die meisten Afghaninnen und Afghanen in ihrer Lage getan hätten, schickte sie sie alle zur Schule, Jungen wie Mädchen. Nun lag es an ihr – und der Kuh –, das Überleben der Familie zu sichern. Die Kinder gingen jahrelang barfuß, doch sie machten alle einen höheren Schulabschluss, die meisten studierten sogar.

Es dauerte nicht lange, da musste auch mein Großvater fliehen. Mein Vater, der stets um Frieden bemüht gewesen ist, söhnte seine Eltern aus, und er und seine Brüder kamen so wieder in den Besitz ihrer Rechtsansprüche. Doch diese Privilegien erreichten ihn spät, zu spät, um ihn all die Mühsal vergessen zu lassen, die ihn hierher gebracht hatte. Khan Bibi war es, der er zu Dank verpflichtet war. Sie hatte ihren Kindern den Weg geebnet, hatte sie zu zielstrebigen Menschen erzogen, die sich nichts vormachen lassen. Sie spiegelte sich in allem wider, was uns über Frauen, Bildung, Armut beigebracht worden war.

Für uns alle stand sie in erster Linie für das Afghanistan, das wir verloren hatten.

Als ich zur Welt kam, sah ein privilegiertes Leben anders aus. Unser Haus war das größte des Flüchtlingslagers und umgeben von Zypressen, so als seien wir die Gutsherren. Unser Rasen war gemäht, unser Unkraut gejätet. Im Gegensatz zu den meisten anderen Familien mussten wir nie Hunger leiden. Am Fest des Fastenbrechens standen die Kinder bei uns Schlange, denn wir waren die Einzigen, die Süßigkeiten verteilten, die Einzigen, die sich welche leisten konnten.

Man bemerkt sie schon früh, diese kleinen Unterschiede, diese kleinen Vorzüge. Sie machten sich teilweise auf absurdeste Weise bemerkbar. So waren wir die einzige Familie im Camp, die ein Sofa besaß. Jedes Mal, wenn jemand eine Hochzeitsfeier veranstalten wollte, kamen sie zu uns und baten, das Sofa für den Empfang ausleihen zu dürfen. Es war keine richtige Hochzeit, wenn die Männer nicht auf unserem Sofa saßen. Dieses Möbelstück war mehr herumgekommen als irgendwer von uns.

Ich wusste schon früh, dass meine Familie sich von den anderen unterschied. Mein Vater war ein Khan, ein Stammesführer. Als solcher lagen sämtliche Angelegenheiten des Stammes in seiner Hand, vom Urteilsprechen bei Streitigkeiten bis hin zum Verhandeln mit anderen Stämmen. Da wir Flüchtlinge waren, musste mein Vater auch den Kontakt zu den pakistanischen Behörden und den Hilfsorganisationen übernehmen. Die Leute hörten auf ihn.

Wir gehören dem paschtunischen Volksstamm an, der zu beiden Seiten der Grenze beheimatet ist. Von der Außenwelt wird diese Grenze die Durand-Linie genannt, nach dem Mann, der sie wahllos auf eine Karte kritzelte. Sie schneidet unseren Stamm in zwei Hälften, obwohl wir uns noch immer relativ ungehindert hin und her bewegen. Im Gegensatz zu Indien und Pakistan ist Afghanistan nie kolonialisiert worden, obwohl viele es versuchten. Wir haben etwas Unabhängiges, Sturköpfiges an uns.

Pakistan war den Paschtuninnen und Paschtunen gegenüber nicht wohlgesinnt, besonders den afghanischen nicht, weil sie nun mal von der falschen Seite der Grenze stammten. Der kleinste Verdacht auf politisches Engagement genügte, um von den Behörden zum Verhör abgeführt zu werden und wochenlang, wenn nicht gar monatelang von der Bildfläche zu verschwinden. Mein Vater, der im besten Falle sorglos mit der afghanisch-pakistanischen Grenze umging und sich deshalb bei den Pakistanis ohnehin unbeliebt gemacht hatte, musste sich dann an die Behörden wenden und sich nach dem Verbleib der Verhafteten erkundigen. Je nach Verhaftungsgrund und je nach Laune des Beamten wurde mein Vater dann oft selbst verhaftet und ins Gefängnis geworfen. Als Stammesführer bestand dein Leben also wahrlich nicht nur aus Privilegien.

Meine Familie verteilte aber nicht nur Sofas für Hochzeiten und Süßigkeiten zum Fest des Fastenbrechens. Ich erinnere mich noch gut daran, wie mein Vater verkündete, dass Hilfsgüter eingetroffen seien, oder wie meine Mutter, meine Tante und ich kleine Pakete schnürten und sie anschließend verteilten. Zuerst an die Kinder, dann an die Frauen. Und zuletzt an die Männer. Das entsprach nicht der üblichen Reihenfolge hierzulande, aber es war unser Haus, und dort machten wir die Regeln.

Die Hilfspakete waren für meine Familie und mich tabu. Das machte mir normalerweise nichts aus, und ich stellte diesen Grundsatz auch nie infrage. Bis eines Tages eine Lieferung eintraf, die lilafarbene Geometrie-Sets enthielt. Damals war ich sechs Jahre alt und hatte absolut keine Verwendung für ein

Geometrie-Set, doch diese Sets waren so wunderschön! Einen solchen Lilaton hatte ich noch nie gesehen. Ich musste unbedingt eines davon haben.

Ich bettelte meinen Vater wieder und wieder an. Normalerweise gelang es mir spielend, seinen Widerstand zu brechen. Diesmal jedoch weigerte er sich strikt.

Das war mir neu. Er hatte mir noch nie etwas verweigert, ich kam sonst mit allem durch.

Er meinte, die Sets seien für die älteren Mädchen, die sie für die Schule bräuchten. »Diese Mädchen können sich kein Geometrie-Set leisten. Wenn du wirklich unbedingt eins brauchst, dann kaufe ich dir eines.«

Mein Vater war ein kluger Mann, doch den Ernst dieser Lage begriff er ganz offensichtlich nicht. Etwas dergleichen gab es in Pakistan einfach nicht. Er würde es also nicht kaufen können. Ich brauchte kein beliebiges Geometrie-Set. Ich brauchte das Geometrie-Set aus dem Hilfspaket.

Doch er blieb hart. »Wenn du eine gute Anführerin sein willst, kannst du dir nicht einfach nehmen, was deinem Stamm zusteht.« Dieser Grundsatz ist gut, dem stimmte ich zu, aber es musste doch Ausnahmen geben – Ausnahmen wie das schimmernde lilafarbene Geometrie-Set.

Ich hatte mein Bestes gegeben, aber diese Diskussion verlor ich. Und er hatte sich in mich eingebrannt, dieser Sinn für Fairness und Gerechtigkeit, auch wenn ich erst erwachsen werden musste, um ihn in einer Gänze zu begreifen. Mein Vater betrachtete Führerschaft als Dienst an den eigenen Leuten: Sie kamen für ihn an erster Stelle, und so lange ich denken kann, bereitete er mich darauf vor, es ihm gleichzutun.

Ich bin die Erstgeborene von drei Kindern: zwei Mädchen und ein Junge. Wir drei hätten unterschiedlicher nicht sein können, was unser Aussehen und unser Verhalten anging.

Ich selbst komme nach meinem Vater: Ich habe dunkles Haar, bin groß und stämmig. Meine Schwester kommt nach meiner Mutter: Sie hat helleres Haar, hellere Haut und ist zartgliedrig. Ich war ruppig und streitlustig, sie war liebenswürdig und zugänglich. Wäre mein Bruder nicht gewesen, hätte man nie erraten, dass wir Geschwister sind. Er hatte etwas von beiden Elternteilen, und nur wenn man ihn anschaute, sah man die Verbindung. Er war das fehlende Puzzleteilchen.

Der Status als Erstgeborene ist in der afghanischen Gesellschaft nichts wert, wenn du ein Mädchen bist. Doch auch das war in unserer Familie anders. Von meinem Vater wurde ich abgöttisch geliebt, und er behandelte mich mit einer Zuneigung, widmete mir eine Aufmerksamkeit, die normalerweise den Söhnen vorbehalten war. Ich folgte ihm überall hin. Einmal ließ er dreihundert Männer warten, um mit mir und meinen Puppen zu Ende Fantasie-Tee zu trinken. Ich vergötterte ihn natürlich genauso. Die Leute schien er mit seiner Hingabe zu einer Tochter regelrecht zu verstören, zumal sie »nicht einmal besonders hübsch war«, wie es ganz ernst gemeint hieß, denn das war das einzige Kriterium für eine Frau jedweden Alters. Meinem Vater schien das nichts auszumachen.

Er war einer der Ersten, die sich nach den Terroranschlägen des 11. September 2001 dem Kampf gegen die Taliban anschlossen. Zum damaligen Zeitpunkt war ich vier. In meinem Gedächtnis überschneidet sich der Ausbruch des Kriegs mit der Geburt meines Bruders. Um die Geburt eines Jungen wird in meiner Kultur viel Aufhebens gemacht, und meinem Vater wurde diese Ehre erst spät zuteil. Einen Sohn zeugte er nach achtjähriger Ehe und zwei Töchtern. Die Feierlichkeiten dauerten wochenlang an.

Die Leute kamen von überall her angereist, um uns zu gratulieren. Stammesführer aus der ganzen Region statteten uns einen Besuch ab. Ich saß währenddessen zu Füßen meines Vaters, als einziges weibliches Wesen weit und breit, umgeben von all diesen Männern mit Turban.

Während die lärmenden Feierlichkeiten mit der Zeit abebbten, hielt das Getuschel von Verschwörungen und Kriegsplänen Einzug. Nun handelte es sich bei den Männern mit Turban um Anführer aus ganz Afghanistan, die eine Allianz gegen die Taliban schmiedeten. Sie alle saßen bei uns daheim auf dem Boden.

Ungefähr seit November setzten sie sich täglich zusammen, bis ich eines Abends hörte, wie mein Vater zu meiner Mutter sagte: »Heute Nacht werden wir uns in Bewegung setzen und Kandahar einnehmen.« Und dann war er fort.

Damals wusste ich noch nicht viel von der Welt, geschweige denn von diesem Krieg. Ich wusste weder, wer die Taliban waren, noch warum mein Vater gegen sie kämpfen musste. Ich wusste nicht, dass sie Paschtunen waren wie wir. Ich kann mich lediglich daran erinnern, wie sich das gesamte Dorf bei uns zu Hause um den geliehenen Fernseher versammelt und sich unscharfe Bilder von Flugzeugen und Rauch angesehen hatte. Unser Fernseher war der einzige im Dorf, daher kamen alle zu uns, um sich die Geschehnisse anzuschauen.

Ich sehe es noch vor mir: Wie die Männer um die Wiege meines Bruders herumsaßen. Wie herausgeputzt meine Schwester war in ihrem wunderschönen roten Kleid und wahrscheinlich dachte, es ginge um sie. Und wie ich selbst in einem Kleid herumsprang, das am frühen Morgen, als es mir angelegt wurde, noch blütenweiß war und sich nun keiner Farbe mehr so recht zuordnen ließ.

Ich erinnere mich noch genau an die Emotionen, an die Atmosphäre im Raum. Die Luft war schwer wie Blei, und mit jedem schockierten Aufseufzen, das durch die Menge ging, fühlte es sich an, als bliebe noch weniger Luft zum Atmen übrig. Wieder und wieder wurde gezeigt, wie die Flugzeuge einschlugen. Es sollte Jahre dauern, bis ich die Verbindung herstellen konnte zwischen diesen Bildern und dem Grund dafür, dass mein Vater in den Krieg zog.

Nachdem mein Vater sich aufgemacht hatte, gab es wochenlang keinerlei Nachricht, keinen Anruf von ihm. Meine Mutter saß nur vor dem Radio und lauschte der Litanei von Kämpfen um Städte und Dörfer, die gewonnen und verloren wurden. So erfuhren wir vom Angriff auf die Stadt Spin Boldak, wo sich mein Vater gerade aufhielt.

Nachdem von den Kampfhandlungen berichtet und anschließend ausführlich die Lage besprochen wurde, verlas der Sprecher schließlich die Namen der Gefallenen.

Darunter war auch der Name meines Vaters.

Wir weinten tagelang. Alle, bis auf meine Mutter. Sie saß nur völlig regungslos und sprachlos da. Mir kam es so vor, als sei sie diejenige, die gestorben war.

Keiner meiner Verwandten sprach mit mir über die Geschehnisse. Ich war zu jung, um es zu verstehen. Meine Geschwister waren auch keine Hilfe. Mein Bruder war noch ein Baby, meine Schwester gerade mal zwei Jahre alt. Von ihnen würde ich sicher keine Erklärung bekommen. So hörte ich einige Erwachsenengespräche zufällig mit an und verstand kein Wort, bemerkte Veränderungen und konnte sie mir nicht erklären. Plötzlich gingen Männer bei uns zu Hause ein und aus, mitten durch die Frauenquartiere, aus denen sie sich normalerweise fernhalten müssen. Sie sind die Zufluchtsstätte der Frauen, wo die Vorschriften der Außenwelt nicht gelten, wo wir uns nicht bedecken und nicht so kleiden wie sonst. Für Männer ist dieser Bereich absolut tabu. Sie wurden bei uns draußen im Gästehaus empfangen. Nun aber spazierten alle möglichen Fremden, Männer wie Frauen, zu jeder Tages- und Nachtzeit durch unsere Räumlichkeiten. Sie versammelten sich um das Telefon im Zimmer meiner Mutter und warteten auf irgendetwas.

Eine Woche verging. Ich war im Garten, um dem Schwermut, der durchs Haus waberte, zu entkommen, als mein Vater plötzlich nach draußen trat.

Überall klebte getrocknetes Blut an ihm. Sein Kopf, seine Hände, seine Hüfte, einfach jedes Körperteil schien bandagiert zu sein. Ich glaube, da habe ich zum ersten Mal verstanden, was Krieg bedeutet: Verwundungen und Blut und quälendes Warten, ob jemand zurückkehrt oder nicht. Trotz des ganzen Blutes, trotz der Bandagen sah ich, dass er es war. Der Anblick des Blutes schreckte mich nicht, ich rannte ihm sofort entgegen. Ich weiß noch, wie ich vor lauter Aufregung hinfiel und mir das Knie übel zurichtete, wie ich dem nicht einmal Beachtung schenkte und gleich aufstand und weiterrannte. Als ich ihn endlich erreichte, klammerte ich mich an sein nicht bandagiertes Bein und rief: »Du bist wieder da, du bist wieder da!«

Auf einmal kamen alle aus dem Haus angelaufen. Meine Mutter rannte zu ihm und umarmte ihn. Wie gut ich mich an diese Umarmung erinnern kann! Selbst ich empfand sie als anstößig. So etwas tut man in unserer Kultur nicht, man umarmt sich nicht in aller Öffentlichkeit. Wir Paschtuninnen und Paschtunen können die öffentliche Zurschaustellung von Emotionen nicht ausstehen. Wenn du unbedingt Gefühle zeigen musst, dann beschränke dich bitte auf Starrsinn, Zorn und Tapferkeit. Meine Mutter schien sich nicht darum zu scheren. Da stand sie und umarmte meinen Vater. Und da liefen bei ihr zum ersten Mal die Tränen. Ich wurde einfach nicht schlau aus ihr. Was es auch gewesen sein mochte, es war doch vorbei!

Warum weinte sie jetzt? Mein Vater war von den Toten auferstanden!

Als wir ihn endlich ins Haus ließen, damit er sich setzen konnte, erzählte er uns, wie sie von den Taliban angegriffen worden waren. Im Gebäude, in dem sein Büro untergebracht war, lagerte tonnenweise Munition, sodass es in die Luft flog, als eine Mörsergranate einschlug. Mein Vater war gerade frische Luft schnappen gegangen, um den Kopf frei zu kriegen. Wieder und wieder sagte er, welch unfassbares Glück es gewesen war, dass er dem Tod um Haaresbreite entronnen war. Im Radio hatten sie schlicht alle Personen für tot erklärt, die sich während der Explosion im Gebäude aufgehalten hatten. Sie war derart gewaltig gewesen, dass keiner sich die Mühe machte, die Toten zu identifizieren. Mein Vater war der einzige Überlebende.

Eine Woche blieb er bei uns, um zu genesen und sich zu erholen, danach zog er zurück in den Kampf. Für geraume Zeit blieb das sein längster Aufenthalt bei uns. Es ging ihm nicht gut genug, um nach draußen zu gehen, also hatte ich ihn ganz für mich allein. Meine Geschwister und meine Cousins waren natürlich ebenfalls da, doch ich stand ihm am nächsten, und die anderen wagten es nicht, sich dazwischen zu drängen. Ich saß ihm zu Füßen und war überglücklich über dieses Wunder.

Er sprach mit uns und erzählte uns Geschichten von afghanischen Heldinnen der Vergangenheit. Er sprach von der Militärkommandeurin Malalai, von der Königin Soraya. »Diese Frauen haben Afghanistan verändert, und das könnt ihr auch. Ihr müsst nur zur Schule gehen und lernen«, sagte er und blickte mich an.

Das verwirrte mich. Ich ging doch zur Schule! Ich bohrte jedoch nicht nach, ich war einfach nur froh, ihn wieder zu haben, und in Anbetracht seiner schweren Verletzungen schien es mir auch nicht der richtige Zeitpunkt für eine Befragung. Ich wusste nicht, dass die Taliban Frauen nicht gestatteten, das Haus zu verlassen oder gar arbeiten zu gehen. Ich wusste nicht, dass es schon lange her war, dass afghanische Frauen Erfolge errangen. Heute ist mir klar, dass diese Worte eine Art mündliches Testament darstellten. Seine Begegnung mit dem Tod hatte ihm vor Augen geführt, dass er damit nicht mehr lange warten sollte.

Als dieser erste Vorstoß gegen die Taliban beendet war, ging mein Vater bald in den Krieg, wie die Männer aus der Vorstadt in den amerikanischen Filmen zur Arbeit gingen. Samstagmorgens, während wir alle noch schliefen, brach er auf, um eine Woche lang kämpfen zu gehen. Bei seiner Rückkehr hatte er Geschenke dabei, als sei er geschäftlich verreist gewesen und nicht im Krieg. Es handelte sich stets um Bücher. Und ich hüte sie bis heute wie einen Schatz. Daher stammt wohl auch meine Liebe zu Büchern: von diesen in Leder gebundenen, dicken Wälzern, die ich nur mit ganzem Körpereinsatz hochheben konnte.

Das offizielle Ende des Kriegs brachte uns im Camp keinen Frieden. Zwar waren die Taliban aus Kabul vertrieben worden, unsere Gegend blieb jedoch eine Kampfzone. Ein Sieg ist hier nie von langer Dauer. Echten Frieden gibt es keinen, nur eine kurze Pause, in der die Gewehre neu geladen werden.

Seltsamerweise hatte ich mir nie Sorgen gemacht, dass mein Vater nicht zurückkehren könnte. Selbst nach diesem ersten Schrecken war ich zutiefst von seiner Rückkehr überzeugt. Vielleicht, weil er eine unfassbar starke Ausstrahlung hatte. Bis heute, obwohl er inzwischen von uns gegangen ist, schaue ich manchmal zur Tür und erwarte, dass er jeden Moment hindurchtritt. Noch heute denke ich, er wird das Unmögliche wahr machen, wieder und wieder.

Meine Mutter kommt aus einer wohlhabenden, gebildeten Familie; unser Stammesleben hat sie ihrer Heirat zu verdanken. Die Anpassung daran fiel ihr nicht leicht. Wenn wir unter uns waren, konnte sie ganz sie selbst sein, doch sobald wir Leute um uns hatten, schien man sie alle paar Minuten auffordern zu müssen, sich zu bedecken oder mehr zuzuhören und weniger zu reden. Sie hatte es nicht leicht in diesen Stammesstrukturen. Es war völlig egal, wie weit ihre Familienlinie zurückreichte oder wie reich und einflussreich ihre Familie war: Nach ihrer Heirat zählte das alles nichts. Von da an galt sie als Zugezogene.

Das lag nicht nur an ihrem Frausein. Unsere Geschlechterdynamiken sind weitaus komplizierter. Es geht auch darum, welches Blut in deinen Adern fließt. Als Tochter, die in einen Clan hineingeboren wurde, hast du teilweise mehr Befugnisse als deine eigene Mutter, wenn sie diesem Clan nicht ursprünglich entstammt. Ich fand es befremdlich, dass meinen Worten im Alter von ungefähr zehn Jahren mehr Bedeutung beigemessen wurde als denen meiner Mutter. Ich war blutsverwandt, meine Mutter nicht. Als Ehefrau verlierst du deine Privilegien, wenn du außerhalb deiner Machtstrukturen heiratest.

Meine Erziehung war aber nicht wirklich traditionell. Vor allem weil mir gestattet war, ein Kind zu sein. Das ist hierzulande keine Selbstverständlichkeit. Hier wird von dir erwartet, dass du dich sobald wie möglich nützlich machst. Nicht nur, indem du bei der täglichen Arbeit im Haus mithilfst, nein. Du sollst deinen eigenen Beitrag zur Ernährung der Familie leisten. Die Straßen Kabuls sind voll von fünfjährigen Kindern, die das Geld für die Familie verdienen müssen und deshalb allen möglichen Schnickschnack an die Insassen vorbeifahrender Autos zu verkaufen versuchen.

Meine Kindheit verlief anders. Zwar hatte auch ich meine Pflichten, doch meist durfte ich mit meinen Cousins herumspringen oder im Garten buddeln. Diese Art von Freiheit war normalerweise den Jungen vorbehalten. Die Mädchen hatten gefälligst zu Hause zu bleiben, umgeben von Erwachsenen, wo sie nie die Stimme erheben und nie ihre Meinung äußern dürfen. Das dient als Vorbereitung auf die Ehe, auf den Rest ihres Lebens. So wird ihnen beigebracht, alles einfach hinzunehmen und nicht zu hinterfragen, was man ihnen auch antun mag.

Wenn ich anderen von meiner Kindheit erzähle, sage ich oft, meine Eltern hätten aus mir einen burschikosen Wildfang gemacht, doch das stimmt nicht so ganz. Es klingt, als hätte ich absichtlich mit Jungen statt mit Mädchen gespielt, und dem war nicht so. Die Jungen waren einfach nur die einzigen Kinder, die spielten. Abgesehen von mir und meiner Schwester durfte kein einziges Mädchen spielen.

Mein Umgang mit Jungen gab mir ein anderes Wesen, einen anderen Blick auf die Welt. Nur indem ich lauter und klüger war als meine Cousins, konnte ich mir bei ihnen Gehör verschaffen. Sie waren zwar älter als ich, doch ich war die Tochter des Khans. Damit war für ein afghanisches Mädchen wohl das höchstmögliche Maß an Gleichberechtigung erreicht. Ich konnte mich behaupten, auch wenn ich dafür kämpfen musste.

Eine Zeit lang ging das gut. Doch sobald die Jungen zehn, elf Jahre alt wurden, schien ihnen plötzlich ein Licht aufgegangen zu sein, dass ich ja nur ein Mädchen war. Sie entdeckten Gewehre für sich und fingen an, mit uralten Kalaschnikows um die Schultern herumzulaufen. Ganz wichtig, ganz erwachsen, ganz … männlich. Ich hatte keine Nerven für so etwas. Ich versuchte sie noch immer herumzukommandieren. Einer meiner Cousins gab sich die allergrößte Mühe, mir zu erklären, dass er, nicht ich, der Anführer sein sollte, weil ich eine Frau sei, aus der sowieso nichts werden würde.

Ich bin mir ziemlich sicher, dass diese Worte nicht als Kampfansage gemeint waren, doch ich nahm sie als genau das. Und ich begann, mich mit diesem vorlauten Cousin zu messen.

Als ich zehn war, bekam er ein Fahrrad. Ich musste meinem Vater eine ganze Woche lang in den Ohren liegen, bevor er nachgab und uns ebenfalls Fahrräder kaufte. Meine Schwester bekam ein hübsches rosafarbenes mit Glitzer. Ich bekam ein blaues, das genau wie das meines Cousins aussah.

Nur besser.

Mein Vater kannte mich gut.

Finster entschlossen fuhr ich damit im Hof herum und erregte bei allen, die mich erblickten, Anstoß. Je älter man wird, desto strenger werden die Regeln, und mit zehn wird von einem Mädchen erwartet, dass es sich bedeckt, den Mund hält und sich endgültig ins Haus zurückzieht.

Nicht mit mir.

Ich wollte allen beweisen, dass aus mir sehr wohl etwas wird.

Kapitel 2

Entgegen der landläufigen Meinung haben wir Afghaninnen und Afghanen das Bildungssystem nicht erst entdeckt, nachdem im Zuge des 11. Septembers die Hilfsorganisationen ins Land gerollt kamen. Vor dem Einmarsch der Sowjetunion im Jahr 1979 gingen die meisten Kinder zur Schule, doch der jahrzehntelange Krieg hat uns verrückt gemacht. Vierzig Jahre sind eine lange Zeit, so lange kann kein Land im Stillstand verharren. Nach einer Weile muss man sich zwangsläufig bewegen – und wir fingen an, uns rückwärts zu bewegen.

Unsere Welt wurde kleiner. Für alle durch den Verlust an Land. Aber vor allem für die Frauen, die mehr und mehr zu Hause eingesperrt wurden. Davor war es selbst in den Dörfern normal für eine Frau, sich draußen zu bewegen und auf den Feldern zu arbeiten. Doch als es so weit war, dass wir in Flüchtlingslagern lebten, blieben uns nur noch die Küche und der Hinterhof.

Alles fing ganz harmlos an. Die Männer wollten ihre weiblichen Angehörigen angeblich nur schützen, weil es draußen zu gefährlich sei. Das ergab anfangs noch einigermaßen Sinn, denn ein Flüchtlingslager war ein gesetzloses Niemandsland, in dem uns alles Mögliche zustoßen konnte: Vergewaltigung, Entführung, Säureanschläge und Mord. So ließ man die Frauen nicht mehr nach draußen, zu ihrem eigenen Wohl, wie es so schön hieß. Keiner sprach mehr von Bildung. Wir erinnerten uns irgendwann nicht mehr daran, wie wir vorher gelebt hatten, wir vergaßen, dass es einmal anders gewesen war. Stattdessen fingen wir an zu glauben, dass es schon immer so gewesen sei.

In diesen Verhältnissen sind die heutigen Mitglieder der Taliban groß geworden. Jungen, die auf den unbefestigten Wegen im Flüchtlingscamp umherrannten und keine einzige Frau zu Gesicht bekamen, mit der sie nicht verwandt waren. Als sie an die Macht kamen, wollten sie genau diese Welt nachbilden.

Mein Vater, der stets den Berg zum Propheten zu bringen versuchte, wollte das ändern. Schon lange vor meiner Geburt gründete er in den 1990ern eine Gemeinschaftsschule für Mädchen – trotz seiner Stammeszugehörigkeit, trotz des öffentlichen Widerstands und viele Jahre, bevor es der Westen zur Priorität erhob. Nur wenige Flüchtlinge aus dem Camp konnten ihre Kinder auf pakistanische Schulen schicken, und wenn sie es taten, dann handelte es sich dabei kaum um Mädchen.

Jahrelang versuchte er wieder und wieder, bei den Hilfsorganisationen Fördergelder für die Schule zu beantragen, doch diese bestanden auf einen staatlich genehmigten Lehrplan. Das war allein deshalb ein Ding der Unmöglichkeit, weil es keine richtige Staatsführung gab. Die meisten Hilfsorganisationen nehmen als Ausgangslage die geordnete Welt, die sie kennen, nicht das Chaos, in dem wir tatsächlich leben. Sie bestanden auf Regeln und Verpflichtungen von allen Seiten oder wenigstens auf dem verbindlichen Wunsch der Dorfgemeinschaft. Sie bestanden auf Zusagen, die ihnen keiner geben konnte.

Mein Vater hingegen pochte auf eine Art Guerillataktik: Erreiche so viele Mädchen wie möglich, bring ihnen so viel wie möglich bei, und sei schneller als das, was versuchen wird, sie zu brechen. Für einen Businessplan war das vielleicht nicht ganz so optimal.

Da seine Versuche nicht von Erfolg gekrönt waren, finanzierte mein Vater die Schule schließlich mit seinem eigenen Geld. Die beiden Klassenzimmer strich er in einem hellen Grünton an (»um das Lernen zu erleichtern«, erklärte er jedem, der es hören wollte) und legte los. Sämtliche Frauen meiner Familie unterrichteten dort. Mit meinen sieben Jahren bestand meine Aufgabe darin, von meinen privaten Englischstunden zurückzukehren und den Mädchen alles beizubringen, was ich dort gelernt hatte. Noch heute gibt es Frauen, die dank mir auf Englisch bis zehn zählen können. An der Schule brachten wir uns also alle mit ein, doch es war meine Tante, die von Anfang an das Zepter in der Hand hielt.

Als Khan hatte mein Vater sehr viel Einfluss, aber die Schule stellte eine Neuerung dar, die völlig gegen die Tradition ging. Es würde eine Menge Überzeugungsarbeit geleistet werden müssen.

Und hier kam meine Tante ins Spiel. Sie nahm sich des anfänglichen Widerwillens der Menschen gerne an.

Wie ich aus ihren Erzählungen weiß, hatte die Art und Weise, wie sie den Schulbesuch sicherstellte, definitiv etwas Paschtunisches an sich. Wenn ein Mädchen nicht zur Schule kam, ging meine Tante erst einmal zu ihr nach Hause, um der Familie gut zuzureden. Das trug natürlich keine Früchte, und so drohte meine Tante dem armen Wicht, der ihr die Tür geöffnet hatte, Prügel an. Das meinte sie todernst und zeigte dabei mit dem Finger auf einen ihrer Brüder, der hinter ihr im Schatten lauerte und vermutlich nicht ganz sicher war, was er hier eigentlich zu suchen hatte. Meiner Tante gehorchten wir alle aufs Wort, ohne lange nachzufragen. Es erübrigt sich also zu sagen, dass sich der Schulbesuch im Zuge ihrer »Vermittlung« erheblich verbesserte.

Da diese Angelegenheit nun geklärt war, rief mein Vater einen Frauen-Ältestenrat ins Leben, der die Schule etwas weniger bedrohlich bewerben sollte, als meine Tante es tat. Diese Schule war eine von Frauen für Frauen, und sie war in den Frauenquartieren unseres Zuhauses beherbergt.

Es war nahezu unmöglich, in dieser Familie keine Obsession für schulische Bildung zu entwickeln. Und die Tatsache, dass ich ein Mädchen war, tat ihr Übriges. Meine Mutter sagte gern: »Wenn du dir in dieser Gemeinschaft einen Namen machen willst, musst du lernen. So verdienst du dir als Frau Respekt. Wenn du hier als Mädchen zur Welt kommst, musst du dir den Respekt, der den Jungen von Natur aus entgegengebracht wird, erst verdienen.«

Und bevor ich den Mund aufmachen und mich beschweren konnte, fuhr sie fort: »Es hat keinen Sinn, darüber nachzudenken, wie gerecht oder ungerecht das ist. Du musst einfach deinen Teil tun und hoffen, dass du es eines Tages ändern kannst.«

Meine Tante wohnte bei uns. In Afghanistan ist das nichts Ungewöhnliches, in den meisten Haushalten wird das Prinzip des »Gad Kor« gelebt. Wörtlich übersetzt heißt dieser Ausdruck »Stamm eines Baums« und bezieht sich auf den Vater, dessen Söhne wie die Zweige eines Baums bei ihm wohnen bleiben. Für Frauen galt das hingegen nicht. Sobald sie verheiratet waren, wurden sie zu Anhängseln eines anderen Gad Kor.

Meine Tante war geschieden, und sie wohnte bei uns, weil sie nirgendwo sonst hinkonnte. Der Mann, den sie geheiratet hatte, schien nach außen hin ein guter Fang zu sein: gebildet, wohlhabend, ein angesehener Rechtsanwalt. Doch in dem Moment, als sie nach der Hochzeit die Tür hinter sich zumachten, fingen die Prügel an. Jedes Mal, wenn meine Tante es körperlich oder mental nicht mehr ertragen konnte, floh sie zu uns. Und wenn sie sich wieder erholt hatte, ging sie zurück – nicht zu ihm, sondern zu ihren beiden Kindern.

Als ihre Kinder zwei und vier Jahre alt waren, konnte sie die Misshandlungen nicht länger aushalten. Ich erfuhr nie, was damals geschah, doch eines Tages kam sie und ging nicht wieder zurück. Eine Afghanin in Pakistan findet nirgendwo eine Zuflucht, für sie gibt es keinen Ausweg. Eine Flüchtlingsfrau war sie ja bereits, und zweimal Fliehen funktioniert hier nicht, dafür ist kein Platz mehr übrig.

Mein Vater nahm sie auf. Er hatte bereits eine seiner Schwestern aufgrund von häuslicher Gewalt verloren – ihr Ehemann schlug sie eines Tages einfach tot. Noch einmal würde er das nicht riskieren.

In Pakistan ist eine Scheidung alles andere als frauenfreundlich geregelt. Wenn eine Frau ihren Mann verlässt, verliert sie auch seine Kinder. Meine Tante kämpfte und kämpfte, oh ja, das tat sie, und obwohl alle wussten, dass es ein aussichtloser Kampf war, erfuhr sie von meiner Familie die ganze Zeit über Unterstützung. Ihre Kinder aber blieben beim Vater, so wie es üblich war.

In Afghanistan dürfen die Kinder frei entscheiden, wann und wo sie sich schlafen legen, und sie müssen auch keinen Albtraum vortäuschen, um sich zu ihren Eltern ins Bett legen zu dürfen. Ich verbrachte dort den Großteil meiner Kindheit, besonders wenn die Seite meines Vaters leer blieb, weil er wie so oft im Krieg oder im Gefängnis war. Doch als meine Tante kam, wurde der gesamte Haushalt umgemodelt. Und ich sollte mit ihr zusammen in einem Zimmer schlafen.

Ich vermute, man ging davon aus, der Atem eines schlafenden Kindes würde sie nachts etwas beruhigen, wenn sie wach lag und ihre eigenen Kinder vermisste. Mir fiel das Einschlafen dort schwer. Meine Tante betete beinahe die ganze Nacht hindurch, Nacht für Nacht. Selbst in meinem Alter begriff ich schon, wofür sie betete.

Die Prügel mögen meine Tante verängstigt haben, doch der Verlust ihrer Kinder hat sie gebrochen.

Ich fand immer, sie sähe gemein aus. Sie war unnatürlich dünn, weil sie weder zum Essen noch zum Schlafen imstande war; sie war jähzornig, und ihr Blick war verstörend. Ich musste erst erwachsen werden, um zu begreifen, dass sie schlicht ein gebrochener Mensch war.

Ich denke, wir sollten damals alle dafür Sorge tragen, dass meine Tante nicht mit ihren Gedanken allein war. Das Unterrichten reichte dazu nicht aus, deshalb pochte mein Vater darauf, dass sie zurück an die Universität ging und ihren Master machte. Für meinen Vater war Bildung eben die Antwort auf alle Fragen.

Durch die Schule traten auch die meisten Kindermädchen in mein Leben. Nour Bibi war die Erste. Sie war der Schützling meiner Mutter – ein Mathegenie, wie sie stets behauptete. Wie so viele afghanische Mädchen hatte sie kein glückliches Zuhause und drückte sich nach der Schule noch so lange wie möglich bei uns herum. Da meine Mutter sowieso für ihren gesamten Schulbedarf aufkam und ihr jede Woche etwas Taschengeld zusteckte, bot sie ihr schließlich eine offizielle Stelle als Kindermädchen an.

Nach und nach wurden Nour Bibi Aufgaben übertragen. Das Taschengeld wurde zum Lohn, das Herumdrücken zur Arbeit. Nour Bibi war sehr stolz darauf. Jede freie Minute hockte sie in der Ecke unseres Wohnzimmers und lernte. Sie war immer bei uns.

Wir waren noch sehr klein und benötigten für alles Hilfe. Ich kann mich noch gut an den täglichen Kampf erinnern, meinen Kopf durch die Bluse und meine Arme in die Ärmel zu stecken. Mir ist sie als Schatten, als bloßer Umriss im Gedächtnis geblieben. An ihr Gesicht kann ich mich kaum erinnern, ihre Hände jedoch sehe ich noch deutlich vor mir, wie sie mir die Bluse über den Kopf stülpten.

Nour Bibi war die erste Frau, die aus meinem Leben verschwunden ist. Sie wurde im frühen Jugendalter verheiratet und war von heute auf morgen einfach fort. Als ob sie aufgehört hätte zu existieren.

Mein zweites Kindermädchen hieß Zargana. Die Entscheidung dafür hatte diesmal mein Vater getroffen. Und sie war nicht ganz naheliegend: Die Anstellung machte es erforderlich, hinter drei widerborstigen Kindern her zu jagen, und Zargana war schwerbehindert und konnte sich nicht ohne ihre Krücken vorwärtsbewegen, geschweige denn rennen. Als Folge ihrer früheren Kinderlähmung war eines ihrer Beine völlig verkümmert. Auch konnte sie sich nur kurz auf den Beinen halten, denn irgendwann schnitten ihr die Krücken so sehr ins Fleisch, dass die Achseln bluteten.

Als kleine Göre wollte ich natürlich alles darüber wissen.

Tut das weh? (Ja, tut es.)

Kannst du das Bein bewegen? (Nein.)

Anschließend zog ich mich in mein Zimmer zurück und versuchte, ein Bein still zu halten und mich nur mit dem anderen fortzubewegen. Ich wollte wissen, wie Zargana die Welt erlebte.

Trotz dieser doch recht beträchtlichen Nachteile für ein Kindermädchen beharrte mein Vater darauf, dass Zargana die freundlichste Anwärterin auf die Stelle sei und diejenige, die sie am meisten verdient habe. Wir nickten zustimmend und wussten, dass dies nur die halbe Wahrheit war. Zarganas Narben blieben uns nicht verborgen, uns war allen klar, dass sie daheim geschlagen wurde. Was mein Vater ihr in Wahrheit anbot, war ein Zufluchtsort.

Zargana kassierte beinahe täglich Prügel von unbegreiflicher Brutalität.

Jeden Morgen sahen wir sie auf dem Weg zu uns langsam die Straße entlanghumpeln und dabei über die letzte Tracht Prügel und Verletzungen weinen. An einem dieser Morgen, als ihr Vater kochendes Wasser über sie geschüttet hatte, flehte Zargana meine Mutter an, mein Vater möge sich einschalten.

In unserer Kultur ist es selbst für einen Khan mehr als unangebracht, sich in Familienangelegenheiten einzumischen, mögen die Narben noch so offensichtlich sein und möge es noch so schwierig sein, darüber hinwegzusehen. Privat ist privat. Da Zarganas Vater jedoch in unseren Weingärten arbeitete, ging mein Vater zu ihm und drohte ihm mit der Kündigung, wenn er noch einmal Hand an Zargana legte. Ich weiß nicht, ob ihr damit geholfen war. An großartige Verbesserungen ihrer Situation kann ich mich nicht erinnern.

Etwas an dieser Geschichte fand ich absolut rätselhaft. Nicht die Prügel an sich, selbst wir Kinder wussten darum, wie weit verbreitet häusliche Gewalt hinter verschlossenen Türen war. Nein, es war die Tatsache, dass Zargana mit ihrer Mutter, ihrer Stiefmutter und drei Schwestern lebte, und sie alle wurden täglich geschlagen. Sechs Frauen, von einem einzigen Mann. Ich war überzeugt, ich hätte die Lösung, und fragte mich, warum die anderen nicht längst darauf gekommen waren: Die Frauen könnten doch *ihn* schlagen.

Als ich meine Rachefantasien Zargana und meiner Mutter vortrug, herrschte bestürztes Schweigen. Da ich dieses Schweigen fälschlicherweise für eine Ermutigung hielt, fuhr ich mit

Nachdruck fort: »Ihr seid zu sechst!!« Meine Mutter schwieg weiter. Meine Bemerkung war scheinbar so über alle Maßen unwissend und dumm, dass sie nicht einmal einen fliegenden Pantoffel verdiente.

Plötzlich war ich diejenige, die bemitleidet wurde.

»So läuft das eben nicht«, erklärte Zargana mit müder Stimme und nahm die Rolle des Kindermädchens ein, während meine Mutter noch immer kein Wort von sich gegeben hatte. »Aber warum?«, protestierte ich. Keine von ihnen gab mir eine Antwort. Sie beließen es dabei, keine erachtete es für notwendig, näher darauf einzugehen. Es war das erste Mal, dass mir diese Worte als Erklärung gegeben wurden, und es sollten viele weitere Male folgen. Auch nach allen diesen Jahren habe ich meine Schwierigkeiten damit, sie als Erklärung zu akzeptieren. Es könnte sehr wohl anders laufen.

Womöglich ist dies die größte Tragik im Leben einer afghanischen Frau: die Resignation, die sich breitmacht, wenn du in die Unterwerfung geprügelt wirst. Die Misshandlungen sind derart weit verbreitet, dass sie nicht nur akzeptiert werden, sondern als akzeptabel gelten. Du kämpfst nicht dagegen an, weil es einfach nicht aufhört. Du hast gar keine Gelegenheit, an Stärke zu gewinnen.

In Afghanistan werden die Unterrichtsstunden um die häuslichen Pflichten herum gelegt, das heißt, es gab Morgenunterricht und Nachmittagsunterricht. Als Mädchen wird von dir verlangt, dass du bei der Hausarbeit hilfst, als Junge begleitest du deinen Vater auf den Markt, aufs Feld, je nachdem, womit dein Vater sein Geld verdient. Ich persönlich hatte nur einige kleinere Aufgaben im Haus zu erledigen, daher hatte ich nachmittags die Wahl zwischen Unterricht und Spielen. Dreimal dürft ihr raten, was ich lieber tat.

Morgens ging ich gern zur Schule, es machte mir sogar

richtig Spaß, aber der Nachmittagsunterricht kam mir unnötig vor. Ich machte einfach weiter mit meiner Buddelei im Garten, während die anderen Mädchen mit glühender Begeisterung in unsere Schule strömten. Ich selbst musste erst wie Unkraut aus dem Boden gerupft werden, schreiend und strampelnd.

Mein Vater suchte sich ein besonders schulverrücktes Mädchen als Vorbild für mich aus, das er mir bei diesen Kämpfen unter die Nase rieb. Sie war meine Namensvetterin, »die andere Pashtana«, und wegen der ganzen Lobeshymnen wurde sie zu meiner Erzfeindin.

Die andere Pashtana, so hieß es, ging nur zu gern in die Schule, sowohl am Morgen als auch am Nachmittag. Ich liebte meinen Vater über alles und fand es unerträglich, wie er das Verhalten eines anderen Kindes über den grünen Klee lobte. Aber so leicht ließ ich mich nicht umstimmen.

Jeden Tag spielten wir das gleiche Spiel. Meine Mutter oder mein Vater forderten mich auf, zur Schule zu gehen, ich weigerte mich, sie schimpften, und mein Vater hielt mir unweigerlich die andere Pashtana und ihre Lernbeflissenheit vor.

Irgendwann gab ich nach und murmelte Beleidigungen vor mich hin. Sie galten der anderen Pashtana, die mir ja schließlich diesen ganzen Ärger eingebrockt hatte. Sie gab ein schlechtes Beispiel ab. Wäre sie ein ganz normales Mädchen, das nachmittags nicht in die Schule gehen wollte, blieben mir diese Auseinandersetzungen erspart. Woher wollten sie überhaupt wissen, dass sie gerne herkam?

Um ehrlich zu sein, konnte selbst ich ihren Eifer nicht übersehen.

Im Sommer führte sie stets einen Pulk Mädchen an unsere Haustür, um zu fragen, ob die Schule wieder angefangen hatte. Das Konzept von Schulferien war ihnen fremd, sie konnten nicht begreifen, weshalb die Schule willkürlich zumachte. Und so tauchten sie jeden Tag bei uns auf und verlangten nach meiner Tante und ihrem Unterricht. Das ging jahrelang so, jeden einzelnen Sommer. Die andere Pashtana war dafür zuständig, zu klingeln, und ich war dafür zuständig, die Tür zu öffnen und ihnen zu erklären, dass die Schule immer noch geschlossen war.

Nein, die Sommerferien sind noch nicht vorbei.

Tagaus, tagein.

Mir gefiel es, sie zu tadeln. Dieser Übereifer!

Abgesehen von ihrer Begriffsstutzigkeit beim Thema Schulferien, war sie eines dieser von Natur aus schlauen Kinder. Ich war ebenfalls schlau, doch ich hatte das Gefühl, das lag nur daran, dass ich so viel lernte, dass mein Vater mir so viel beibrachte und dass mein Umfeld mich zum Lernen antrieb. Die andere Pashtana lernte von sich aus und allein. Sie war eines dieser nervigen Kinder, die sich alles scheinbar ohne Mühe aneigneten.

Und obendrein gehorchte sie.

Als der Impfbus ins Camp kam, um uns gegen Polio zu impfen, musste mein Vater sämtliche Großfamilienmitglieder zusammentreiben und bei uns daheim versammeln. Doch die Überzeugungskünste, die sie ihm abverlangten, waren nichts gegen die Mühen, die er mit mir hatte.

Als sie mich nach stundenlanger Suche endlich aufgespürt hatten, zwangen sie mich, den Impfstoff zu schlucken, doch sobald sie mich losließen, rannte ich hinaus in den Garten, um ihn wieder auszuspucken.

Und während ich dasaß und versuchte, mir die Bitterkeit von der Zunge wegzuschaben, wen sah ich, als ich aufschaute? Meinen Vater. Er wusste, mit wem er es zu tun hat. Er wartete geduldig, bis ich mit dem Schaben fertig war, auch wenn sich diese Prozedur etwas verlangsamte, nachdem ich ihn erblickt hatte. Anschließend nahm er meine Hand und führte mich dorthin, wo ich den Impfstoff noch einmal verabreicht bekam.

Als ich das zweite Mal dort auftauchte, begegnete mir die andere Pashtana, das Vorzeigekind, das seine Impfung klaglos mit einem Lächeln im Gesicht herunterschluckte und dafür von allen gelobt wurde.

Sie trug die »Barbie-Frisur«, um die wir Mädchen sie im Camp beneideten: schulterlanges, wallendes Haar mit Stirnfransen, das stets ordentlich gekämmt aussah. Ihre Augen nahmen beinahe die Hälfte ihres Gesichts ein, ihr Blick war wach und freundlich, und obwohl sie die Hauptschuld an meinem täglichen Elend trug, hatte ich sie gerne um mich.

Ich besuchte sie oft daheim. Ihre Familie war eine der ärmsten in unserer Gegend, und meine Tante, die ihren Schülerinnen regelmäßig Lebensmittel bringen ließ, schickte mich oft mit irgendetwas zu ihr. Joghurt, getragene Kleidung oder was wir sonst übrig hatten.

Ihr Haus lag tief im Innern des Camps und hatte ein quietschendes, verrostetes grünes Tor. Die Häuser der Paschtunen, so klein und ärmlich sie auch sein mögen, verfügen normalerweise über einen Außenbereich, in dem sie Gäste empfangen, sowie über das eigentliche, in Männer- und Frauenbereiche aufgeteilte Haus.

In Pashtanas Lehmhaus gab es nichts dergleichen, nur einen Vorhang als Tür und keinen Gästebereich. In der Küche gab es keine eigene Ecke zum Brotbacken und Kochen, die Wände waren allesamt schwarz, weil sie über offenem Feuer kochten. Ihre Armut war nicht zu übersehen.

Eines Tages kam Pashtana nicht zur Schule. Auf mein Drängen hin ging mein Vater zu ihr nach Hause, um sich nach ihr zu erkundigen. Pashtana würde nicht mehr zu Schule gehen, weil sie geheiratet hatte, bekam er von ihrem Vater zu hören. Ihr Ehemann war ein Witwer Ende dreißig, der drei kleine Kinder hatte und jemanden brauchte, um sie großzuziehen. Pashtanas Vater meinte, es sei ihm nichts anderes übrig geblieben, weil er sie nicht mehr habe ernähren können. Es sei besser so.

Da war Pashtana neun Jahre alt.

Ich wusste, dass es so etwas gibt, wusste, dass kleine Mädchen verheiratet werden. Überall um mich herum verschwanden andauernd Mädchen. Doch das mit Pashtana war etwas anderes. Sie war das Maß aller Dinge für mich, sie ordnete meine Welt. Wie konnte ihre Existenz einfach so ausradiert werden? Dieses Ende war so unwiderruflich wie der Tod. Nur eine Beerdigung war ihr nicht vergönnt.

Es war Pashtana, deretwegen ich zum allerersten Mal im Leben den Gang der Dinge in meiner Welt verändern wollte.

Zu Hause sprachen wir nicht mehr von ihr. Ich hörte auf, mich über die Schule zu beschweren. Ich ging morgens und nachmittags dort hin und lernte für zwei, für Pashtana und mich. Auf weit weniger tragische und brutale Weise ließ ihre Heirat auch mich ein Stück erwachsener werden.

Ich habe sie nie mehr wieder gesehen, und bis heute fühlt sich die Geschichte mit Pashtana unvollendet an. Ich wünschte, ich könnte sie irgendwie wissen lassen, dass ich mich an sie erinnere. Dass es mir leidtut.

Kapitel 3

Kein einziges meiner Familienmitglieder ist alt genug, um ein friedvolles Afghanistan zu kennen. Eine paschtunische Abstammung wirkt nicht unbedingt lebensverlängernd. Zusätzlich zu einem nie enden wollenden Krieg gibt es bei uns auch Stammesfehden, die bereits sieben meiner Cousins dahingerafft haben.

Unsere Gemeinschaft mag dem Krieg entflohen sein, die Waffen daheim gelassen hat jedoch keiner. Wir waren stets von ihnen umgeben: Kalaschnikows, M16-Gewehre, AK-74er. Man lernt, sie voneinander zu unterscheiden, durch Klang und Aussehen.

Als ich das erste Mal eine Schusswaffe in die Hand nahm, war ich sieben. Eigentlich hielt ich mich von ihnen fern. Wildfang hin oder her, ein Mädchen, das mit Waffen spielt, war selbst meinen Eltern zu viel. Neugierig war ich allerdings schon, und als ich die 9-mm-Pistole meines Vaters in einem leeren Zimmer auf der Fensterbank liegen sah, konnte ich nicht widerstehen.

Mein Vater war stets bewaffnet, sogar daheim. Es gab schlicht zu viele Feinde. Ich kletterte also auf die Fensterbank und nahm die Pistole in die Hand. Dass das gefährlich war, begriff ich gleich, das sah man dem Ding an, also legte ich sie wieder hin.

Irgendwie muss ich sie dabei jedoch entsichert haben,

denn als mein Vater sie das nächste Mal hochnahm, ging sie los. Hierzulande werden die Leute häufig verletzt, weil aus Versehen eine Waffe losgeht, und jeder kann eine Geschichte von einem Cousin erzählen, der von einer verirrten Kugel getötet oder verstümmelt wurde.

Die Erwachsenen sprachen tagelang von diesem Ereignis, einige gingen sogar so weit, dass sie eine Verschwörung witterten. Mir graute es. Ich war dankbar und glücklich, dass keinem etwas geschehen war. Ich habe es meinem Vater nie gestanden. Wenigstens war mir das Ganze eine Lehre, nie wieder eine Schusswaffe in die Hand zu nehmen.

Mit zwölf mussten wir aufgrund einer Stammesstreitigkeit einmal mitten in der Nacht fliehen. Jemand aus unserer Familie war an einem Autounfall beteiligt gewesen, bei dem ein anderes Clanmitglied ums Leben gekommen war. Dieser Clan insistierte, das Auto sei von der Straße gedrängt worden.

Bei den paschtunischen Clans ist es wie bei den Musketieren: Einer für alle, alle für einen. Das ist so lange gut und schön, bis du für etwas zur Verantwortung gezogen wirst, was du gar nicht getan hast. Ist ein Mitglied deines Clans einem Mitglied eines anderen Clans auf irgendeine Weise zu nahe getreten, kann dadurch sofort die Jagd auf sämtliche deiner Angehörigen eröffnet werden. Mein Vater mag nicht einmal in der Nähe des Unfallorts gewesen sein, geschweige denn hinterm Steuer gesessen haben – als Khan war er dennoch die erste Zielscheibe.

Einen Ausweg aus dieser Misere gibt es natürlich. Es nennt sich Blutgeld und ist quasi unsere Version von Schadensersatz. Wir boten an, es zu zahlen, doch als sich die andere Familie weigerte, Geld anzunehmen, blieb uns nur noch die Flucht. Es sollte ein ganzes Jahr dauern, bis sich die Dinge wieder beruhigt hatten und wir ins Camp zurückkehren konnten.

Wir flohen nach Karatschi. Weil unser Aufenthalt zeitlich begrenzt war, und zu meiner Sicherheit, wurden wir dort zu Hause unterrichtet. Wobei von »Unterricht« nicht wirklich die Rede sein konnte. Es gab weder Lerninhalte noch Stundenpläne, die ich befolgen musste. Da waren nur ich und meine geliebte Encarta.

Ich weiß nicht, ob sich irgendwer noch daran erinnert, was Encarta war: eine elektronische, multimediale Enzyklopädie auf CD-ROM und DVD, die die Antworten auf alle nur denkbaren Fragen enthielt. Als sie 2009 eingestellt wurde, trauerte ich, als sei mir eine Angehörige in der Blüte ihres Lebens genommen worden.

Während diesem einen Jahr in Karatschi verschlang ich systematisch alles, was die Encarta zu bieten hatte, und machte mir dabei Notizen. Geschichte war mit Abstand mein Lieblingsgebiet. Von Alexander dem Großen bis zu den Sowjets, die zu meiner Obsession wurden, ging ich alles durch. Ich hatte das Gefühl, ich käme enorm voran, ich sei bis ins Innerste allen Wissens vorgedrungen. Ich lernte schnell, aber völlig ziellos. Es war, als versuchte man, eine Sprache zu lernen, indem man ein Wörterbuch liest. Am Ende des Jahres war mein Kopf voller Fakten und Gedanken, die, wie sich bald herausstellen würde, im Schulsystem niemanden scherten.

Als der Clanstreit endlich beigelegt war und wir zurück ins Camp zogen, meldeten mich meine Eltern in einer erstklassigen Privatschule in Quetta an. Sie hofften, dadurch die verlorene Zeit wiedergutmachen zu können. Doch es war kein Ort, an dem man Autodidakten wie mich zu schätzen wusste. Mein breitgefächertes Allgemeinwissen galt als ungenügend. Ich lernte anders, ich dachte anders, und ich verhielt mich anders.

Es war ein Desaster.

Ich war die einzige Afghanin in einem Meer reicher Pakistanis. Ich war die Einzige an der gesamten Schule, die ein Kopftuch trug.

Mein Vater erschien zu den Elterngesprächen nicht nur in seiner traditionellen Kandahari-Tracht, sondern obendrein mit einem Turban. Umgeben von pakistanischen Ärzten und Anwälten in Anzügen wartete er, bis er bei meinen Lehrern an der Reihe war. Diese teure, prestigeträchtige Schule war für die pakistanische Elite vorgesehen. Ein afghanischer Stammesführer mit seiner pummeligen Tochter kam diesen Menschen alles andere als schicklich vor. Niemand machte sich die Mühe, hinter die anders aussehende Fassade zu schauen. Nicht mal ansatzweise.

Mein Leben an der Schule war wie eine Raubkopie von *Girls Club – Vorsicht bissig!* mit Untertiteln auf Urdu.

Schikaniert zu werden war sicher nichts Neues für mich. Dank meiner Cousins hatte ich mir ein dickes Fell zugelegt. Doch das hier übertraf alles bei Weitem.

Die Schülerinnen und Schüler hätte ich vielleicht noch ignorieren können. An der Verachtung und dem Rassismus der Lehrerschaft aber wäre ich fast zerbrochen.

In der latent aggressiven Kolonialherren-Art, die der pakistanischen Oberschicht zu eigen ist, wurde mir nahgelegt, dass die Ausbildung an dieser Schule im Allgemeinen und meine bevorstehende mittlere Reife im Speziellen nichts für mich sei. Das wiederholten sie derart oft, dass ich selbst an mir zu zweifeln begann.

An einem Afghanistan-lastigen Tag spitzte es sich schließlich zu. Per Zufall oder mit Absicht wurden wir in mehreren Fächern über mein Land unterrichtet. Eigentlich hätte ich mich darauf freuen müssen, wo ich das Thema doch so sehr liebe.

Stattdessen hatte ich eine böse Vorahnung.

Zuerst war Erdkunde an der Reihe. Vom Lehrer wurde ich

andauernd demonstrativ angeschaut, während er über mein Land schimpfte. Wie karg es sei. Wie schlecht die geologischen Gegebenheiten seien. Das stelle den wahren Grund dar, dass die Menschen dieses Land verließen. Es sei nur ein Haufen Steine. Ich rutschte auf meinem Stuhl hin und her und biss mir ständig auf die Zunge, bis ich es endlich überstanden hatte. Doch der Schultag war noch nicht vorbei.

Als nächstes kam Islamkunde an die Reihe. Unser Lehrer war sehr angesehen in seinem Fach, doch er war auch einer dieser verkappten Hobby-Dschihadisten. An jenem Tag beschloss er, von seinem bequemen Sessel aus seine Ansichten über den Krieg in Afghanistan mit der Klasse zu teilen. Er, der noch nie einen im Krieg gefallenen Menschen zu Grabe tragen musste.

Ich kann mich nicht mehr haargenau an seine Argumente erinnern, abgesehen davon, dass sie abschätzig, vorurteilsbehaftet und falsch waren. Mein Fass war bereits mit dem »Haufen Steine« bis zum Rand vollgelaufen, und ich konnte nur mit Mühe an mich halten.

An meine eigenen Argumente kann ich mich ebenfalls nicht mehr genau erinnern, nur dass ich sie mit »Wie können Sie es wagen?« einleitete.

Wie jeder weiß, zieht dieser Satz nie etwas Gutes nach sich. Ich hingegen denke gern daran zurück. So ungeschickt ich es angegangen haben mag, dies war mein allererster Akt öffentlichen Widerstands. Er brachte mir einen dreitägigen Schulverweis ein, und obwohl dieser Ausbruch kaum etwas veränderte, fand ich, er war es wert. Dass ich den Mund aufgemacht hatte, war nicht einem brennenden Verlangen geschuldet, mich in die haiverseuchten Gewässer pakistanischer Politik hineinzuwagen. Es war meine öffentliche Verkündigung, dass ich es niemandem gestattete, mich zu schikanieren. In vielerlei

Hinsicht war Aktivismus unvermeidlich, wenn man die Welt um sich herum wahrnahm. Stammesangehörige wie ich wurden an den Rand der pakistanischen Gesellschaft gedrängt. Die paschtunische und belutschische Minderheit wurde im besten Falle ignoriert, im schlimmsten Falle drangsaliert. Wenn du noch dazu ein Flüchtling – und ein Mädchen – bist, wirst du in den Augen der anderen stets weniger wert und weniger gut sein. Ich wollte aber nicht weniger sein. Ich wollte Raum einnehmen dürfen, eine Stimme haben dürfen. Das waren doch keine unerhörten Forderungen.

Mein Vater stellte sich hinter mich. Er mag ein Turbanträger gewesen sein, doch er war auch ein ruhiger, eloquenter und gebildeter Mann und bestens geeignet, eine hitzköpfige, ungebärdige Tochter im schulischen Rahmen zu verteidigen. Ein bisschen half es, dass er dort gute Argumente dafür vortrug, politische Ansichten in der Schule außen vor zu lassen. Doch es reichte nicht. Es lag am System, nicht an den einzelnen Schulangestellten, daher konnte ein einziges Gespräch mit ihnen nicht dauerhaft etwas ändern. Meine Situation verbesserte sich wenig bis gar nicht. Uns allen war klar, dass meine Tage dort gezählt waren.

Um das Ganze noch schlimmer zu machen, meinte es die Pubertät nicht gut mit mir. Ich schien nach links und rechts, nicht in die Höhe zu schießen, daher kam es mir gar nicht so ungelegen, als ich wegen der Belastung anfing, Gewicht zu verlieren. Als mir jedoch allmählich die Haare ausfielen, gab es nichts mehr zu beschönigen. Ich verlor büschelweise Haar und entwickelte mehrere kahle Stellen am Kopf. Es wurde mir einfach zu viel. Ich wollte meine Schullaufbahn bestimmt nicht beenden, das war uns allen klar, doch was mir einst heilig gewesen war, brachte mich nun fast ans Ende meiner Kräfte.

Da ich mich bereits auf der besten Schule Quettas befand,

würde jede andere Schule einen Abstieg bedeuten. Noch schlimmer war, dass sich alle bestätigt fühlen würden: die Schülerinnen und Schüler, die Lehrerschaft und die anderen Angestellten, mit ihren Tassen Tee und ihren ständigen Schikanen. Das kam nicht infrage, und so schaute ich mir Schulen außerhalb der Stadt an. In Lahore gab es eine sogar noch strengere, die mir dennoch freundlicher erschien. Nicht, dass in der Broschüre der Schule in Quetta mit dem *Girls Club* geworben worden wäre, doch die der Schule in Lahore war auf dem Umschlag von lachenden Mädchen geziert. Eine ganz neuartige Herangehensweise, dachte ich.

Ich musste nicht großartig erklären, warum ich gehen wollte. Meine Eltern sahen, was los war. Unter den gegebenen Umständen erschien es selbst ihnen die logische Konsequenz. Trotzdem war so etwas noch nie da gewesen. Mit vierzehn fernab der Familie in einer anderen Stadt zur Schule zu gehen, und dann noch als Mädchen! Wie immer blieb es meinem Vater überlassen, diese Entscheidung bei den unzähligen Onkeln zu verteidigen, die streng dagegen waren.

»Du schickst sie fort? Sie wird jemanden kennenlernen und heiraten und abhauen, ohne überhaupt die Schule beendet zu haben!«

Oder: »Warum investierst du so viel Geld in ein Mädchen? Sie wird sowieso irgendwann heiraten, dann war alles umsonst. Oder, noch schlimmer, ein anderer wird davon profitieren!«

Bei uns Paschtuninnen und Paschtunen stellt das eine große Sünde dar. Es wird erwartet, dass du der Kuh deines Nachbarn den Tod wünschst, ehe du für die Gesundheit deiner eigenen Kuh betest. Was also den Rest der Familie anging, so brachte mein Vater nicht nur seine Söhne um ihr Geld, sondern ermöglichte es indirekt anderen, es an sich zu raffen.

Ich habe nie behauptet, wir seien perfekt.

Mein Vater jedenfalls hielt stand.

Bald nach meiner Ankunft in Lahore wurde mir klar, dass die Mädchen auf der Broschüre für ihr Lächeln bezahlt worden waren. Diese Schule war noch anspruchsvoller als die, die ich hinter mir gelassen hatte. Doch wenigstens war die Atmosphäre wohlwollender, womöglich aufgrund der Tatsache, dass keiner Zeit für Mobbing hatte: Wir ertranken förmlich in Hausaufgaben.

Da die Schule kein Internat war, wurde ich in einem nahegelegenen privaten Wohnheim einer Dame untergebracht, zusammen mit Medizinstudentinnen Anfang zwanzig. Sie waren freundlich zu mir und kümmerten sich so gut es ging um mich, doch keine hatte Zeit, Familie mit mir zu spielen. Sie mussten zusehen, wie sie ihr eigenes Studium schafften. Ich glaube, abgesehen von meinen Kursen und von Hochschulmessen habe ich mein Zimmer nicht verlassen. Ich war schlicht zu schüchtern und zu verängstigt, um alleine nach draußen zu gehen. Zwölf, manchmal vierzehn Stunden am Tag saß ich da und lernte, umgeben von stapelweise Universitätsbroschüren, die ich bei den Messen mitgenommen hatte. Die von Oxford thronte zuoberst.

Wenn ich nicht gerade am Lernen war, verschlang ich Bücher. Auf meinem Nachttisch lagen ausschließlich Biografien. Teils als Inspiration, teils als Bekräftigung meines Schwurs, durchzuhalten und das Licht am Ende des Tunnels zu sehen.

Immer wieder hielt ich mir vor Augen, dass Nelson Mandela neunundzwanzig Jahre im Gefängnis sitzen musste und es mir gerade einmal seit zwei Jahren schlecht ging. Ich hatte kein Recht, mich zu beschweren, dafür war ich viel zu jung.

Mandela ist bis heute mein Idol. Er ist der einzige Mensch, den ich kenne, dem es gelungen ist, Stammeskultur und Nationaldenken miteinander zu versöhnen. Er nahm das Beste dieser zwei Welten und erschuf damit etwas Neues. Die Wertvorstellungen seines Stammes hat er nie hinter sich gelassen, nur adaptiert, umgeformt zu einem faszinierenden neuen System.

Den Konflikt zwischen Stammeskultur und moderner Welt verstand ich nur zu gut. Da ich stets auf städtische, oftmals UN-finanzierte Schulen gegangen bin, war mein Lehrplan durch und durch westlich und gespickt mit Geschichten von Menschenrechten und Gleichberechtigung. Doch in dem Moment, in dem ich meinen Fuß vor die Schule setzte, war von diesen Rechten keine Rede mehr. Stattdessen war ich umgeben von geschlagenen Frauen und Kinderehen sowie von einer Alphabetisierungsrate, die niemals die fünfzig Prozent überschritt.

Dennoch sind unsere Normen und unsere kulturellen Eigenarten so viel mehr als die Summe dieser Mängel. Mandela weckte den Gedanken in mir, dass wir uns für Veränderungen nicht zwangsweise nach außen orientieren müssen. Es gibt nicht nur den einen richtigen Weg, um Verbesserungen herbeizuführen. Auch wenn wir uns die letzten Jahrzehnte rückwärts gewandt haben, sind wir dazu in der Lage – und müssen uns dabei keineswegs eine andere Kultur überstülpen lassen, bis wir uns selbst nicht mehr wiedererkennen. Mandela schien der einzige Mensch, der das begriff – oder der einzige Mensch, der den Mut aufbrachte, es auszuprobieren.

Es gab noch mehr Vorbilder in meinem Leben, wenngleich diese nicht ganz oben auf dem Podest standen: Einer von ihnen war Martin Luther King Jr., der mein Engagement für die Rechte paschtunischer Flüchtlinge geprägt hat. Sein Konzept der Gewaltfreiheit schien mir eine gute Alternative zu unserem waffenvernarrten Ansatz.

Ich verehrte auch Indira Gandhi, die erste weibliche Premierministerin Indiens. Die Idee mit Oxford habe ich ihr zu verdanken. Meine Obsession nahm beinahe krankhafte Züge an; noch heute könnte ich vermutlich manche Abschnitte ihrer Biografie auswendig aufsagen. Man sollte annehmen, der Grund dafür seien ihre Errungenschaften gewesen, und bis zu einem gewissen Punkt war dem auch so. Was es mir aber am meisten angetan hatte, war ihre Menschlichkeit: Sie fiel durch ihre Lateinprüfungen durch und hatte stets damit zu kämpfen, nicht perfekt zu sein. Nach meinem Abgang von der Schule in Quetta war die Erkenntnis, dass sogar Indira Gandhi Probleme damit hatte, nicht gut genug zu sein, die größte Ermutigung für mich.

Auch Benazir Bhutto, die erste Premierministerin Pakistans, bezauberte mich. Sicherlich nicht wegen ihrer Politik, schließlich war sie diejenige, die die Taliban groß gemacht hat. Doch meine Faszination für sie als Frau war grenzenlos. Ich erinnere mich noch daran, wie sie in die Luft gejagt wurde. Ich erinnere mich noch an die Schockwellen, die damals durchs Land gegangen sind, an die Angst.

Ich bemühte mich, nicht allzu viel darüber nachzudenken, dass meine Heldinnen beide in einer Blutlache ihr Ende fanden.

Es war in diesem Gemeinschaftszimmer im Wohnheim, dass ich etwas strukturierter über politische Themen zu schreiben begann, auch weil ich keine Familie in der Nähe hatte, auf die ich meine endlosen Tiraden loslassen konnte. Anfangs schrieb ich Beiträge in den sozialen Medien, doch bald schon ging ich den nächsten Schritt und reichte bei afghanischen Zeitungen Kommentare ein. Ich konzentrierte mich auf die beiden Themen, bei denen ich mich am besten auskannte und an denen ich selbst hautnah dran war: Bildung für Mädchen und die Rechte von Flüchtlingen.

Man hätte meinen sollen, es würde keinen interessieren, was irgendeine Jugendliche zu sagen hatte, doch die Egos eines Militärregimes sind fragil. Abweichende Ansichten können sie nicht ertragen. Es war ihnen völlig egal, wer ich war, obwohl mein weibliches Geschlecht zusätzlich Salz in die Wunden streute – es war die Unverfrorenheit, überhaupt den Mund aufzumachen, an der sie sich stießen. Auch die afghanischen Taliban, die mit dem pakistanischen Militär verbandelt waren, wurden auf mich aufmerksam. Damals war mir nicht klar, wie sehr ihnen meine Worte missfielen, bis sie ein paar Jahre später einen Anschlag auf mich verübten.

Gegen Ende des Schuljahres wachte ich mit stechenden Magenschmerzen auf. Ich blieb zu Hause und rief meine Mutter an. Ganz egal, was dir wehtut, meine Mutter macht stets Verdauungsprobleme dafür verantwortlich. Du kannst einen Arm und ein Bein verloren haben, sie würde dir trotzdem raten, Ballaststoffe zu dir zu nehmen. Wie zu erwarten, lautete ihre erste Diagnose daher Verstopfung. Als die Schmerzen schlimmer wurden, legte sie noch eins drauf und wies mich an, Milch mit Sprite zu trinken, ein hausgemachtes afghanisches Abführmittel.

Nichts half. Die Schmerzen ließen nicht nach, und da sich das mütterliche Arsenal an Mitteln gegen Verstopfung erschöpft hatte, wurde sogar per Fernverbindung offensichtlich, dass ich einen Arzt brauchte.

An diesem Punkt schritt mein Vater ein. Er forderte von Freunden den Gefallen ein, mich ins Krankenhaus zu fahren. Als wir in der Notaufnahme eintrafen, wurde mir erklärt, ich stünde kurz vor einem Blinddarmdurchbruch. Wenn ich nichts dagegen unternähme, hieß es, würde das höchstwahrscheinlich meinen Tod bedeuten, also solle ich mich für eine Operation anmelden.

In den pakistanischen Krankenhäusern wird die Reihenfolge der OPs nicht von der Dringlichkeit bestimmt. Wenn du keine wichtige Person bist, wenn du keine Beziehungen hast oder jemanden schmierst, musst du dich ganz hinten in der Schlange anstellen. Als fünfzehnjähriges afghanisches Mädchen, das in dieser medizinischen Einrichtung ganz allein dastand, besaß ich nun wirklich keine Priorität. Das wurde mir klar, als ich mir die Nummer anschaute, die mir gegeben wurde: Vor mir würden erst dreihundert andere Menschen operiert werden. Es würde Tage dauern, bis ich unters Messer kam. Dem Arzt zufolge blieben mir jedoch nur noch wenige Stunden. Aller Wahrscheinlichkeit nach würde ich die Warterei also nicht überleben.

Mutterseelenallein im Alter von fünfzehn Jahren in einem pakistanischen Wartezimmer zu sterben, das könnt ihr euch abschminken, beschloss ich. Ich würde meinen Vater erneut anrufen, damit er sich diesmal nicht an den Freund mit dem Auto, sondern an den Freund mit den Beziehungen wandte. Es dauerte keine Stunde, da hatte er es auf magische Weise geschafft, mich an dreihundert Menschen vorbeizuschummeln, vom Boden aufklauben und eilig in den Operationssaal verfrachten zu lassen.

Ich wachte einsam und verlassen auf. Niemand war da, um mich zu begrüßen, niemand freute sich, dass ich es überstanden hatte. Mein Vater war auf dem Weg zu mir, doch er hatte ja erst dafür sorgen müssen, dass ich sofort operiert würde, bevor er ins Flugzeug nach Lahore steigen konnte. Es würde also noch ein Weilchen dauern, bis ich ihn sah. Während ich ganz allein in meinem Krankenhausbett lag, wurde mir klar, welche Opfer wir alle für meine schulische Ausbildung brachten.

Mein Vater nahm mich gleich nach seiner Ankunft mit nach Quetta, damit ich mich dort erholen konnte. Und da ich immer noch betäubt war, konnte ich ausnahmsweise nicht widersprechen. Ich bestand jedoch darauf, nach Lahore zurückzukehren und meinen Abschluss zu machen, sobald ich wieder aufrecht stehen konnte.

An sich stellten diese Prüfungen keine absolute Notwendigkeit dar, doch ich musste es mir ein für alle Mal beweisen. Diese Blinddarmentzündung stellte einfach nur die letzte Hürde dar, und ich hatte schon vor langer Zeit aufgehört, die Hürden zu zählen. Es kam überhaupt nicht infrage, den Abschluss um ein Jahr zu verschieben, auch nicht aus gesundheitlichen Gründen.

Das ganze Hin und Her war jedoch keine gute Idee nach einer OP. Eigentlich soll man danach nicht einmal laufen. Für meine frischen Nähte war es einfach zu viel. Ich spürte, wie sie sich lösten. Ich spürte, wie sich die Wunde entzündete, wie ich Fieber bekam, doch ich ignorierte es. Mehrere Stunden lang saß ich an meinen Abschlussprüfungen, und meine Wunde fing schlussendlich an zu bluten. Als ich aufstand, war das gesamte Vorderteil meines T-Shirts rot. Ich musste mich wieder in ärztliche Obhut begeben, doch ich hatte die Prüfungen bestanden.

Als sich die Nachricht meines Abschluss-Dramas in der Familie verbreitete, wurde mein Vater von einem meiner Onkels angerufen, der meinem Schulbesuch in Lahore, genau wie die anderen, widersprochen hatte. »Nun hast du die Pflicht, sie bis zu ihrem Tod zu unterstützen. Sie muss mit der Schule weitermachen. Wenn es ihr so am Herzen liegt, darfst du ihr das nicht nehmen. Ich hoffe, das weißt du.« Paschtunen gestehen niemals Fehler ein. Bis zu diesem Tag ist mein Onkel der Einzige, den ich kenne, der es jemals getan hat.

Meine verbleibende Zeit in Lahore war vergleichsweise unspektakulär. Ich begann, mich an verschiedenen Hochschulen zu bewerben. Und bei jeder dieser Bewerbungen versuchte ich, mir mein Leben dort vorzustellen. Als nächstes bewarb ich mich an jeder dieser Hochschulen um Stipendien. Alles, was ich hatte, war Zeit. Ich bewarb mich auch für den Vorbereitungskurs in Oxford, füllte endlose Formulare aus und verfasste Begleitschreiben darüber, warum ich die Aufmerksamkeit und das Geld wert war. An der amerikanischen Universität von Afghanistan bewarb ich mich ebenfalls.

Überall. Nur nicht in Pakistan.

Ich hatte meine Heimat schon so lange vermisst. Ich hatte mir so viele Gedanken über meine Familie gemacht. Die Universität würde mir zwar keine vollständige finanzielle Unabhängigkeit bringen, aber wenigstens müsste ich meinen Eltern nicht länger auf der Tasche liegen.

Und ich freute mich noch auf etwas anderes: Mein Vater hatte versprochen, mir zum ersten Mal Afghanistan zu zeigen. Ich würde mit ihm zusammen nach Kandahar reisen, um dort den TOEFL-Test und die Aufnahmeprüfung für die amerikanische Universität zu machen. Ich hatte nur noch diesen einen Gedanken im Kopf: Wie sich mein gesammeltes Wissen in echte Menschen und Orte verwandeln und sich dadurch endlich die erweiterte Metapher namens Heimat auflösen würde.

Nachts vermisste ich unsere Schule und die vielen Mädchen im Camp, die systematisch zugrunde gerichtet wurden. Je mehr ich darüber nachdachte, desto klarer erschien es mir, dass Bildung der Anfang von allem ist. Mangelnde Bildung ist keine Nebenerscheinung – sie ist eine Waffe. Bildung wird den Mädchen absichtlich verwehrt, und das dient einem politischen Zweck. Die Mädchen und Frauen sollen dadurch zum

Schweigen gebracht, zur Fügsamkeit erzogen und von der Außenwelt abgeschnitten werden. Sie werden ihrer Stimme beraubt. Meine Zeitungskommentare wurden energischer. Ich beharrte darauf, dass es unsere Aufgabe war, das zu ändern. Wir gebildeten Afghaninnen und Afghanen waren es diesen Frauen und Mädchen, die weder schreiben noch lesen konnten, schuldig.

Mit meinem Kampf für Chancengleichheit wurde ich zur Täterin: Ich widersetzte mich sowohl den paschtunischen Vorstellungen von Anstand als auch der Vorgehensweise des pakistanischen Staatsapparats. Ich machte mich also überall unbeliebt, meine Großfamilie eingeschlossen.

»Was gehen sie die Kinder anderer Familien an? Wieso mischt sie sich in die Erziehung anderer Mädchen ein? Diese Mädchen haben Väter! Wer glaubt sie, wer sie ist?«

Die Unterstützung meines Vaters ermöglichte es mir, die Stimmen dieser Andersgesinnten zu ignorieren, doch eine wichtige Frage blieb: Was genau war meine Rolle in diesem Kampf für Bildungsgerechtigkeit? Und passte Oxford dort hinein?

Ich musste an Pashtana denken, die für mich und die Welt auf ewig verloren war.

Ich musste an meine Tante denken und wie entschlossen mein Vater war, sie zurück an die Universität zu schicken. Auf den ersten Blick schien das vielleicht eine seltsame Reaktion auf den Verlust ihrer Kinder zu sein, doch mein Vater packte das Problem an der Wurzel, nicht an den Folgeerscheinungen. Was er ihr dadurch ermöglichen wollte, war Unabhängigkeit. Sie sollte ihr Leben und das ihrer Kinder einmal allein bestreiten können.

Als diese Kinder Jahre später, als Jugendliche, endlich bei uns vor der Tür standen, konnte keiner von beiden lesen oder schreiben. Jemandem die Schule zu verwehren, hat etwas Bösartiges. Es ist ein Zeichen der Verachtung, ein absichtliches Bemühen, die andere Person klein zu halten.

Als Folge hast du dein Leben lang mit Schwierigkeiten zu kämpfen, die andere schon überwunden haben. Ständig musst du das Rad neu erfinden, obwohl es längst erfunden worden ist. Du kannst dich noch so sehr anstrengen, du wirst trotzdem ewig hinterherhinken. Deine Ausgangsposition war einfach zu schlecht.

Nachts lag ich wach und zerbrach mir den Kopf, wie ich diese Mädchen erreichen könnte. Wie ich sie über ihre Rechte informieren und ihnen das Wissen vermitteln könnte, dass sie zum Überleben brauchen. Wenn der Tod um die Ecke lauert, muss man von Selbstverwirklichung gar nicht erst anfangen zu reden. Welche Art Bildung brauchen Menschen, die keine Welt fernab von Waffen und Tod kennen?

Ich war zu Hause in den Ferien, umgeben von Gästen, als die schriftliche Zusage von Oxford eintraf. Mein Atem überschlug sich vor lauter Aufregung, als ich den Brief öffnete, wofür ich mich extra zurückgezogen hatte.

Es dauerte ein Weilchen, bis ich es begriffen hatte, und obwohl meine Mutter direkt nebenan im Zimmer war, rief ich zuerst meinen Vater an, der sich gerade auf Geschäftsreise befand. Er sollte es sofort erfahren, er sollte mir noch einmal bestätigen, dass es wahr ist, dass ich fahren durfte. Erst als er es bejahte, stürmte ich zu meiner Mutter.

Auf einmal schienen sich all die Opfer, all die Streitereien, gelohnt zu haben. Mein Weg hatte so viele Familienmitglieder vor den Kopf gestoßen, doch nichts davon zählte mehr.

Oxford!

Meine Mutter hielt sich nicht lange mit Feiern auf, sondern konzentrierte sich aufs Wesentliche: Jetzt musste Salbei verbrannt werden, um mich vor dem bösen Blick zu schützen, vor unheilvollem Neid.

Es roch noch tagelang nach Salbei bei uns daheim. Mit ihren Gebeten war meine Mutter nie nachlässig gewesen, doch nun betete sie mit einem Feuereifer, den ich nie zuvor erlebt hatte.

Ich war in absoluter Hochstimmung. Was für ein Erfolg!

Jetzt musste ich ihnen nur noch sagen, dass ich nicht vorhatte, dorthin zu gehen.

Kapitel 4

Wie der Salbeiduft hing auch die Euphorie noch tagelang in der Luft, ich hingegen hatte meine Aufmerksamkeit bereits auf etwas anderes gerichtet: meine allererste Reise nach Afghanistan. In Kandahar würde ich die englische Sprachprüfung sowie die Aufnahmeprüfung für die amerikanische Universität in Kabul machen – und da wir dafür bereits gezahlt hatten, kam es mir weniger vergeudet vor, wenn ich sie tatsächlich in Angriff nahm.

Mein Vater hatte die Reise wochenlang geplant. Meine Schwester Sangeena beschloss, mit uns zu fahren, was zweifelsohne daran lag, dass sie auf keinen Fall etwas verpassen wollte. Wir konnten kaum an uns halten.

Als es schließlich so weit war, sah alles danach aus, dass wir es nicht einmal aus Quetta heraus schaffen würden, geschweige denn bis nach Kandahar. Unser Fahrer, der bereits seit über zwanzig Jahren bei uns war und deshalb zur Familie gehörte, mit allen Vor- und Nachteilen, regte sich plötzlich über irgendetwas auf. Vom Publikum auf dem Rücksitz wurde das als Aufforderung zu gnadenlosen Hänseleien verstanden, worüber sich wiederum mein Vater aufregte, und so schraubte sich alles in die Höhe. Während sich mein Vater fragte, worauf er sich da nur eingelassen hatte, machten wir uns letztendlich doch noch auf den Weg.

Sobald wir die Grenze überquert hatten, schien alles anders.

Die sogenannte Durand-Linie, die beide Länder voneinander trennt, mag frei erfunden sein, doch sie hat lange genug existiert, um Afghanistan wie eine andere Welt erscheinen zu lassen.

Sie kam mir bekannt vor, diese Welt, als sei ein sehnsüchtiges Verlangen erfüllt worden, von dessen Existenz ich nicht einmal etwas geahnt hatte. Meine Heimat. Sie roch irgendwie anders, vielleicht weil das Land bestellt wurde und nicht nur den Pflöcken der Flüchtlingszelte als Halterung dient.

Dennoch war der erste Eindruck nicht gerade positiv. Sobald wir uns auf afghanischem Terrain befanden, wurden unsere Augen von dem Meer blauer Burkas bestürmt. Sangeena keuchte jedes Mal auf, wenn sie wieder eine sah. Ich mag mich ruhig verhalten haben, aber ich war genauso schockiert.

Mein Vater wurde ungeduldig. »Wir sind hier auf dem Land. Burkas haben gar nichts zu bedeuten. Ihr müsst lernen, darüber hinwegzusehen.« Das war eine Rüge, und wie sich herausstellte, eine wohlverdiente. Ob sie nun bedeckt waren oder nicht, es liefen jedenfalls mehr Frauen umher, als ich es je im Flüchtlingslager in Pakistan erlebt hatte.

Es ist nur ein Stück Stoff, doch wie sehr sind wir darauf fixiert!

Ich musste daran denken, wie ich als einziges Mädchen in der Schule in Quetta ein Kopftuch trug, wie mein Vater zu den Elterngesprächen im Turban erschien. Jetzt endlich begriff ich, wie deplatziert wir den Pakistanis wohl vorgekommen waren. Es tat weh, mir selbst eingestehen zu müssen, dass auch ich nicht immun gegen Vorurteile war.

Die Straßen hingegen befanden sich in einem besseren Zustand als erwartet. Ich hatte wohl mit einer Art kraterübersäter Mondlandschaft gerechnet. Rechts und links von uns sahen wir genug Zerstörung, doch die Straße selbst war halbwegs in Ordnung. Ich hatte weit Schlimmeres erlebt.

Wir wollten nicht so weit fahren am ersten Tag, deshalb blieben wir in der Grenzstadt Spin Boldak, in der mein Vater beinahe ums Leben gekommen war. Wir verbrachten die Nacht bei einem entfernten Verwandten, der bei Ausbruch des Kriegs für meinen Vater gearbeitet hatte.

Die Ankunft dort dämpfte unsere Euphorie ein wenig, um es milde zu sagen. Genau genommen war es sterbenslangweilig. Das durften wir uns natürlich nicht anmerken lassen. Aufrührerisches Verhalten mochte von meinem Vater toleriert werden, unhöfliches Verhalten aber fand er unverzeihlich.

Er zog bald darauf davon, um Freunde in der Stadt zu besuchen. Meine Schwester und ich verblieben bei unseren Gastgebern, die wie gefesselt ein Cricketspiel verfolgten.

Cricket erfreut sich sowohl in Afghanistan als auch in Pakistan enormer Beliebtheit, doch es ist definitiv gewöhnungsbedürftig. Die Spiele dauern Stunden, wenn nicht sogar Tage. Und unsere Gastgeber sahen sich das Spiel nicht im Fernsehen an, was schlimm genug gewesen wäre. Sie verfolgten es im Radio. Das setzte dem Spaß die Krone auf. Ich dachte, mir sterben die Gehirnzellen ab. Es war sogar ein Mädchen in meinem Alter anwesend, die Schwester des Gastgebers, Dardana. Doch da während des Spiels nicht gesprochen werden durfte, machte das kaum einen Unterschied. Wir saßen einfach nur da, vegetierten vor uns hin, und wurden nur gelegentlich von Buhrufen und Jubelschreien, die uns völlig willkürlich erschienen, aus unserem Stumpfsinn gerissen.

Der Sonnenuntergang erlöste uns schließlich von unserem Elend, und als wir uns in den Frauenbereich zurückzogen, konnten wir endlich reden. Mit einer Unterhaltung taten wir uns allerdings schwer, vielleicht weil keine von uns den Tag über ein Wort gesprochen hatte, vielleicht weil wir so wenig gemeinsam hatten. Schwer zu sagen. Dennoch merkte ich, dass Dardana irgendetwas loswerden wollte. Nicht, weil ich so furchtbar gute Antennen hatte. Sie überfiel mich regelrecht, als ich aus dem Badezimmer kam. Irgendetwas wollte sie unbedingt mit mir besprechen.

Vor unserer Ankunft hatte mir mein Vater erzählt, dass Dardanas Mutter an Krebs gestorben sei, als Dardana noch sehr klein gewesen war. Wobei der Begriff »Krebs« in Afghanistan nicht unbedingt einer richtigen Diagnose entsprach, sondern eher ein Sammelbegriff dafür war, dass irgendwer unfreiwillig ums Leben gekommen ist, ohne von einer Kugel getroffen worden zu sein. Der Tod wird hierzulande in zwei Kategorien unterteilt: gewaltfrei und gewaltsam. Ein gewaltfreier Tod wird stets »Krebs« genannt, auch wenn er eigentlich durch Mangelernährung, einen Herzinfarkt oder eben tatsächlich Krebs herbeigeführt wurde. Die durch Gewalt verursachten Todesfälle mussten derart sorgfältig untersucht und gehandhabt werden, dass keiner mehr Geduld für die Diagnose von Krankheiten hatte.

Dardana interessierte sich für Medizin. »Ich würde später gerne Ärztin werden, glaube ich. Weißt du, meine Mutter …«

»Ich weiß«, sagte ich, »ich weiß«. Ich wollte ihr nicht zumuten, mir den Tod ihrer Mutter zu erklären. »Medizin also, ja? Da muss man richtig viel lernen.« Bei meinen Gesprächen scheint es irgendwann immer auf Bildungsthemen hinauszulaufen, das dauert gar nicht lange. Wider Erwarten wollte Dardana genau darüber mit mir reden. »Ich habe deine Artikel gelesen«, meinte sie. »Ich like immer deine Beiträge zur Schulausbildung von Mädchen. Und ich lerne wirklich viel. Aber in Spin Boldak gibt es keine Schule für Mädchen, deshalb ist es ganz schön schwer.«

»Wie machst du es dann?«, wollte ich wissen.

»Mein Bruder hilft mir manchmal und bringt mir Sachen

bei, die er in der Schule gelernt hat. Aber er ist schon älter und muss arbeiten. Ich versuche es also meistens allein und gebe mein Bestes.«

Daraufhin verschwand Dardana kurz und kehrte mit einem Stapel Blätter aus ihrem Zimmer zurück. Voller Stolz zeigte sie mir reihenweise Buchstaben, die sie geschrieben hatte. Dazu verwendete sie die Schreiblernhefte mit vier Linien pro Zeile, die für Erstklässler gedacht sind. »Soll ich's dir vormachen?«, fragte sie mich und war sichtlich stolz auf ihr Können.

Sie nahm einen Bleistift in die Hand, und der Anblick brach mir das Herz.

Dardana hielt den Stift mit zwei Fingern, als sei er eine zierliche Porzellantasse, zögerlich und ungeschickt, so sehr im Widerspruch zu ihrer Entschlossenheit.

Ich bin eigentlich Linkshänderin. In der Schule lernen wir auch die arabischen Schriftzeichen, und dabei gilt das Schreiben mit links als *harām*, als verboten. Als ich klein war, nahmen sie mir deshalb den Stift aus der linken Hand und drückten ihn mir in die rechte Hand, wo er einfach nicht passen wollte, und wo die Buchstaben ganz schief und krumm wurden, so sehr ich mich auch bemühte. Genau so schrieb Dardana im Alter von sechzehn Jahren.

Es kam mir rücksichtslos und unhöflich vor, mich von Wut und Verzweiflung überfluten zu lassen.

Ich dachte, ich wüsste, wie wichtig unsere Schule für die Community sei, doch das ganze Ausmaß begriff ich erst, als ich ein Mädchen kennenlernte, das keinen Zugang zu ihr hatte.

In dem Moment, als ich Dardana den Stift in die Hand nehmen sah, zerplatzte mein Traum von Oxford.

Sie und ich blieben noch lange auf, schrieben Großbuchstaben und suchten nach Möglichkeiten, sie an einer Schule unterzubringen, an irgendeiner. Ich gab ihr mein Tablet – sie hatte noch nie eines gesehen. »Es gibt ganze Lernpläne im Internet. Das wird dir sehr helfen. Und ich werde dir auch helfen.«

Als wir am nächsten Morgen weiterzogen, drückte sie mich so fest sie konnte, ohne das Tablet loszulassen. Sie brauchte es viel dringender als ich. Sie hielt mich fest, als verschwände mit mir ihre letzte Hoffnung.

Und ich schwor mir selbst, sie nicht im Stich zu lassen.

Während wir Richtung Kandahar Stadt fuhren, versuchte mein Vater unablässig, den Fremdenführer für die Provinz und den Krieg zu geben. Er zeigte auf die Ländereien, die einst unserem Stamm und unserer Familie gehört hatten. Er erklärte uns, wo sich die Geschichten, die wir Zeit unseres Lebens erzählt bekamen, abgespielt hatten.

»Dort haben wir gegen die Taliban gekämpft.«

»Dort litten wir acht Tage Hunger.«

»Dort haben die Amerikaner Geld aus der Luft abgeworfen.«

Es war, als fügte er der Geschichte seines Lebens Bilder hinzu.

Trotzdem unterbrach ich ihn andauernd mit Fragen zu Dardana.

»Hör mal, du musst dem Gouverneur unbedingt einen Beschwerdebrief schreiben und von ihm verlangen, dass er eine Schule in Spin Boldak eröffnet, wo sie auch wirklich hingehen kann. Machst du das?«

Mein Vater nickte und fuhr fort. »Also, diese Straße …«

»Vater«, unterbrach ich ihn, »du hättest sie sehen sollen! Sie ist quasi eine Analphabetin und kann keine Buchstaben schreiben, aber auf ihrem Handy ist sie überall in den sozialen Medien unterwegs und fordert, die Regierung möge eine Schule aufmachen!«

Ich brauchte praktische Lösungen und seine sofortige Aufmerksamkeit. Ich war fest entschlossen und musste meinen Vater an meiner Seite wissen. Er sollte mir versichern, dass Dardana ein Teil der Mädchenschar werden würde, der meine Familie seit Jahren half. Und er sollte mir Geld geben, nicht viel, aber genug.

»Ich meine, sie hat jetzt ein Tablet, und ich habe ihr gezeigt, wie sie es nutzen kann. Aber sie braucht auch Lehrbücher.« Es war unbegreiflich für mich. Es machte mich so wütend. Sie hatte alles, was es brauchte: die Bereitschaft zu lernen, die Unterstützung ihrer Familie – und trotzdem blieb ihr die Bildung verwehrt.

Ich ließ meinem Ärger freien Lauf. Alles, was ich zurückgehalten hatte, um Dardana nicht zu verletzen, nahm ich und schüttete es über dem ahnungslosen Publikum im Auto aus. Ich wollte etwas gegen diese Missstände *tun*.

Mit der gesamten Wucht meiner Dickköpfigkeit und der wütenden Selbstgerechtigkeit eines Teenagers verlangte ich eine Änderung des Systems, möglichst noch vor unserer Ankunft in Kandahar.

Wie so oft saßen sie meine Tirade einfach aus. Am Ende sagte mein Vater das, was er immer zu mir sagte: »Du wirst einen Weg finden.«

Sie schafften es immer irgendwie, dass ich den Schnabel hielt.

Wenn man aus Spin Boldak kommend nach Kandahar Stadt fährt, fühlt man sich wie eine heranrückende Armee, denn der Weg führt am Gefängnis vorbei. Bei der Ahndung von Verbrechen mag es in Afghanistan etwas hapern, politische Oppositionelle hingegen werden seit Jahren schonungslos verfolgt und inhaftiert.

Vor jeder neuen Machtübernahme ging daher das Rennen

um die politischen Gefangenen los. Die Armee, der die Niederlage bevorstand, versuchte kurz vor ihrem Rückzug, noch so viele wie möglich von ihnen umzubringen, um die Zahl potenzieller Kämpfer zu verringern.

Als mein Vater im Kampf gegen die Taliban in die Stadt einmarschierte, folgte auch er dieser Tradition und machte sich mit seinem Trupp sofort auf den Weg zum Gefängnis. Er hatte uns von den Männern erzählt, die sie befreiten, von ihrem seltsamen Gesichtsausdruck bei dieser Rettung in letzter Sekunde: ungläubig, erleichtert und kampfentschlossen.

Erst später hatte ich erfahren, dass mein Onkel einer dieser Gefangenen gewesen war, die der Hinrichtung gerade noch entkommen waren. Seine Hinrichtung war für den nächsten Morgen geplant gewesen, und als er von seiner Zelle aus die Schießerei hörte, hatte er bereits Frieden mit dem Tod geschlossen. Er war gerade dabei, seine letzten Gebete zu sprechen, als die Tür seiner Zelle aufging und nicht die Taliban, sondern ein von meinem Vater befehligter Trupp Männer vor ihm stand.

Ich weiß nicht, warum mein Vater diese Geschichte bei unserer Fahrt in die Stadt ausließ. Womöglich dachte er, das sei zu viel Realität für unseren allersten Aufenthalt in Afghanistan. Möglich war aber auch, dass er nicht die Geschichte seines Bruders als die eigene beanspruchen wollte. Sein Bruder war es gewesen, der sich auf den Tod vorbereiten musste. Mein Vater hatte lediglich die Tür seiner Zelle geöffnet. Mein Vater war die Sorte Mensch, die das Erzählen dieser Geschichte dem Überlebenden überließ.

Sobald wir angekommen waren, redete unser Vater kaum noch. Und auch vom Rücksitz kam erstaunlich wenig. Kandahar ist von atemberaubender Schönheit, wie das Relikt einer längst vergangenen Zeit.

Wir hatten endlose Trümmer erwartet, stattdessen wurden

wir von wunderschönen Palästen und Blumen willkommen geheißen. Überall sahen wir Blumen.

Später konnte ich Kandahar noch oft vom Flugzeug aus betrachten, von wo aus es furchtbar staubig und braun aussieht. Wenn du jedoch durch die Stadt spazierst, erscheint dir die Stadt ganz lebendig und farbenfroh. Das war das Afghanistan von Khan Bibi – intakt, real.

Vorher hatte mich bei diesen Geschichten stets eine leise Skepsis überkommen. Als Flüchtling bist du eben keine sonderlich glaubwürdige Zeugin dessen, was du verloren hast und zurücklassen musstest. Und nun lag das Land in seiner ganzen Pracht vor mir.

Ich erinnere mich noch daran, wie die Rosen geblüht haben. Im Dezember!

Die Menschen von Kandahar lieben ihre Blumen. Sie wissen alles übers Gärtnern, und oft ist ihr Garten das Erste, was sie ihren Gästen zeigen. Nicht das Haus, sondern der Garten. Er stellt die Verbindung zum Land dar, und das Land ist es, das Heimat ausmacht. Das Haus ist nur ein temporäres Domizil.

Wir Paschtuninnen und Paschtunen sind trotz der ewigen Vertreibung durch die Kriege nie ein nomadisches Volk gewesen. Unsere gesamte Existenz stellt ein einziges starrköpfiges Bemühen dar, zu unserem Land zurückzukehren.

Wir erreichten unsere nächste Station, einen riesigen leeren Palast, der irgendeinem Familienmitglied gehörte. Das war nicht nur ein herrschaftlicher Wohnsitz, sondern ein richtiger Palast wie aus dem Märchen. Doch so schön er auch aussah, es gab weder fließendes Wasser noch Strom – und es herrschte eine Kälte dort, die ich in keinem anderen Gebäude je erlebt hatte. Es gab die kostbarsten Seidenvorhänge, die prächtigsten Teppiche, aber es war kalt und dunkel und zugig wie in einer schmalen Gasse inmitten eines eisigen Winters.

Sangeena wurde sofort von Panik überfallen. »Das ist alles nicht echt. Hier stimmt gar nichts. Ich werde hier sterben.« Ich für meinen Teil blieb still. Ich schaute mich nur weiter um und dachte, welch perfekte Kulisse dieses Haus für einen Horrorfilm abgab. Es war einer dieser Orte, bei denen du gleich beim Betreten spürst, dass er nichts Gutes verheißt. Keine von uns konnte seine Schönheit mit den fehlenden Annehmlichkeiten zusammenbringen. Es handelte sich um ein zugiges, leeres Gehäuse, das von der Zeit vergessen worden war.

Als wir uns dort für die Übernachtung einrichteten, erfuhren wir, dass mein Cousin Hafiz, mein Freund seit Kindertagen, an jenem Tag ums Leben gekommen war. Die Taliban hatten ihn umgebracht. Sie waren in das Haus seiner Familie eingedrungen und hatten angefangen zu schießen. Eines der Kinder erwischten sie als Erstes, und anschließend Hafiz, als er versuchte, die übrigen Kinder in Sicherheit zu bringen. An meinem allerersten Tag in Afghanistan wurde ein enger Freund und Verwandter am helllichten Tag mitten in Kabul bei einem Überfall getötet.

Hafiz hatte sein eigenes Leben gerade erst begonnen – er war frisch verlobt und hatte kürzlich seinen Hochschulabschluss gemacht. Trauer und Angst wechselten sich bei mir ab, und ich begann meine Reise nach Afghanistan zu bereuen. Hafiz' Familie war erst vor Kurzem aus Pakistan zurückgekehrt. Ursprünglich hatten sie im selben afghanischen Bezirk wie wir gewohnt, doch da nun der Krieg dort tobte, wollten sie sich lieber in Kabul niederlassen. Es erschien ihnen sicherer.

Hafiz' Tod war kein gutes Omen.

Ich war ohnehin besorgt und unsicher wegen meiner Zukunftspläne, und das machte alles nur noch schlimmer. Sangeena hingegen mangelte es nicht an Gewissheit. Für sie bedeutete unser Aufenthalt in Afghanistan nur eins: Hier würden wir alle unser Ende finden.

Oder besser gesagt: *Ich* würde hier mein Ende finden, denn sie würde sicher nicht länger an diesem gottverlassenen Ort bleiben als unbedingt nötig. »Wieso wolltest du bloß hierher kommen? Sie haben Hafiz umgebracht, also werden sie auch dich umbringen. Er war nett – das bist *du* nicht. Du hältst nie mit irgendetwas hinterm Berg. Dich werden sie garantiert töten.«

Während ich in mein Kissen weinte, betete meine Schwester bis in die Morgenstunden, dass der Ort, an dem ich die Prüfungen ablegen würde, nicht angegriffen würde, dass ich nicht in Afghanistan ums Leben kommen würde. Sie betete widerwillig, als würde sie Gott bitten, mich vor meiner eigenen Dummheit zu bewahren. Und sie betete laut, um die Angst zu übertönen.

Ich tat kaum ein Auge zu und musste am nächsten Morgen mit verquollenen Augen und übler Laune warten, bis ihre Morgentoilette beendet war. Ich hatte eine Prüfung vor mir, die über meine weitere Zukunft entscheiden würde – der TOEFL-Test, mit dem meine Englischsprachkenntnisse geprüft werden sollten, war die Voraussetzung für jede weitere Ausbildung, jede Zusage hing davon ab. Doch meine Schwester weigerte sich, sich mit kaltem Wasser zu waschen, und gleichzeitig weigerte sie sich, weiterzuziehen, ohne sich vorher gewaschen zu haben. Ich kochte innerlich, als die Sicherheitsleute und mein Vater mit dem langwierigen Prozedere des Wassererhitzens über offenem Feuer begannen.

Als wir endlich auf dem Weg waren, hoffte ich, das Drama sei überstanden, aber nein: Sobald wir ankamen, weigerte sich Sangeena, das Auto zu verlassen.

Wobei diesmal sogar ich Hemmungen hatte. Zwar fühlte

ich mich nicht mehr unmittelbar vom Tod bedroht, doch ich verstand, was meine Schwester meinte. Vor dem Hotel, in dem die Prüfung stattfand, stand eine lange Schlange Mädchen, und jede Einzelne von ihnen trug einen Ganzkörperschleier, den Tschador. Warum wollte ich ausgerechnet hier meine Prüfung ablegen?

Im Vergleich zu diesen Mädchen sahen meine Schwester und ich absolut unzüchtig aus. Ich trug meine pakistanische Garderobe, bestehend aus weiten Hosen, langem Oberteil und einem Tuch, das nicht ansatzweise so fest saß und mein Haar längst nicht so vollständig bedeckte, wie der Tschador das Haar der übrigen Mädchen verschwinden ließ. Erinnerungen an die gemeinen Mädchen aus Quetta stiegen in mir auf. Einmal mehr setzte ich mich von den anderen ab. Ich hatte gedacht, in Afghanistan würde ich endlich dazugehören. In Afghanistan müsse ich mich nicht mehr anstrengen, um mich einzufügen. Was für ein riesengroßer Irrtum! Und dies war nur ein kleiner Einblick in die Dinge, die noch vor mir lagen.

Als ich hineinging, wurde ich genauso behandelt wie in den pakistanischen Schulen. Ich konnte meinen Stift nicht finden, um die Formulare auszufüllen, und versuchte, mir einen zu borgen. Alle schauten einfach an mir vorbei, keine Einzige von ihnen reagierte auf meine Bitte.

Zum ersten Mal in meinem Leben wurde mir vor Augen geführt, dass du als Flüchtling, die oder der in einem fremden Land groß geworden ist, überall fremd bist. In Pakistan galt ich als Afghanin, in Afghanistan als Pakistani. Bezeichne dich, als was du willst, dazugehören wirst du nirgendwo.

Ich jedenfalls entscheide mich stets fürs Kämpfen. Dass sie mich ignorierten, machte mich nur noch entschlossener. Wenn sich alles gegen mich verschworen hat, schlage ich mich immer hervorragend. Dann entwickle ich so etwas wie einen trotzigen Tunnelblick.

Trotz kann eine ausgezeichnete Antriebskraft sein. Plötzlich war ich nicht mehr übermüdet wegen der nächtelangen Gebete meiner Schwester, war nicht mehr am Boden zerstört wegen Hafiz' Tod.

Ich setzte mich hin und schrieb die Bestnote. Und im zweiten Test genauso. Das war mir von Vornherein klar gewesen.

Am Nachmittag zeigte uns unser Vater die Stadt. Seine begleitenden Kommentare erinnerten uns auf subtile Weise daran, dass keiner dir die Heimat stehlen kann – keine Invasionsarmee und keine Blicke, die das Gegenteil behaupten.

Die Geschichten meines Vaters hatten unweigerlich eine militärische Prägung. »Seit dreihundert Jahren gilt: Sobald Kandahar fällt, fällt auch der Rest des Landes. Es ist nur eine Frage der Zeit. Außenstehende suchen die Antworten in Kabul, weil das die Hauptstadt ist. Die Afghanen jedoch wissen, dass die Zukunft sich in Kandahar entscheidet. Wenn es dir gelingt, dort zu herrschen, gehört dir auch der Rest des Landes. Kandahar ist der Ursprung von allem, in Kandahar nahm die Geschichte unseres Landes und die unserer Familie ihren Lauf.«

Sangeena und ich nickten synchron, während er diese Worte sprach. Wir kennen sie, seit wir denken können. Wir sind die Sprösslinge zweier lange zurückreichender und angesehener Stammeslinien, und wir wissen, dass die Geschichte Kandahars eng mit der Geschichte unserer Familie verwoben ist. Um das unter Beweis zu stellen, ließ unser Vater uns am Mausoleum von Ahmad Shah Durrani Halt machen. Er gilt als Begründer des heutigen Afghanistans und als Gründer einer Dynastie, die das Land jahrhundertelang regierte. Wie der Großteil der afghanischen Bevölkerung kannten wir ihn sehr gut, unseren Ahmad Shah Bābā, Ahmad Shah der Vater. Wir konnten sowohl seine militärischen Siege als auch seine Gedichte aufsagen. Mein Vater sprach derart oft von ihm, dass es sich anfühlte, als äße er gelegentlich mit uns zu Abend.

Schon von Weitem konnten wir die blauen Kacheln der Kuppel sehen.

Als wir dort ankamen, verließ Sangeena endlich den Wagen. Mein Vater, obwohl er nicht sonderlich religiös war, verschwand sofort in der Moschee des Heiligen Umhangs. Sie liegt direkt neben dem Grab und beherbergt eines der heiligsten Reliquien des Islams: den Umhang, den der Prophet Mohammed angeblich bei seiner berühmten Nachtreise trug. Nur Wenigen ist es gestattet, dort zu beten, und der Umhang wird nur in Zeiten größter Gefahr für das Land aus der Truhe herausgenommen.

Wir warteten währenddessen außerhalb des Mausoleums. Unser feierliches Staunen war bald verschwunden, wir waren nur noch die zwei kichernden Schulmädchen, die wir nun mal waren. Die Begeisterung meiner Schwester ist genauso ansteckend wie ihr beleidigtes Getue, also rannten wir beide herum, machten ein Selfie nach dem anderen, posierten grinsend vor sämtlichen Denkmälern Kandahars. So wollten wir unser Land den anderen zu Hause zeigen: »Schaut her, wie sicher es hier ist! Schaut her, wie schön!«

Versöhnlich stimmte mich das Ganze trotzdem nicht wirklich. Als wir wieder am Horrorhaus ankamen, musste mein Vater los zu einem Treffen und ließ meine Schwester und mich allein in diesem leeren Palast zurück, während die Sicherheitsleute draußen Wache hielten. Da es dort so kalt war, kuschelten wir uns unter die Bettdecke und platzierten einen Laptop obenauf, um uns einen Film anzuschauen.

Meine Schwester wünschte sich eine romantische Komödie, und ich behauptete, die perfekte in petto zu haben. Ich zeigte ihr das Titelbild, auf dem Al Pacino zu sehen war, und sie befand ihn für gutaussehend genug, um die Hauptrolle zu spielen. Wie ein Bollywood-Star. »Und er spielt einen Flüchtling!«, pries ich ihr meine Auswahl weiter an. Und so machten wir es uns gemütlich und schauten uns *Scarface* an.

Ich wusste natürlich, worum es in dem Film ging, ich hatte ihn schon einmal gesehen: Kokain, Morde und Blut und Gewalt. Die kubanische Version eines paschtunischen Lebens, nur mit anderen Drogen. Mir war klar, dass meine Schwester nicht das Bett verlassen würde. Die einzige andere Option, die ihr blieb, war Aufstehen und sich allein in einem gruseligen leeren Haus herumdrücken. Sangeena bewegte sich keinen Millimeter. Den Großteil des Films verbrachte sie damit, zu schreien und sich die Augen zuzuhalten, doch sie rührte sich kein Stück.

Das war meine Rache dafür, dass sie uns am Morgen hatte ewig lange warten lassen, dass sie mich in der Nacht vor den Tests mit ihren Gebeten um den Schlaf gebracht hatte, dass sie mir eingeredet hatte, man würde mich umbringen, dass sie mir solche Angst eingejagt hatte.

Außerdem war ich ein großer Fan von Al Pacino und musste dringend auf andere Gedanken kommen.

Sobald Sangeena meinen Vater an der Tür hörte, noch bevor er zu uns ins Zimmer gekommen war, fing sie an, auf Kommando zu heulen und mich zu verpetzen. »Pashtana hat mich gezwungen, *Scarface* anzuschauen! Sie sind alle tot! Und da war Blut! Da war überall Blut!« Meine Schwester begann derart heftig zu schluchzen, dass ihre Worte kaum zu verstehen waren, doch dass es um Tod und Zerstörung ging, war offensichtlich.

Mein Vater sah müde aus, nahm sich aber dennoch Zeit,

mit mir zu schimpfen: »Was hast du dir nur dabei gedacht, Pashtana? Ein Kind so zu erschrecken?«

Womöglich tat ich sogar so, als ob es mir etwas ausmachte, dass er herumbrüllte.

Geschlafen habe ich jedenfalls wie ein Baby.

Kapitel 5

Nun, da die Prüfungen vorbei waren, konnten wir unsere Cousins in Kandahar Stadt besuchen.

Die Gebäudefassaden mochten vom Krieg verschont geblieben sein, doch sobald man ins Innere trat, waren seine grausamen Folgen nicht zu übersehen. Jede Familie, der wir einen Besuch abstatteten, ob reich oder arm, hatte Waisenkinder und Witwen bei sich aufgenommen. Wie so oft in Afghanistan, spielte sich das wahre Leid hinter verschlossenen Türen ab.

Als Erstes machten wir bei meinem Großonkel Halt, der ebenfalls in einem dieser herrschaftlichen Häuser wohnte, die dir das Gefühl geben, eine arme Cousine aus der Provinz zu sein.

Vor Kurzem hatte ein Familienmitglied geheiratet, und in Afghanistan dauern die Festlichkeiten dafür tagelang an. Wenn die Familie reich ist, dauern sie sogar Monate – und diese Familie war reich, sehr reich. Noch Wochen später war die Hochzeitsfeier in vollem Gange. Meine Schwester war außer sich vor Freude, als wir vorgestellt wurden. Endlich Frauen, die ihre Aufmerksamkeit wert waren!

Die Opulenz dieser Feierlichkeiten war für uns, die wir nie einer Hochzeit außerhalb des Camps beigewohnt hatten, atemberaubend. Die Braut sah wunderschön aus, sie war maximal herausgeputzt und mit Goldschmuck behängt. Das

Essen schmeckte vertraut, aber irgendwie hochwertiger, was auch nur an der Umgebung gelegen haben mag, in der es serviert wurde. Ich aß Speisen, die ich daheim nicht einmal anrühren würde. Alles schmeckte besser in Kandahar.

Und alle sahen derart stylish und modern aus! So etwas fällt mir normalerweise nicht gleich auf, hier war es jedoch unübersehbar. Meiner Schwester zufolge trugen die Frauen sogar die neueste Augenbrauenform aus einem Bollywood-Film, der gerade erst angelaufen war.

Ich glaubte ihr aufs Wort.

Meine Schwester war die Königin des Abends. Sie wurde mit offenen Armen empfangen. Bislang hatte sich diese Reise nur um mich gedreht, um meine Prüfungen und meine Sehnsucht, Afghanistan kennenzulernen. An diesem Abend jedoch blieb ich still, behielt meine unangebrachten Gedanken für mich und ließ sie glänzen. Sangeena war verzückt von der Schönheit des Hauses und der Schönheit der Gastgeber. Ich fragte mich nur die ganze Zeit, wie sie sich das alles bloß leisten konnten.

Ich ließ meinen Blick durch die Räumlichkeiten schweifen und blieb bei zwei jungen Frauen und ihrer Mutter hängen, die am anderen Ende der langen Tafel saßen. Sie wirkten irgendwie deplatziert. Ihre Kleidung war sauber und ordentlich, aber nicht wirklich festlich genug, auch wenn die Hochzeitsfeierlichkeiten nun schon eine Weile andauerten und daher alles ein wenig lockerer war und niemand mehr Tonnen von Gold mit sich herumtragen musste.

Sie saßen zu weit entfernt, als dass ich mit ihnen während des Abendessens hätte reden können, doch sobald alle mit dem Essen fertig waren, folgte ich der Mutter in die Küche.

Sie erkundigte sich höflich nach meiner Mutter und bat mich, sie von ihr zu grüßen. Eine ihrer Töchter kam ebenfalls in die Küche. Sie trug ihr Kopftuch ganz eng am Kopf. Sie ging an uns vorbei und setzte sich in die Ecke vor den Fernseher.

Von der Tatsache ermutigt, dass sie offensichtlich meine Mutter kannte, bombardierte ich sie mit Fragen, um etwas über ihren familiären Hintergrund und ihre Abstammungslinie zu erfahren und herauszufinden, wie wir genau miteinander verwandt waren. Bei unseren großen Familienclans gehen wir mit jedem Familienmitglied, das wir neu kennenlernen, wie mit gegnerischen Zeugen ins Gericht. Es ist gang und gäbe, ein regelrechtes Kreuzverhör zu starten. Das ist kein schlechtes Benehmen, sondern das wird sogar erwartet.

Nachdem die familiären Verbindungen hinreichend geklärt waren, berichtete mir die Mutter, dass sie erst seit Kurzem hier wohnten, weil sich bei ihnen »die Umstände geändert hatten«, wie sie es formulierte. Ihr Ehemann war der Bruder meines Großonkels und stellvertretender kommandierender Offizier der afghanischen Nationalarmee. Für die Abschussliste der Taliban reichte das dreimal, und so stürmten einige Taliban-Kämpfer ihr Haus und brachten ihren Ehemann vor den Augen seiner Kinder um. Danach wussten sie und ihre Töchter nicht, wohin sie gehen sollten, also nahm mein Onkel sie bei sich auf.

Sobald sie ihre Geschichte zu Ende erzählt hatte, redete sie freundlich weiter in dem Bemühen, die Schwere und die Anspannung in der Luft zu vertreiben, die eine solche Geschichte unweigerlich hervorruft. Als wollte sie meinen Schmerz über das Gesagte lindern, beendete sie das Thema mit: »Jetzt sind wir hier, und den Mädchen geht es schon etwas besser. Alles wird gut, inschallah. Es ist schön, eine Hochzeit im Haus zu haben, das ist so ein fröhliches Ereignis. Es macht allen guten Laune.«

Sie klang beinahe so, als wollte sie sich dafür entschuldigen, ihre persönliche Tragödie zur Sprache gebracht zu haben.

Sie musste sie schon oft erzählt haben und musste wissen, wie schwer es den anderen danach fällt, zu belangloser Plauderei überzugehen. Also übernahm sie es, das Schweigen zu brechen. Sie redete von ihren Töchtern und erzählte mir, sie hießen Hasina und Husniya.

Wie auf Kommando rief Husniya, das Mädchen, das bislang still in der Ecke gesessen hatte, dass die Sendung gleich anfangen würde. Daraufhin kam Hasina angerannt, nahm sich einen Stuhl und bat ihre Schwester, lauter zu stellen. Zu meiner Überraschung tat sie das auf Hindi.

Sofort richtete ich meine Aufmerksamkeit auf die beiden Mädchen. Auch ich sprach mehrere Sprachen, doch als Flüchtling musste ich lernen, sie den ganzen zusammenprallenden Welten richtig zuzuordnen.

»Ich dachte, du hättest schon immer in Kandahar gelebt – wie um alles in der Welt kannst du dann Hindi?«, fragte ich und beäugte sie misstrauisch.

»Jeder hier spricht Hindi«, entgegnete sie achselzuckend. »Das liegt am Fernsehen. Wenn du die ganzen Sendungen sehen willst, musst du Hindi lernen.«

»Früher sind wir zur Schule gegangen«, ergänzte Hasina beiläufig. »Erst nachdem unser Vater getötet worden ist, haben wir damit aufgehört. Unsere Cousins haben uns aufgenommen, seitdem dürfen wir nicht mehr in die Schule.«

In meinem Kopf explodierten die Gedanken und kämpften alle gleichzeitig um meine Aufmerksamkeit. Der hartnäckigste, der lauteste von allen war die Erkenntnis, dass diesen Mädchen die Schule in meiner eigenen Familie verwehrt blieb.

Da war ich und prangerte die Regierung an, während mir zwei Mädchen am Tisch gegenüber saßen, denen das Recht auf Bildung von meiner eigenen Verwandtschaft verweigert wurde.

Bis vor einer Minute hatte ich meinen Großonkel noch für einen gütigen Mann gehalten, der seiner Familie hilft und sie bei sich wohnen lässt. Jetzt war ich mir da nicht mehr so sicher. Ich wusste nicht, was ich davon halten sollte. Die Jungen durften mit der Schule weitermachen, ihre Schwestern aber, die einst gleichberechtigt gewesen waren, mussten nun als Hauspersonal herhalten. Ihr Dasein diente nun dem Zweck, die kleinen Jungs anzukleiden und dafür Sorge zu tragen, dass sie sauber und ordentlich nach draußen gingen – in die Welt, die den Mädchen verwehrt blieb. Ihre Tage waren angefüllt mit Stickarbeiten, Putzen und dem Warten auf die eigene Hochzeit.

Und ich durfte keinen Aufstand machen. Ich durfte kein Wort sagen.

Mir war trotz meines rebellischen Wesens klar, dass es jenseits der Grenzen des Erlaubten war, meinen Onkel anzugehen. Nicht einmal mein Vater hätte solch eine tödliche Beleidigung ignorieren können. Die Älteren muss man unter allen Umständen respektieren, und seien ihre Meinungen auch noch so töricht.

Da bildete ich mir ein, diese furchtlose Kämpferin für Frauenrechte zu sein, und kaum traf ich Mädchen, die Verteidigung bitter nötig hatten, machte ich nicht einmal den Mund auf.

Als ich in dieser Küche saß, fühlte ich mich klein. Mir waren meine Grenzen aufgezeigt worden. Und das Ganze hatte einen Namen.

Heuchlerin. Ich war eine Heuchlerin.

In dieser Nacht fand ich nicht in den Schlaf. Mir ging ein Streit im Kopf herum, den ich vor Jahren mit einem meiner Onkel gehabt hatte. Ich muss ungefähr dreizehn gewesen sein, und mein Vater saß gerade mal wieder im Gefängnis. Wegen der gleichen alten Geschichte: Ein Mitglied unserer Community war verschollen, mein Vater stellte zu viele Fragen, also wurde er verhaftet.

Diesmal behielten sie ihn einen Monat lang dort. In der Zwischenzeit übernahm einer meiner Onkel die Rolle als Haushaltsvorstand. Er war derjenige, der sich am lautesten darüber beschwerte, dass so viel Geld für meine schulische Ausbildung vergeudet wurde. Er und seine Familie waren vor vielen Jahren nach Kanada ausgewandert, aber sie besuchten uns regelmäßig.

Eines Abends begann mein Onkel nach dem Essen, mich für den Besuch einer gemischten Schule zu schelten. Ich weiß noch, warum ich es nicht ganz ernst nahm: Unmittelbar vorher hatte er uns eine Diashow ihres Lebens in Kanada gezeigt, worauf sämtliche seiner Kinder, Jungen wie Mädchen, kurze Hosen trugen, glücklich aussahen und voll integriert in Kanadas gemischtem Schulsystem waren.

Von da ging er scheinbar nahtlos zu der Behauptung über, mein Besuch einer gemischten Schule brächte Schande über die Familie, deshalb müsse ich sie sofort abbrechen. Zuerst entwischte mir ein nervöses Lachen, weil ich das für einen schlechten Scherz hielt. Und als ich erkannte, dass er es vollkommen ernst meinte, wusste ich nicht, was ich sagen sollte. Also blieb ich zur Abwechslung einmal still. Ich hoffte, er würde irgendwann einsehen, wie töricht diese Einstellung war, und sich davon distanzieren. Ich dachte, ich könnte es einfach aussitzen.

Dabei war es nicht das erste Mal, dass er sich abfällig über meine Schulbildung äußerte. Ich befand mich mitten im Kampf gegen die bissigen Mädchen von Quetta und war selbst kein Fan meiner Schule. Das war jedoch nicht das, was er meinte, so viel stand fest. Aber was meinte er dann? Ich wandte mich an meine Tante und bat sie um Rat. Ich hatte das Gefühl, ich müsste etwas erwidern.

Seit ich sprechen kann, versucht meine Familie genau das um jeden Preis zu verhindern: dass ich »etwas erwidere«. Also konnte ich es nicht fassen, als meine Tante mir zustimmte. »Sag ihm, deine Schulbildung sei Sache deines Vaters. Falls er darüber reden wolle, solle er mit deinem Vater reden, nicht mit dir.«

Als mein Onkel beim Abendessen wieder damit anfing, dass ich die Schule verlassen solle, wiederholte ich das, was meine Tante mir gesagt hatte, Wort für Wort.

»Das ist die Entscheidung meines Vaters, nicht meine. Du solltest es also mit ihm besprechen, nicht mit mir.«

Und meine Tante behielt Recht – damit war das Gespräch beendet.

Ein bitterer Nachgeschmack blieb, aber die ganze Bedeutung dieser Diskussionen erfasste ich damals nicht. Erst als ich Husniya und Hasina kennenlernte, begriff ich, in welcher Situation ich mich all diese Jahre über befunden hatte. Während mein Vater im Gefängnis saß, war mein Onkel der offizielle Haushaltsvorstand. Hätten die Pakistanis also beschlossen, meinen Vater noch länger wegzusperren oder gar nicht mehr freizulassen, wie es oft der Fall war, hätte mein Onkel über meine schulische Bildung entschieden. Und ich wäre diejenige gewesen, der die Schule verweigert wurde und der als Highlight des Tages nur noch Fernsehserien auf Hindi blieben.

Das soll keineswegs heißen, dass mir die interfamiliären Spannungen entgangen wären; auch als Kind bemerkte ich derlei. Meine liebste Disney-Figur war damals Simba aus dem *König der Löwen*, der gegen seinen bösen Onkel und für das kämpft, was ihm rechtmäßig zusteht. Hartnäckig, wie ich von klein auf war, brachte ich die gesamte Familie dazu, sich mit mir hinzusetzen und jeden Morgen vor der Schule die neueste Folge auf Sahara TV anzuschauen. Alle mussten sie Simba anfeuern und buhen, sobald Scar auf der Bildfläche erschien. Meine Mutter weiß noch, wie kritisch ich diese Familiendynamik betrachtete – Simbas Onkel mochte ich anscheinend überhaupt nicht leiden.

Am nächsten Morgen fuhren mein Vater, Sangeena und ich schweigend zurück nach Quetta. Die letzten Tage hatten wir alle nicht viel geschlafen. Mit ihrer übersinnlichen Kraft, an den unmöglichsten Orten einnicken zu können, döste Sangeena weg, sobald wir ins Auto gestiegen waren. Meine Gedanken jedoch rasten. Ich hielt nun das letzte Puzzleteil in Händen, und es war Zeit, alles zu einem großen Ganzen zusammenzusetzen. Mir gingen die Mädchen durch den Kopf, die ich in Afghanistan kennengelernt hatte, und die Probleme, mit denen sie konfrontiert waren. Oberflächlich betrachtet schienen sie sich voneinander zu unterscheiden, doch es gab einen roten Faden: Die Schwierigkeit bestand darin, zur Schule *gehen* zu können. Und dafür wiederum könnte Technologie vielleicht die Lösung sein. Nehmen wir Husniya, die allein durchs Fernsehschauen Hindi gelernt hat. Unser Festhalten an einer einzigen Lernmethode, die alles andere außen vorlässt, schließt zu viele Mädchen aus. Unsere Realität hat sich verändert, und die Bildung hat den Anschluss daran verloren. Vielleicht bestand meine Aufgabe darin, die listige Herangehensweise meines Vaters zu aktualisieren und in eine 2.0-Version zu überführen – vielleicht musste der Berg erneut zum Propheten gebracht werden.

Es heißt, wer als Werkzeug nur einen Hammer zur Verfügung hat, sieht in jedem Problem einen Nagel. Womöglich fielen also speziell mir diese Probleme in Bezug auf die

Schulbildung auf, weil ich so besessen davon war. Wobei die gesamte neuzeitliche Geschichte Afghanistans als lange bewaffnete und gewalttätige Auseinandersetzung um das Recht der Frauen auf Bildung interpretiert werden kann. In gewisser Hinsicht hatten sämtliche Unruhen, sämtliche Kriege damit zu tun.

Königin Soraya Tarzi war es, die 1910 den Kampf für Frauenrechte aufnahm, parallel zu ihren Zeitgenossinnen in anderen Teilen der Welt. Die Afghaninnen errangen das Wahlrecht 1919, ein Jahr eher als die US-Amerikanerinnen. Eine Zeit lang erzielten wir also viele Siege.

Als Folge von Machtkämpfen und Stammesstreitigkeiten sowie zu viel Modernisierung innerhalb zu kurzer Zeit wurden Königin Soraya und die Tarzi-Familie schließlich verbannt.

Und die Frauenrechte mit ihnen.

So sollte es bleiben, bis die Frauen 1964 endlich die Gleichheit vor dem Gesetz erlangten und die Mädchen zurück in den Schulen waren.

Doch auch dieses Glück hielt nicht lange an. Die Machtkämpfe zogen sich über Jahre, bis eines Tages die Sowjets einmarschierten und sich Afghanistan im Kampf gegen den Feind vereinte. Es gab Zeiten, da war ein gemeinsamer Feind das Einzige, was uns zusammenhielt.

Die Sowjets standen der Schulbildung von Frauen definitiv positiv gegenüber. Zu positiv womöglich. Per Dekret wandelten sie sämtliche Schulen in Gemeinschaftsschulen um und erwarteten von den afghanischen Jungen und Mädchen, gleich am darauffolgenden Tag gemeinsam zum Unterricht zu erscheinen. Wer stattdessen erschien, waren bewaffnete Stammesangehörige. In unserer Kultur sind Frauen und Männer strikt separiert. Die Sowjets hätten sich vor dem Einmarsch vielleicht besser die Mühe gemacht, sich mit unserer Geschichte zu befassen.

Sämtlicher Unterricht fand ein Ende. Zum Lernen blieb keine Zeit, schon gar nicht in den Stammesgebieten, sodass die Alphabetisierungsrate auf einen historischen Tiefstand sank. Der Großteil der gebildeten Menschen floh, und die Übriggebliebenen waren zu sehr mit dem Kampf ums Überleben beschäftigt, als dass sie sich ums Lesen Gedanken machen konnten. Eine gewisse Gleichheit wurde letztendlich also erreicht: Lesen und Schreiben konnte nun gar keiner mehr.

Nach alldem schien der Aufstieg der Taliban beinahe unausweichlich. Er war eine Art selbsterfüllende Prophezeiung. Ihrer Meinung nach lag es am Kampf um die Bildung für Frauen, der das Land am Weiterkommen gehindert und für jahrelangen Krieg gesorgt hatte – und damit lagen sie nicht einmal falsch. Die Konsequenz, die sie daraus zogen, war, den Mädchen die Schule einfach komplett vorzuenthalten.

Nachdem die Taliban 2001 von der Macht wegbombardiert worden waren, bekamen wir eine neue Regierung und eine neue Verfassung. Die Frauen waren zurück.

Jahrelang hatten wir das Haus nicht ohne Begleitung eines männlichen Verwandten verlassen dürfen, jetzt durften wir plötzlich in Kabul Ministerien leiten und Bezirke vertreten. Vielen schien es, als sei der Kampf um Bildungsgerechtigkeit endlich gewonnen.

Die Taliban verzogen sich in die Berge.

Und genau das war das Problem. Diese Berge sind meine Heimat und die Heimat meines Stamms. Keiner der glanzvollen Siege in Kabul hat je die Mädchen dort erreicht. Die großen internationalen Geldgeber investierten nicht in die Bildung in den Stammesgebieten, da dort der Krieg noch in Gange war und sich die Ereignisse kaum überprüfen ließen. Bildung blieb somit Sache der Regierung, die bald erkannte, welch lukrative Einnahmequelle der Schulbau darstellte. Sämtliche Ausbildungsfördergelder wurden also in Infrastrukturprojekte gesteckt, die wiederum sofort nach der Fertigstellung von der Taliban in die Luft gejagt wurden. Und in den kriegsgebeutelten Gebieten mussten die Taliban sich nicht einmal die Mühe machen, sie in die Luft zu jagen, denn es traute sich sowieso keiner dorthin. Die meisten Menschen verließen das Haus nicht, also blieben die Schulen leer.

Dass Bildung für afghanische Verhältnisse zu eng definiert wird, war mir schon vor meiner Reise nach Afghanistan klar gewesen. Nun aber wusste ich, dass es schon mit den Schulgebäuden nicht funktionierte. Jedenfalls nicht mehr. Die Mädchen brauchten eine Art von Bildung, die Schicksalsschläge überdauerte, die über Nacht feindlich gewordene Umstände überstand. Sie brauchten eine Art von Bildung, die unabhängig von den andauernd explodierenden Schulgebäuden funktionierte. Tragbar musste sie sein, damit die Mädchen sie überall hin mitnehmen können, was auch passiert. Beständig musste sie sein, ein Fels in der Brandung des wechselnden Glücks dieser Mädchen. Wie sichert man Bildung gegen Schicksalsschläge ab?

Ich kam immer wieder auf Tablets zurück. Dardana und die Hindi sprechenden Schwestern spukten mir noch im Kopf herum, deshalb war ich mir sicher, einer guten Lösung auf der Spur zu sein. So grundlegend verschieden ihre äußeren Umstände auch sein mochten, Tablets würden die Probleme in beiden Fällen lösen können. Technologie könnte den entscheidenden Unterschied machen.

Es sollte drei Jahre dauern, bis ich herausgefunden hatte, wie man es anstellen muss, und dazwischen hatte ich sehr oft den Glauben daran verloren. Doch jedes Mal, wenn ich ins

Wanken geriet, rief ich mir die Mädchen ins Gedächtnis, die ich auf meiner ersten Reise nach Kandahar kennengelernt hatte.

Für Dardanas Ausbildung engagierte ich mich noch immer. In den darauffolgenden zwei Jahren unterrichtete ich sie und wies ihr aus der Ferne Unterrichtsmaterial zu. Mein Vater bezahlte ihre Lehrbücher, und ihr Bruder besorgte ihr die Bücher, die es in Spin Boldak nicht gab, in Kandahar Stadt. Wir griffen ihr alle unter die Arme.

Und Dardana holte alles aus unserer Hilfe heraus. Nach ein paar Jahren hatte sie sämtlichen Lernstoff erfasst, den sie für die Oberschule brauchte. Ihren Berufswunsch Ärztin hat sie revidiert, aber sie ist der Medizin treu geblieben. Irgendwann hatten wir eine Schule für sie in Kandahar Stadt gefunden, an der sie im Mai 2021 ihren Abschluss machte. Heute arbeitet sie als Hebamme. Und den Stift hält sie wie ein Profi.

Im Laufe der Jahre habe ich oft die Hoffnung verloren und mich gefragt, ob ich wirklich mein Leben auf etwas verschwenden wollte, das sich sowieso nicht ändern ließ. Dann dachte ich daran, wie Dardanas Gesicht im bläulichen Schein meines Tablets erstrahlte, und ermahnte mich, dass ich die Dinge anders bewerten musste. Es ging nicht um die Schwierigkeiten, mit denen ich konfrontiert war, und es ging ebenso wenig um das Ergebnis. Die Frage war schlicht, ob es wert war, dafür zu kämpfen.

Kapitel 6

Es war an der Zeit, meine Eltern darüber zu informieren, dass ich nicht nach Oxford gehen würde.

Wie zu erwarten, sorgte diese Bekanntgabe für einen Aufruhr, und die Stimme meiner Mutter tönte am lautesten.

Die Art, wie diese normalerweise sanftmütige Frau »Du wirst *was* tun?«, schrie, war einer der entsetzlichsten Momente meines Lebens. Ich hatte Bombenexplosionen und Todesdrohungen durchlebt, doch nichts saugte mir so das Leben aus dem Leib wie ihre Stimme an jenem Tag.

Dabei stand mir das Schlimmste noch bevor. Bislang hatte ich nur verkündet, dass ich nicht nach Oxford gehen würde, die Hauptnachricht war noch gar nicht ausgesprochen worden. Meine Eltern wussten zwar, wie sehr ich mich für das Thema Bildungsgerechtigkeit einsetzte, doch bislang war ihnen nicht ganz klar, dass ich meine Pläne in Afghanistan in die Tat umsetzen wollte.

Ein Studium sei natürlich trotzdem ein Muss, fügte ich versöhnlich hinzu, aber das könne ich auch an der amerikanischen Universität in Kabul statt in Oxford absolvieren. Das ginge sogar schneller, weil ich nicht das Vorbereitungsjahr durchlaufen, sondern direkt anfangen könne. Offiziell angenommen worden sei ich zwar noch nicht, doch das sei reine Formsache. Beim Test hätte ich schließlich supergut abgeschnitten.

Während meines Studiums würde ich bei einer der Nichtregierungsorganisationen, von denen es in Kabul so viele gab, ein Praktikum machen. Dort könne ich wie eine Auszubildende die Grundlagen erwerben. Dann hätte ich keine Zeit vergeudet. Ich hatte alles genau durchdacht.

Sobald meine Mutter wieder in der Lage war, zu sprechen – was eine Weile dauerte –, begann sie, sämtliche Gründe aufzuzählen, warum das eine absolut unterirdische Idee war. Der Gerechtigkeit halber muss ich sagen, dass sie ziemlich gute Argumente hatte.

Das eine, das sie an diesem Tag und bis in alle Ewigkeit immer wieder anführte, lautete: Du wirfst dein Leben weg. Für sie war diese Aussage eine offenkundige Wahrheit, die keine weiteren Erklärungen erforderlich machte. Sie musste einfach nur oft genug wiederholt und mit dem Werfen des Pantoffels unterstrichen werden, bis ich sie verinnerlicht hatte.

Du. Wirfst. Dein. Leben. Weg.

Meine Mutter, die quasi nie aus dem Haus kam, war wahrscheinlich in der besten Position, um Oxford als das zu sehen, was es war: die Verheißung einer Welt da draußen, außerhalb der eigenen vier Wände. Eine Chance, die so vielen verwehrt blieb. Ich musste nur zugreifen. Unvorstellbar, dass ich überhaupt in Erwägung zog, sie mir entgehen zu lassen.

Das zweite, fast genauso gute Argument, lautete: »Kabul ist Kampfgebiet.«

Meine Mutter machte sich die Mühe, jedes Selbstmordattentat in Kabul, jede Schießerei und jeden Todesfall aufzuzählen, der ihr gerade einfiel. Und dabei konnte sie aus dem Vollen schöpfen. Sie beharrte darauf, dass ich keine Ahnung hätte, worauf ich mich einließe. Als ich Afghanistan als meine Heimat bezeichnete, schrie sie auf: »Heimat? Du hast Afghanistan vor einem Monat zum allerersten Mal gesehen! Du weißt nichts von der Welt! Nichts! Das hier …« Sie gestikulierte in Richtung Wohnzimmer. »Das hier ist deine Heimat!«

Die anderen Argumente, die sie anführte, waren persönlicher. »Dein Leben lang wird dir jedes Mal das Herz bluten, wenn wieder ein Mädchen im Alter von neun Jahren verheiratet wird! Genau wie bei deinem Vater!«

Wieder ein berechtigter Einwand. Sowohl mein Vater als auch ich selbst neigten zu depressiven Verstimmungen. Wenn du in einem Flüchtlingslager lebst, lässt sich zwar schwer sagen, was situationsbedingt ist und was dir in die Wiege gelegt wurde, doch die Not der anderen lastete definitiv schwerer auf uns beiden als auf anderen. Meine Mutter liebte die Güte und das Mitgefühl meines Vaters für seine Community, aber es war kaum zu übersehen, wie sehr er auch darunter litt.

Sie beendete die Diskussion mit einer letzten verzweifelten Bemerkung: »Das ganze Lernen sollte dafür sorgen, dass du einmal ein besseres Leben hast! Und du willst es jetzt unbedingt verschlechtern!«

Wenn sie im Lauf der nächsten Wochen auch nur die kleinste Unsicherheit in meiner Stimme bemerkte, schöpfte meine Mutter Hoffnung: »Geh nach Oxford, mach deinen Abschluss dort und übernimm dann die Stelle deiner Tante, wenn du unbedingt unterrichten willst.« Ein Bachelor in Philosophy, Politics and Economics von Oxford, wie er mir einst vorgeschwebt hatte, schien zwar leicht übertrieben für eine solche Anstellung, aber sie ließ nicht locker. Irgendeinen Kompromiss musste es doch geben, dessen war sie sich sicher.

Mein Vater schwieg die meiste Zeit über.

Nachdem wir schließlich ein Jahr lang über nichts anderes als Oxford am Esstisch gesprochen hatten, wechselten wir endlich zu »meinen Plänen«. Dafür, dass ich so viel aufgegeben hatte, waren diese allerdings nicht sehr konkret.

Ich wollte Mädchen eine Schulausbildung ermöglichen.

Mithilfe einer revolutionären neuen Methode.

Wie diese neue Methode aussah, oder wie ich mich ihr annähern wollte, wusste ich noch nicht.

Mein Vater meinte, er vertraue mir. Er verstünde mich zwar nicht ganz, aber er vertraue mir.

Meine Mutter hatte weder Verständnis noch Vertrauen.

Nur wenige meiner grandiosen Ideen ergaben irgendeinen Sinn, sobald ich sie in unserer Küche laut aussprach. Die Zeitungskommentare, die ich verfasste, handelten von Verantwortung und Pflichtgefühl, wagten sich aber kaum an konkrete Vorschläge heran. Nun war es Zeit, nicht nur zu meckern, sondern auch etwas zu tun. Das war schwieriger, als ich gedacht hatte.

Im Nachhinein betrachtet verdienen meine Eltern einen Orden dafür, sich die rechthaberischen, ahnungslosen Pläne einer Sechzehnjährigen zur Rettung der Welt angehört zu haben. Den Mangel an Klarheit versuchte ich mit der Eindringlichkeit meiner Stimme wettzumachen. Ich war nie eine Frau der leisen Töne gewesen, doch hier musste ich schreien, um meine eigenen Zweifel zum Schweigen zu bringen.

Wieder und wieder kam ich auf den Gedanken von Technologie als Lernhilfe zurück. Er war eine Verneigung vor meiner geliebten Encarta-Enzyklopädie, vor den Hindi sprechenden Schwestern und vor Dardana. Ich sah ein riesiges Potenzial darin, die Hürden jedoch noch nicht. Das wurde mir klar, als ich den Fehler beging, meiner Mutter von den Tablets zu erzählen.

Sie warf sofort ein, dass ich damit diejenigen ausschloss, die sich so ein Gerät zum Fernsehschauen nicht leisten konnten, das dreimal so viel kostete wie ein normaler Fernsehapparat.

Und dass ich es mit einem Land zu tun habe, das größtenteils nicht einmal über einen Internetzugang verfügt.

Erbarmungslos bohrte sie immer neue Löcher in meine Pläne, in der Hoffnung, dass ich davon ablassen würde, sobald ich die Sinnlosigkeit des ganzen Unterfangens erkannte.

Mein Vater entschied sich dafür, die offenkundige Dummheit meiner Pläne zu missachten, und berichtete stattdessen von seinen eigenen. Als er damals die Gemeindeschule plante, wollte keiner sie haben, und trotzdem hat es am Ende irgendwie geklappt. Große Pläne jagten ihm keine Angst ein. Er betrachtete sie als Puzzlespiele, die sich mit Beharrlichkeit und Geduld lösen ließen.

»Denk weiter nach. Du wirst einen Weg finden.«

Ich wusste nicht, wie ich es anstellen sollte. Jeden Morgen kamen mir meine Ideen noch einmal dümmer vor als tags zuvor. Mit jedem Mal, dass ich den Mund aufmachte, schienen meine Pläne ein Stück weniger realistisch. Und ich machte ihn oft auf.

Am Ende erlaubten mir meine Eltern, nach Kabul zu gehen.

Mein Vater, weil er daran glaubte, dass ich einen Weg finden würde. Sein Reservoir an Vertrauen und Wohlwollen war endlos.

Meine Mutter, die Königin der Langzeittaktik, erlaubte es mir, weil sie davon ausging, ein kurzer Aufenthalt in Kabul würde genügen, um mich wieder zur Vernunft zu bringen. Und dann könne ich, wenn schon nicht in Oxford, wenigstens in Pakistan studieren.

Ich finde, jeder sollte Eltern wie ich haben: Ein Elternteil, das dir blind vertraut, und ein Elternteil, das jedes deiner Worte anzweifelt. Dank Ersterem besitzt du Tapferkeit und Ideale, dank Letzterem feilst du so lange an deinen Argumenten, bis sie sitzen. Ich sage es ihnen nicht oft genug, aber ich schätze mich jeden Tag glücklich und gesegnet, solche Eltern zu haben.

Wie ich bei der Aufnahmeprüfung für die amerikanische Universität abgeschnitten hatte, wurde mir per SMS mitgeteilt: Ich hatte die größtmögliche Punktzahl erreicht (»Wusste ich's doch«, dachte ich beim Lesen), und man freue sich, mir einen Platz anbieten zu können.

Es gab nur ein Problem: Ich würde dieses Privileg bezahlen müssen, da das Stipendienprogramm letztes Jahr ausgelaufen sei. Die Studiengebühren betrugen 25 000 US-Dollar pro Jahr, und die erste Rate war gleich im darauffolgenden Monat fällig.

Mein Magen zog sich zusammen, als ich das las. Studiengebühren?

Wir hatten uns so von meinem Stipendium für den Vorbereitungskurs in Oxford einlullen lassen, dass wir überhaupt nicht auf die Idee gekommen waren, Studiengebühren für die Universität bezahlen zu müssen.

So unverschämt hoch dieser Betrag auch war, darum ging es gar nicht. Selbst wenn wir ihn irgendwie aufbrächten, könnte ich meine Eltern niemals um zusätzliches Geld für meinen Lebensunterhalt bitten. Nicht, nachdem ich ein Vollstipendium an einer der besten Universitäten der Welt abgelehnt hatte. Das war schon mehr, als mir zustand. Nie würde ich sie jetzt um Geld bitten. Wie hoch der Betrag genau war, spielte dabei keine Rolle. Das sprichwörtliche Ende der Fahnenstange war hiermit erreicht. Es war aus und vorbei.

Mit dem Handy in der Hand rannte ich aus meinem Zimmer die Treppe hinab, um meine Eltern zu suchen, und war bereits tränenüberströmt, als ich unten ankam. Ich weiß noch genau, wo meine Eltern saßen: mein Vater am Esstisch, meine Mutter auf dem Sofa vor dem Fernseher.

Sobald ich sie erblickte, brach ich in verzweifeltes Schluchzen aus.

Mein Vater sah mich als Erstes.

Ich weinte zu stark, als dass sie mich hätten verstehen können, aber es lag auf der Hand, dass es etwas mit der Universität zu tun haben musste, schließlich sprachen wir seit einem Jahr über nichts anderes. Als ich mich nicht genug beruhigen konnte, um alles genau zu erklären, griff mein Vater schließlich nach meinem Handy und las die Nachricht.

»Das kriegen wir schon irgendwie hin«, meinte er sofort und ging gleich darauf zu den Geschichten seiner Kindheit über, die das Vorwort zu seiner »Wir schaffen das«-Predigt darstellten. Es waren Erinnerungen daran, wie arm sie früher waren, als seine Mutter seinen Vater verlassen hatte, wie hoffnungslos alles schien, wie er jahrelang barfuß gehen musste und wie sich dann doch alles zum Guten gewendet hatte. Die Geschichten waren nicht wirklich eine Hilfe, seine Stimme allerdings schon. Sie schaffte es stets, mich zu besänftigen.

Doch als es mir gerade anfing, besser zu gehen, machte er alles wieder zunichte.

»Gott wird es richten«, lautete sein Schlusswort. Hätte meine äußerst fromme Mutter es verkündet, hätte ich es als tröstlich empfunden. Aus dem Mund meines kaum religiösen Vaters aber klang es einfach nur verzweifelt.

Jetzt war meine Mutter mit dem Schweigen an der Reihe. Mir war klar, dass ihre Gedanken dorthin wanderten, wo auch die meines Vaters und mir hinwanderten: zu dem Stipendium, das ich so hochmütig abgelehnt hatte. Sie brachte es jedoch nicht zur Sprache. Keiner brachte zur Sprache, wie viel Geld bereits in meine Bildung geflossen war. Keiner brachte zur Sprache, wie viele Opfer wir alle hatten bringen müssen. Und ebenso wenig wurde zur Sprache gebracht, wie anstrengend es war, sich unablässig mit sämtlichen Familienmitgliedern über meine Laufbahn streiten zu müssen. Es zehrt an dir, wenn du deine Entscheidungen andauernd verteidigen musst. Das wusste ich nur zu gut.

Mein Studium in Oxford hätte die anderen endlich alle zum Schweigen gebracht. Es wäre der unwiderlegbare Beweis dafür gewesen, dass die Entscheidungen meiner Eltern gerechtfertigt waren. Mein Stipendium zu verkünden, machte sie nicht nur stolz, sondern verschaffte ihnen auch eine unglaubliche Erleichterung. Meine Mutter bekam endlich eine Verschnaufpause von dieser Kakophonie der Meinungen über die Müßigkeit weiblicher Schulbildung.

Das hatte ich ihnen genommen.

Dass ich nicht nach Oxford gehen würde, war schlimm genug, doch dass ich nun gar keine Universität besuchen würde, war ein solcher Hieb in die Magengrube, dass es meiner Mutter die Sprache verschlug.

Trotzdem wichen sie mir nicht von der Seite, trotzdem hielten sie zu mir.

Als afghanischer Flüchtling in Pakistan wächst du in einem seltsamen Mix der Kulturen auf: Die Werte und Normen unseres Stammes werden mit Bollywood und Hollywood vermengt und mit einer Prise BBC Pashto versehen. Die Behauptung, dass uns das ein wenig durcheinanderbringt, wäre eine Untertreibung. In meiner Situation jedenfalls musste ich mich zwangsläufig an nicht-afghanischen Quellen orientieren, denn ein Großteil der Menschen meines Umfelds tat sich schon schwer damit, überhaupt irgendeine Art Ausbildung aufzutun, ganz zu schweigen davon, dass es in ihrem Leben so etwas wie Entscheidungsfreiheit gab.

Und so erkannte ich mich in den amerikanischen Filmen wieder, die ich mir hingebungsvoll anschaute. Mir fiel wie

Schuppen von den Augen, dass es im Hollywood-Kino nur dann kein Happy End gibt, wenn die jugendliche Hauptfigur die Schule abbricht. Eine schlimme Kindheit, Missbrauch, Obdachlosigkeit – alles kannst du überwinden, solange du nicht die Schule vorzeitig abbrichst. So lautet die Hollywood-Moral.

Ich hatte das Gefühl, inmitten eines mahnenden Jugenddramas festzustecken. Die Hauptfigur bricht das Studium ab, bevor es überhaupt richtig angefangen hat. Mit der Stimme meiner Mutter im Ohr und den Jugenddramen im Kopf, die sich in jeder schaurigen Einzelheit vor meinem inneren Auge abspielten, begann ich, nur noch einen Weg zu sehen. Und der führte in den Abgrund.

Das Ende vom Lied war, dass ich mühelos wie ein Kind auf einer Rutsche in eine Depression hinabglitt.

In den darauffolgenden Monaten passierte nicht viel. Ich wünschte, ich könnte sagen, ich hätte mich wahnsinnig angestrengt, aber das wäre gelogen. Auch keine erzwungenen Diskussionen über meine Zukunft gab es mehr. So ärgerlich diese Tischgespräche für meine Eltern auch gewesen sein mögen – die Tatsache, dass sie nun nicht mehr stattfanden, versetzte sie in noch größere Alarmbereitschaft.

Ich verschob mein Studium um ein Jahr, und ich würde es so lange weiter nach hinten schieben, bis mir jemand ein Stipendium dafür anbot, auch wenn das vielleicht niemals passieren würde. Ganz eigene Pläne zu schmieden überstieg zum damaligen Zeitpunkt meine Kapazitäten. Meine Hybris hatte mich zu Fall gebracht.

Es schien ganz und gar zwecklos: Wer würde sich von einer Achtzehnjährigen ohne Studium belehren lassen? Und dann ausgerechnet über Bildung?

Mein Vater war es, der sich nicht geschlagen geben wollte. Wild entschlossen, mir zu zeigen, dass dies nicht mein Ende war, hielt er nun nach einem Praktikumsplatz für mich Ausschau. Das sei nur ein kleiner Umweg, nichts weiter, betonte er. Die Ziellinie habe sich nicht verschoben. Auch wenn ich sie nicht mehr sehen könne, sei sie noch immer da. Hartnäckig ignorierte er meine halbherzigen Einwände, übernahm das Ruder und suchte nach praktischen Lösungen.

Er rief eine NGO nach der anderen an, um dort einen Praktikumsplatz für mich zu ergattern.

Selbst wenn es *momentan*, wie er mit einer um mehrere Dezibel anschwellenden Stimme betonte, mit dem Studium nicht klappte, ließe sich der Plan mit dem Praktikum noch immer verwirklichen. Das sei auch eine Form von Bildung, und diese Praxiserfahrung bräuchte ich, wenn ich irgendwann vielleicht sogar selbst eine NGO gründen wollte. Mit den täglichen Anforderungen eines solchen Jobs müsste ich mich dann sowieso vertraut machen. Und nebenbei könne ich warten, bis das Stipendien-Komitee Geld aufgetrieben hätte.

Ich ließ ihn machen. Nicht aus Überzeugung, sondern aus Gleichgültigkeit. Was mich betraf, so war das Ende der Welt gekommen, und er kehrte lediglich die Überbleibsel zusammen, damit die postapokalyptische Landschaft nicht ganz so wüst aussah. Er redete und redete, ich nickte.

Irgendwann tat er ein Praktikum bei einer agrarwirtschaftlichen NGO auf, die sich um eines der größten Exportgüter Afghanistans kümmerte: Pistazien. Das war zwar weit von meinem eigentlichen Ziel entfernt, doch die Organisation wurde anständig geführt und war nicht korrupt. Gott allein weiß, wie er es geschafft hat, diese eine Organisation herauszufischen. Das sollte als Ansatzpunkt genügen.

Die Aussicht darauf ließ mich nicht gerade aufblühen,

doch ich schloss mich seinen Bemühungen an und bereitete mich langsam darauf vor.

Meine Mutter war schon nicht über meinen Umzug nach Kabul erfreut gewesen, als meine Studienpläne noch standen. Dass ich nun trotz der gescheiterten Pläne dorthin gehen wollte, versetzte sie in stille Verzweiflung. Nichts hatte sich verändert, meine Pläne waren immer noch vage, ich war immer noch jung und Kabul noch immer Kriegsgebiet.

Und dennoch wusste sie bei all ihren Vorbehalten, dass es mir nur noch schlechter gehen würde, wenn ich nicht ging.

Und so waren sich meine Eltern schlussendlich darüber einig, ihre achtzehnjährige Tochter allein nach Kabul gehen zu lassen, damit sie ihre nicht ganz durchdachten Träume verwirklichen konnte.

Allmählich erfasste die Aufregung sogar mich, und ich begann, mich auf meinen Umzug vorzubereiten. Stück für Stück füllte sich mein Koffer mit den Dingen, die ich glaubte, in Kabul zu brauchen. Ich hatte meine Lektion gelernt: Ich legte mir meinen Salwar Kamiz, mein Punjab-Outfit, für die Fahrt zum Flughafen zurecht, packte einen Tschador für die Ankunft in Kandahar ein, damit ich dort nicht unangenehm auffiel, sowie meine übliche pakistanische Garderobe, die ich in Kabul tragen wollte. Auf dieser Reise würde ich beinahe so oft die Kleidung wechseln wie Beyoncé auf einem Konzert.

Als ich gerade mein Ladekabel einpackte, trat mein Vater ins Zimmer. Er hielt ein weißes Kopftuch in Händen, das er mir zum Abschied schenken wollte.

Weiße Kopftücher werden nur von älteren Frauen getragen, wir Jüngeren bevorzugen farbige Tücher mit Mustern und Stickereien. Mir gefiel aber die Schlichtheit. Auch wenn es ganz schön kurz war.

»Ich bin groß! Dieses Tuch wird mich nie im Leben bedecken!«

Mein Vater lachte. »Du brauchst doch kein Zelt, es ist nur für dein Haar!«

Dann erklärte er mir, dass Khan Bibi stets solche Tücher getragen habe.

»Du hast so viel von ihr, weißt du. Du liebst Afghanistan auf die Art, wie sie es geliebt hat. Nicht wegen der Reichtümer, nicht wegen der Vergangenheit, sondern wegen der Möglichkeiten.«

Er hatte natürlich recht. Ich war eine Art jubelnder, treuer Fan einer Sportmannschaft, die nie den Hauch einer Chance auf den Sieg hat.

Nach drei Generationen kehrte endlich ein Familienmitglied nach Afghanistan zurück, um dort zu leben. Für meinen Vater war das ein historischer Moment.

Plötzlich dämmerte mir, wie stolz er auf mich war. Ich konnte zwar nicht verstehen, warum, wo ich einen solchen Schlamassel angerichtet hatte, doch er war sichtlich stolz auf mich. In diesem Moment schwor ich mir, mich aufzurappeln, mich wieder auf meine Stärke zu besinnen und ihm einen guten Grund für seinen Stolz zu geben.

Ich flog von Kandahar aus nach Kabul; das war die schnellste und günstigste Methode, von Quetta aus dorthin zu gelangen. Zum Flughafen fuhr mich mein Vater, und unterwegs versuchte er, noch so viele Ratschläge wie möglich bei mir unterzubringen, philosophischer wie praktischer Natur.

»Wenn dich irgendwer belästigt, schlag ihm in aller Öffentlichkeit ins Gesicht. So wirst du *ihn* beschämen, statt er dich. Und er wird es nie wieder bei irgendeiner Frau versuchen.«

»Setz dich unbedingt zur Wehr. Wenn du an etwas glaubst, lohnt es sich, dass du dafür einstehst.«

Und sofort fügte er hinzu: »Doch sei eine Gewinnerin, keine Märtyrerin. Wenn du nicht mehr da bist, um das Ende des Kampfes zu erleben, hat dir dein Märtyrertum gar nichts gebracht.«

Zusammengenommen beliefen sich seine Ratschläge auf: »Kämpfe, aber wisse, wann es Zeit ist, aufzuhören.« Er muss gespürt haben, dass ich damit meine Probleme haben würde. Den kritischen Punkt auszumachen, an dem man es gut sein lässt, war schließlich nie meine Stärke gewesen.

Ich hörte genauso aufmerksam zu wie früher als Kind, wenn ich ihm zu Füßen saß, nachdem er von den Toten wiederauferstanden war. Nur dass es diesmal um meine eigene Sterblichkeit ging. Diesmal war ich diejenige, die sich ins Kriegsgebiet aufmachte.

Diese Gefühlswallungen waren unangenehm für uns beide. Wir wussten nicht, damit umzugehen, wussten nicht, wie wir uns verhalten sollen. Es lässt sich den Paschtuninnen und Paschtunen kaum nachsagen, sie befänden sich im Einklang mit ihren Gefühlen, und so machte mein Vater mehrfach ein Gesicht, als würde er sich den Weg durch dieses Gespräch am liebsten freischießen.

Doch er hielt durch.

Falls er sich Sorgen wegen meiner Depression machte, so schluckte er sie hinunter. Er verabschiedete mich voller Wohlwollen und Liebe und behielt seine Ängste für sich.

Bis ins Flughafengebäude hinein redete er ununterbrochen. Als es schließlich Zeit fürs Boarding war, griff ich seine Hand und küsste sie, wie es bei uns Brauch ist, als Zeichen meiner Liebe und meines Respekts und um mich zu verabschieden.

Er erwiderte meine Geste, indem er mir die Hand auf den Kopf legte, um mich zu segnen. Da standen wir und wussten nicht, was wir sagen sollten. Uns waren die Worte ausgegangen. Und dann, beinahe als nachträglicher Einfall, zog er mich zu sich heran und schlang seine Arme um mich, wie er es früher immer getan hatte, als ich noch ein Kind war. Schockiert von dieser plötzlichen Zurschaustellung von Gefühlen, murmelten wir unser Auf Wiedersehen, und ich machte mich auf den Weg zum Flugsteig. Ich drehte mich nicht um, denn ich wusste, der Anblick meines Vaters würde genügen, um alle Pläne über Bord zu werfen und bei ihm zu bleiben.

Kapitel 7

Kabul war nicht die Heimkehr, die ich mir erhofft hatte. Ich fühlte mich nicht ansatzweise so im Einklang mit dem Ort und den Menschen, wie ich es von Kandahar her kannte. Stattdessen bereitete mir diese Stadt Unbehagen und Beschwerden, wie wenn ich in einem viel zu kleinen Schuh herumlaufen würde.

Bald musste ich feststellen, dass es mit meinem Dari, der Mehrheitssprache in Kabul, nicht weit her war. Wenn ich aus Versehen ins Paschto rutschte, erntete ich abfällige Blicke, weil die Leute nicht noch mehr Neuankömmlinge mit Stammeshintergrund in der Stadt haben wollten. Hinzu kam mein urdischer Akzent. Seinetwegen hielten mich die Leute für eine pakistanische Spionin und beäugten mich misstrauisch.

Als Flüchtling einen Platz in der pakistanischen Gesellschaft zu finden war schon schwer, aber sich in Kabul als heimkehrender Flüchtling einzufügen, schien nahezu unmöglich. Kabul mochte nichts an mir. Nicht meinen Akzent, nicht meine Kleidung und ganz bestimmt nicht meine Ideen.

Und ich konnte Kabul genauso wenig leiden. Beim Anblick der neu errichteten Paläste, die wie wahllos auf dem Stadtraster verteilte Cupcakes aussahen, zuckte ich jedes Mal zusammen. Sie gehörten der neuen Politiker- und Kriegsherren-Elite. Wobei sich die beiden Kategorien teilweise überschnitten. Ihre Anwesen lagen nicht an den gepflasterten Straßen und waren in Farben gestrichen, die dem Dessert-Buffet einer indischen Hochzeit ähnelten. Ihr Baustil entsprach überhaupt nicht unserer Kultur und unserer Geschichte. »Kandahar ist so anders«, musste ich andauernd denken.

Das allgegenwärtige Gefühl der Ungewissheit, das Kabul verströmte, machte mich leicht paranoid, und das war durchaus angebracht. Wenige Tage nach meiner Ankunft wurde ich zum ersten Mal Zeugin eines Anschlags.

Ich war zu Besuch bei meinen Cousins und heulte mich gerade am Telefon bei meiner Mutter über irgendetwas ganz Banales aus, einen unverschämten Ladenbesitzer oder etwas dergleichen, als ich eine Explosion vernahm. Ich rannte sofort ans Fenster. Das ist natürlich das Letzte, was man in solch einer Situation tun sollte, aber ich hatte nie zuvor eine Detonation gehört und wusste schlicht nicht, was ich tun sollte. Ich habe mich schon oft gefragt, warum wir nicht instinktiv von einem lauten Knall davonrennen, sondern direkt hinlaufen. Würde das nicht viel mehr Sinn ergeben?

Vom Fenster aus blickte ich geradewegs auf einen Wirbel aus Staub und Rauch und auf die Schulter eines Mannes, die an einer Stromleitung über dem Explosionsort hing, so nah war ich dran. Als sich der Rauch verzogen hatte, erkannte ich die Umrisse eines jener »Minibusse«, die die Leute quer durch die Stadt transportierten. Einer dieser weißen Vans war in die Luft gejagt worden. Nun lagen überall Fetzen von Fleisch und Blut herum. Ich legte auf, weil ich nicht wusste, wie ich meiner Mutter den Vorfall erklären sollte. Sie versuchte unablässig, mich zurückzurufen, musste panische Angst gehabt haben, doch ich ließ das Telefon in meiner Hand einfach klingeln.

Meine Cousins kamen ins Zimmer gerannt, um zu sehen, was passiert war, und brachen augenblicklich in Tränen aus.

Meine eigenen Tränen von vorher waren inzwischen getrocknet, stellte ich fest. Nun hatte ich kein Verlangen danach, überhaupt irgendwie zu reagieren. Ich stand einfach nur wie gelähmt da. Selbst das Weinen kostete zu viel Anstrengung.

Für die Nachwehen eines Bombenanschlags gibt es keinen Verhaltenskodex, der angemessen wäre. Als Frau kannst du es nur falsch machen. Fängst du an zu weinen, wirst du als schwach abgetan. Wahrst du die Contenance, giltst du als herzlos.

Ich hielt es für besser, nicht zu weinen. Das jahrelange Spielen mit meinen Cousins, bei dem ich stets beweisen wollte, dass ich nicht schwächer war als sie, hatte mich darauf konditioniert, mir keine Blöße zu geben. Es sollte Jahre dauern, bis ich begriff, wie wichtig Weinen ist. Weinen hat nichts mit Schwäche zu tun. Weinen ist das, was uns von den Toten unterscheidet.

Meine Mutter hatte recht gehabt: Ich hatte keine Ahnung, wie es war, in einem Kriegsgebiet zu leben. Du stellst dir monumentalen Heldenmut und heroische Kraftanstrengungen vor, während in Wahrheit einfach wahllos um dich herum gestorben wird. Es ist ein Leben in Angst und Chaos, ein Leben voller Bilder, die sich dir in die Netzhaut brennen, bis du dir die Augen auskratzen möchtest.

Das Jahr, in dem ich nach Kabul kam, war das Jahr der bislang größten Gewaltexzesse, der Anfang eines Endes, auch wenn uns das damals nicht klar war. Bald hatte mich das ganze Sterben abgestumpft. Bei den Frauen der Kutschi, die sich traditionell tätowieren lassen, gibt es eine Redensart: »Stichst du eine Stelle mehr als vierzig Mal mit einer Nadel, stumpfst du ab, und die Stelle wird blau.«

Das war es, was Kabul mit mir machte: Ich stumpfte ab und wurde traurig.

Ich stürzte mich in die Arbeit. Und in den seltenen Momenten, in denen ich gerade keine Bildschirmtabellen zur afghanischen Pistazienproduktion ausfüllte oder Pläne für die Ausbildung von Frauen in ländlichen Regionen ausheckte, redete ich mir den Mund fusselig.

Es dauerte nicht lange, da schrieb ich meine Zeitungskommentare nicht mehr über die Versäumnisse des pakistanischen Staatsapparats, sondern des afghanischen. Ich mache mich einfach gerne unbeliebt. Die Taliban griff ich für ihre Gewalttätigkeit an und die Regierung für ihre Unfähigkeit, dagegen anzugehen. Beides gehören untrennbar zusammen, insistierte ich. Die Regierung war nichts weiter als die Weißkragen-Variante der Taliban, sie plünderte skrupellos ihr eigenes Volk, ihr eigenes Land, ihre eigene Kultur aus. So habe ich es geschafft, innerhalb von zwei Monaten sämtliche einflussreichen Gruppierungen des Landes gegen mich aufzubringen.

Inzwischen hatte ich mir auf der politischen Ebene durchaus einen Namen gemacht, und zwar glücklicherweise nicht nur bei den Sicherheitsbeamten, die nach Dissidenten Ausschau hielten. Ich wurde eingeladen, einen Vortrag auf einer jährlich stattfindenden Konferenz zu den Rechten paschtunischer Flüchtlinge zu halten. Ich würde die erste weibliche Rednerin sein und die erste, die einen Vortrag auf Paschto hielt. Das war gesellschaftlich und kulturell von großer Bedeutung – und bei meinem schwachen Dari auch sicher das Beste. Auf dem Faltblatt, das die Konferenz bewarb, wurde ich als erste Rednerin aufgelistet.

Mir widerstrebte diese Reihenfolge allerdings, denn direkt nach mir sollte sich ein Professor anschließen, der weitaus älter und angesehener war als ich. Ich bestand darauf, dass er seinen Vortrag vor mir hielt. Meine Eltern würden mir nie verzeihen, wenn ich ihm nicht den Vortritt ließe, gedanklich riefen sie mir immer noch zu, was sich gehörte und was nicht. Kurz vor dem Beginn der Konferenz war der Professor so freundlich, mein Angebot anzunehmen, also setzte ich mich vorerst zurück auf meinen Platz in der ersten Reihe.

Er kann nicht mehr als ein, zwei Minuten gesprochen haben, als plötzlich eine Explosion das Zelt erschütterte. Das Letzte, was ich davor gehört hatte, war mein Name. Der Professor war gerade dabei, sich bei mir zu bedanken. Die Druckwelle schleuderte mich in die Luft, und als ich wieder auf der Erde landete, konnte ich nichts mehr hören. Nicht aufgrund fehlender Geräusche, sondern wegen des genauen Gegenteils. Du bist so lange taub, bis der sausende Lärm nachlässt, bis du wieder zwischen den weniger starken Geräuschen unterscheiden kannst: Schreie, Tumult, gehetzte Schritte.

Langsam realisierte ich, was passiert war. Der Professor lag blutüberströmt auf der Bühne. Genau wie Zahed, der Kameramann, der vor mir gestanden hatte. Vor wenigen Minuten hatte er mir noch die Sicht versperrt, jetzt eben hatte er die Trümmerstücke von mir abgehalten und mir damit das Leben gerettet.

Im ganzen Zelt wusste man, was zu tun war. Hunderte von Menschen wussten es. Nur ich nicht.

Schießereien kannte ich von daheim, doch etwas in dieser Art hatte ich noch nie erlebt. Daheim bist du angehalten, zu den Verletzten zu rennen und sie in Sicherheit zu bringen. Das ist der Stammeskodex, der mir eingetrichtert worden ist und den ich nun instinktiv befolgte.

Nur handelte es sich hier eben nicht um eine Schießerei. Und auch nicht um Verwandtschaft.

Direkt nach der Explosion, noch bevor ich wieder richtig auf die Beine kam, fingen die Frauen rings um mich an, mich in Richtung Ausgang zu drängen. Sie versuchten, mich hier herauszuholen, sagten, ich sei das Ziel gewesen. Ich nahm ihre Worte kaum wahr. Ich dachte nur an Zahed. Er war verletzt, und ohne ihn würde ich nirgendwo hingehen. Ich versuchte, zu ihm zu gelangen, und drückte mich gegen die wogende Menschenmasse, die in Richtung Ausgang strömte.

Die Frauen versuchten, mich in die entgegengesetzte Richtung zu schieben, weil sie dachten, ich sei verwirrt und wüsste nicht, wo sich der Ausgang befindet. Schließlich schlossen sich ihnen die Männer an und halfen mit, mich nach draußen zu schleppen. Ich hörte nicht auf, ihnen zuzuschreien, dass sie die Verletzten nach draußen bringen sollten, dass sie Zahed holen sollten. Es nützte nichts, sei es, weil mein Gefasel keinen Sinn ergab, oder weil sie mich in diesem Chaos nicht verstehen konnten. Also kämpfte ich mich wieder nach drinnen, inzwischen auf allen Vieren, während mir das Kopftuch noch vom Sturz herunterhing.

Als ich Zahed endlich erreichte, klammerte ich mich an ihn und weigerte mich, ihn loszulassen. Irgendwann wurde den Männern ringsherum klar, dass wir nur im Zweierpack zu haben waren, und halfen mir dabei, ihn aus dem Zelt zu tragen.

Draußen wurde überall geschossen. So funktioniert die Taliban-Taktik. Die erste Bombe ist für gewöhnlich erst der Anfang. Anschließend explodiert entweder eine zweite Bombe, die den gesamten Pulk wegrennender Leute erwischt, oder die Taliban kauern irgendwo oben auf den Dächern der benachbarten Häuser und setzen einen nach dem anderen außer Gefecht. Hier war Letzteres der Fall. Bei einer Konferenz zu den Rechten paschtunischer Flüchtlinge war natürlich davon auszugehen, dass fast jeder bewaffnet war, und so kam ein Feuergefecht in Gang.

Zahed hatte ich nicht ohne Hilfe aus dem Zelt schleppen können, doch sobald wir draußen waren, rannten alle vor den

Kugeln davon. Ich war überall mit Blut bedeckt und konnte nicht einmal sagen, von wem das Blut stammte, von Zahed oder von mir. Ich schob ihn und zerrte an ihm und schob ihn erneut, bis ich den Wagen eines Freundes erreichte.

Er fuhr uns ins Krankenhaus, während ich auf der Rückbank saß, Zaheds Kopf hielt und zusah, wie das Leben aus ihm wich. Die Fahrt wollte kein Ende nehmen, so viel Verkehr herrschte in Kabul, und Zaheds Blut hörte nicht auf, die Polster zu tränken.

Als wir endlich am Krankenhaus ankamen, war das gesamte Gebäude von Spezialeinheiten umstellt. Der Präsident hatte sich angekündigt, um dem Krankenhaus einen Besuch abzustatten.

Sie ließen keine Fahrzeuge hinein, also stieg ich aus dem Wagen und erklärte ihnen, dass auf dem Rücksitz gerade ein Mann am Verbluten war. »Sie müssen uns durchlassen.«

Sie weigerten sich. Sie müssten sich an die Sicherheitsvorschriften halten und dürften niemandem Einlass gewähren. Ich argumentierte, ich bat und bettelte. »Was für Sicherheitsvorschriften sind das, die einen sterbenden Menschen vom Krankenhaus fernhalten?«, rief ich verzweifelt. Sie blieben ungerührt. Da mir die Argumente ausgegangen waren, wiederholte ich von da an nur noch: »Er war noch so jung, er war noch so jung«, wie eine Wehklage, wie ein Blick in die Zukunft, der bereits in der Vergangenheitsform formuliert war.

Plötzlich überkam mich der Gedanke, dass das alles meine Schuld war. Ich war schuld daran, dass Zahed in diesem Moment im Auto verblutete.

Auf einmal spürte ich die ganze Last meiner Entscheidungen auf meinen Schultern. Zahed lag im Sterben, obwohl es hier um *meinen* Kampf und *meine* Überzeugungen ging. Die Bombe hat nicht ihm gegolten. Diesen Gedanken wagte ich nicht zu Ende zu denken, noch nicht. Diese Schuld sollte erst später an mir nagen.

Irgendwann mussten wir einsehen, dass sich die Soldaten nicht beirren ließen, und kehrten zum Wagen zurück. Als wir dort ankamen, war Zahed tot.

Er lag inmitten einer gigantischen Blutlache. Er musste einsam und allein sterben, während wir mit den Soldaten diskutierten. Seine Augen waren noch geöffnet. Ich fragte mich, was er wohl als Letztes gesehen hatte.

Jetzt, da er tot war, nahmen ihn uns die Krankenhausangestellten gerne ab. An Toten schienen sich die Sicherheitsvorschriften nicht zu stören. Uns wurde gesagt, wir sollten draußen warten, und das taten wir auch. Ich war mir unsicher, was als Nächstes von uns erwartet wurde. Nicht einmal auf die logistischen Anforderungen des Sterbens war ich vorbereitet.

Wir blieben den ganzen Nachmittag bis in die späten Abendstunden außerhalb des Krankenhauses und überlegten, wie viele Menschen wohl verletzt worden waren und wer von ihnen eingeliefert worden war.

Als ich endlich heimkam, rief ich meinen Vater an. Bevor ich überhaupt Gelegenheit hatte, ihm von den Geschehnissen zu berichten, schimpfte er mit mir, wie ich an einer Veranstaltung teilnehmen könne, die ein offensichtliches Anschlagsziel darstelle. An irgendeinem Punkt unserer Warterei am Krankenhaus waren die Worte, die alle wiederholt hatten, in mein Bewusstsein gedrungen: Es war sehr gut möglich, dass *ich* in die Luft gejagt werden sollte. Die Bombe hätte während *meiner* Rede hochgehen sollen. Doch mein Vater wusste das ganz offensichtlich nicht, und von mir würde er es sicher nicht erfahren.

Mithilfe des Adrenalins, das noch durch meinen Körper floss, kratzte ich das letzte bisschen Widerstand zusammen und wies ihn darauf hin, dass er mir doch beigebracht habe, mich für meine Sache einzusetzen, und dass es für eine Kurskorrektur ein wenig spät sei. »So bin ich nun mal. So hast du mich erzogen. Du kannst es dir jetzt nicht von heute auf morgen anders überlegen.«

Bevor er etwas erwidern konnte, wurde er von meiner Mutter unterbrochen, die im Hintergrund herumbrüllte. Sie war des Heldentums und der Verluste müde und schrie, ich solle gefälligst sofort nach Hause kommen, sie sei endgültig bedient. Ich hörte, wie mein Vater den Hörer zuhielt, damit ich es nicht mitbekam, doch ihre Worte drangen trotzdem zu mir durch.

Und dann war da noch die andere Sache, die definitiv irgendwann an ihn herangetragen werden würde: dass ich einen Mann aus dem Zelt geschleift hatte, dass beim Herumkriechen auf allen Vieren womöglich mein Kopf nicht ganz bedeckt gewesen war und sich mein Oberteil nach oben geschoben hatte. Und noch schlimmer: dass wohl Einigkeit darüber herrschte, wie wenig mich das alles interessierte.

In Anbetracht eines sterbenden Menschen müsse die Purdah, die strikte Geschlechtertrennung und die Abschirmung der Frau, doch in den Hintergrund treten, fand ich. »Daraus kann mir ja wohl niemand einen Strick drehen, oder?«

Mein Vater war sich da weniger sicher. »Du musst vorsichtig sein, Kind«, sagte er. »Die Afghanen nehmen so etwas nicht auf die leichte Schulter. Du darfst ihre Regeln nicht missachten.« Sein Tonfall passte jedoch nicht zu seinen Worten. Der Stolz in seiner Stimme war unverkennbar. Mit oder ohne Kopfbedeckung – ich hatte das Richtige getan. Ich hatte ihn nicht enttäuscht.

Als ich auflegte, merkte ich, dass noch überall Blut an mir klebte, auf meiner Haut, an meinen Kleidern. Ich ging ins Bad, um es abzuwaschen. Ich schrubbte und schrubbte, und ich hörte selbst dann nicht auf, als es schon lange fort war.

Das Abebben des Adrenalins fühlte sich wie ein Sturz in einen Abgrund in Zeitlupe an. Als der Schock meinen Körper verließ, war es rabenschwarz und leer in mir. Es dauerte Tage, bis ich aus dieser Benommenheit aufwachte.

Und dann machte sich eine hässliche klinische Depression in mir breit, die mich komplett lahmlegte. Ich kam nicht mehr aus dem Bett, mir war alles zu viel, selbst das Öffnen der Augen kam mir wie eine unüberwindbare Anstrengung vor.

Ich befand mich in einem Kokon der Dunkelheit, in dem unaufhörlich Erinnerungsfetzen des Grauens aufblitzten, das dich dort überhaupt erst hineinkatapultiert hat.

Kurze Ausschnitte waren das, in denen Explosionen und rennende Menschen vorkamen.

Einzelne Details, wie mein Ohrensausen oder Zaheds tote Augen, überfielen mich plötzlich aus dem Nichts und ließen sich nicht mehr abschütteln.

Alles konnte das in mir auslösen, eine laut zugeknallte Tür zwei Stockwerke unter mir oder Geräusche von der Straße.

Es gab kein Entkommen.

Aus meinem Kokon tauchte ich nur auf, um mich zu fragen, was ich da eigentlich tat. Dabei ging es nicht nur um den Bombenanschlag, nicht nur um den Gedanken, dass er womöglich mir gegolten hat. Es reichte tiefer. Ich bekam wieder und wieder zu hören, wie unangemessen ich mich verhalten hatte. »Eine Frau, die einen Mann herumschleift!«

Ich verlangte ja kein Mitleid, aber ein wenig Mitgefühl wäre nett gewesen. Doch davon keine Spur. Mein Familienclan schäumte vor Wut. Ein empörtes Telefongespräch nach dem anderen musste ich überstehen, wissend, dass sie meine Eltern zuerst angerufen und ihnen genau das vorgehalten hatten, was sie mir jetzt vorhielten. »Du glaubst immer, du weißt es besser, nicht wahr!«

Ich hatte mich des für afghanische Verhältnisse schlimmen Vergehens schuldig gemacht, in der Öffentlichkeit einen Mann anzufassen, der mit mir weder verwandt noch verheiratet war. Das Mindeste, was ich nun tun könne, sei, mir anzuhören, wie viel Schande ich über die Familie gebracht hatte. Wenigstens so viel Respekt sei ich ihnen schuldig.

Ich zermarterte mir den Kopf über diese Reaktion, diese Kritik. Ich konnte einfach nicht verstehen, dass ein Mann gestorben war und die einzige Moral der Geschichte lauten sollte, ich hätte ihm nicht helfen dürfen, weil er ein Mann war. Dieser unlösbare Gedanke ging mir in Endlosschleife durch den Kopf.

Ich wusste, ich würde mich aufraffen müssen, statt meine Depression einfach auszusitzen, also begann ich Schritt für Schritt, mich wieder um die praktischen Angelegenheiten des Lebens zu kümmern.

Ich nahm meine Arbeit wieder auf. Auch an Demonstrationen nahm ich wieder teil; im August hatten sich diese auf das gesamte Land ausgeweitet. Wir hatten keine konkreten Forderungen, außer dass das Morden aufhören sollte. Es war keine politische Bewegung, sondern ein von Verzweiflung getriebener Erdrutsch, der uns nach unten zog. Die Demonstrationen stellten lediglich den Lärm dar, den wir auf dem Weg in den Abgrund machten.

Es gab eine Menge Dinge, gegen die man protestieren konnte: die Bomben der Taliban, die Drohnenangriffe und die Gleichgültigkeit der Regierung angesichts all dessen. Unser Protest richtete sich in gleichem Maß gegen die Regierung wie gegen die Taliban, doch die Regierung hörte nur, was sie hören wollte. Aus dem Sturm in den sozialen Medien, den die

Demonstrationen nach sich zogen, pickten sie sich die Beiträge heraus, die die Taliban verurteilten, und twitterten sie schön weiter. Meine Twitter-Nachrichten gefielen ihnen besonders gut. Diese seltene Stimme einer Stammesangehörigen verstärkten sie nur zu gern. Meine unbequemeren Nachrichten, in denen sie selbst kritisiert wurden, scrollten sie lieber klammheimlich durch.

Dann ging es mit den Todesdrohungen gegen mich los. Den Großteil ignorierte ich einfach, nicht so sehr aus Unerschrockenheit als aus bloßer Resignation. Dass ich bei den Taliban in Ungnade gefallen war, wusste ich, seit sie versucht hatten, mich in die Luft zu jagen. Wenn sie mich sowieso umbringen wollten, konnte ich genauso gut gegen sie weiterwettern.

Selbst die Menschen meines Umfelds, die mit mir auf die Straße gingen, bezweifelten, dass es einen derart offenen Kampf wert war. Sie meinten, ich fordere die Taliban heraus. »Sei nicht dumm. Nächstes Mal werden sie nicht den Falschen erwischen.«

Mir kamen die Worte meines Vaters in den Sinn, die er vor meinem Umzug nach Afghanistan gesprochen hatte: »Sei keine Märtyrerin.« Ich hatte nicht vor, eine zu sein. Ich wollte nicht sterben, natürlich nicht. Doch man verliert sich so leicht, man wird so leicht mitgerissen. Gewisse Grenzen darf man nicht überschreiten, heißt es so schön. Ich aber hatte die Kontrolle über jegliche Grenzen verloren. Ich fühlte mich wie in einem Wirbelsturm gefangen.

Als die direkten Drohungen nicht das gewünschte Ergebnis brachten, fingen die Taliban an, meinen Vater anzurufen.

Mein Tod stünde unmittelbar bevor, versicherten sie ihm, wenn ich nicht sofort mit dem Demonstrieren und Schreiben aufhörte. Vor allen Dingen die Twitter-Nachrichten hätte ich sofort zu unterlassen! Die Drohungen waren für meinen Vater schwer genug zu ertragen, doch dann hagelte es gut gemeinte Anrufe. »Die Taliban sind hinter Pashtana her. Sie muss sofort aufhören, sonst wird sie umgebracht.«

Mein Vater fand diese wohlwollenden Warnungen sogar noch schlimmer. Die Anrufer gingen davon aus, dass wir uns der Gefahr schlicht nicht bewusst waren, sonst hätte ich doch längst aufgehört. An dieser Stelle musste mein Vater dann erklären, dass ich sehr wohl Bescheid wusste. Und er genauso.

Ungefähr ein Dutzend wohlwollende Warnanrufe später rief mein Vater schließlich mich an. »Das muss aufhören. Deine Mutter verliert langsam aber sicher den Verstand.« Es folgte eine Pause, die wie eine Ewigkeit schien. Er wägte seine Worte ab. Und dann sagte er etwas, mit dem ich nicht gerechnet hätte: »Bitte, erzähl den Leuten nicht mehr, wessen Tochter du bist. Vielleicht hören sie dann auf, uns anzurufen.«

Die Taliban waren jedoch nicht die Einzigen, die mich im Visier hatten. Amnesty International war auf mich aufmerksam geworden und lud mich zu einem Seminar zum Thema Meinungsfreiheit ein. Endlich jemand, der mein großes Mundwerk zu schätzen wusste, dachte ich. Das Seminar fand in Beirut statt. Es war meine erste internationale Konferenz und meine erste Reise außerhalb des Landes. Ich erhielt einen afghanischen Pass, auf den ich so stolz war, dass ich ihn unermüdlich in den sozialen Medien postete. Da ich in Dubai zwischenlandete, umfasste mein Trip quasi zwei Länder, sodass ich mich nun als erfahrene Weltreisende betrachten konnte.

Von meinem Zwischenstopp in Dubai schickte ich meiner Mutter ein Foto – ich in meiner schmuddeligen, staubigen Stammestracht, die in der gläsernen und stählernen Kulisse des Flughafens wie eine Außerirdische wirkt.

Meine Mutter, deren Reiseerfahrung im Wesentlichen aus

dem Wechsel von ihren afghanischen zu ihren pakistanischen Frauenquartieren bestand, schickte mir aufmunternde Kommentare zurück, die *beinahe* darauf schließen ließen, dass sie vielleicht ein *kleines* bisschen stolz auf mich war. Ich lächelte. Es brauchte nicht viel, um meinen Vater stolz auf mich zu machen. Meine Mutter hingegen, die mich nicht weniger liebte, hängte die Latte weit höher. Bei ihr waren lobende Worte äußerst rar.

Beirut stellte nur ein kurzes Entkommen dar, aber es passierte genau zur rechten Zeit. Es war eine andere Welt. Natürlich war auch der Libanon alles andere als intakt, aber das Land hatte trotzdem Stil. Alles sah anders aus. Die Leute sahen anders aus. Die Gebäude. Und das Wichtigste: Es gab keinen Staub. Ich konnte den ganzen Tag draußen herumspazieren und kam trotzdem sauber zu Hause an. In Kabul bist du in dem Moment, in dem du einen Fuß vor die Tür setzt, von oben bis unten staubig.

Der Besuch des Seminars war sogar noch aufregender. Ich war dort von Gleichgesinnten umgeben, und niemand weit und breit hatte das Bedürfnis, mich in die Luft zu jagen. Ich konnte endlich einmal durchatmen. Am Vormittag gab es hauptsächlich Vorträge, die thematisch von der Geschichte der Meinungsfreiheit bis zu ihrer praktischen Umsetzung reichten. Um zwölf Uhr mittags tat mir bereits die Hand vom vielen Mitschreiben weh.

Nachmittags besprachen wir dann das Gelernte. Am letzten Tag wurde ich zur internationalen Jugendbotschafterin ernannt, was bis heute eine der Errungenschaften darstellt, auf die ich am stolzesten bin.

Sobald ich wieder in Kabul war, rief ich meine Eltern an und erzählte ihnen in epischer Breite und quasi in Echtzeit von meiner Reise. Die Kunst, meine Gedanken zu editieren, habe ich noch nie beherrscht, weder inhaltlich noch längenmäßig.

Die beiden strahlten durchs Telefon und wollten jede Einzelheit wissen. Sie schienen wahrhaftig über die exakte Form der Hotelseife informiert werden zu wollen.

Alles lief bestens. Bis meinem Vater eine Bemerkung herausrutschte. »Ich muss jetzt los und mich um die Beerdigungen kümmern.«

Ich hörte meine Mutter nach Luft schnappen. Das vergangene Jahr war nicht leicht gewesen, fröhliche Unterhaltungen lagen bei uns lange zurück. »Musste das jetzt unbedingt sein?«

Doch nun konnte er es nicht mehr zurücknehmen. Ich bedrängte ihn so lange, bis er mir endlich erzählte, was während meiner Reise geschehen war. Die Stimmung sank sofort in den Keller. Einige Verwandte waren auf dem Weg zu einer Hochzeitsfeier bei einem Drohnenangriff in der Provinz Kandahar getötet worden. Sieben Frauen und neun Kinder hatten sich herausgeputzt und für die Brauttätowierungen mit Henna bewaffnet in zwei schwarze Toyota Hilux gequetscht, um zur Brautparty in einem benachbarten Dorf zu fahren. Auf dem Weg nach Hause waren sie ausradiert worden.

Abgesehen vom Fahrer befanden sich ausschließlich Frauen und Kinder im Fahrzeug. Zwei der Frauen waren mit Offizieren der afghanischen Armee verheiratet gewesen, die *gegen*, nicht für die Taliban gekämpft hatten. Es hätte keine Falscheren treffen können.

Aber aus dreitausend Metern Höhe sehen wir wohl alle wie Taliban aus.

Im Islam beginnen die Bestattungsrituale mit Waschungen des Leichnams, nur war nicht mehr genug von meinen Familienmitgliedern übrig, dass ihnen diese letzte Ehre erwiesen werden konnte. Ihnen war alles genommen worden, sogar jeglicher Beweis dafür, dass sie jemals existiert hatten.

Mein Beirut-Hochgefühl hatte sich augenblicklich verflüchtigt. Nach dem Gespräch versuchte ich trotz meiner Müdigkeit, das Internet nach Informationen abzusuchen, doch alles, was ich fand, war ein Nachruf auf Facebook. Niemand sprach darüber. Langsam kroch die Wut in mir hoch.

Ich begann, Beiträge in den sozialen Medien darüber zu schreiben, in denen ich von der Regierung verlangte, wenigstens Todesanzeigen zu veröffentlichen. Der Gouverneur unserer eigenen Provinz schwieg. Und meine Twitter-Nachrichten wurden diesmal nicht weiterverbreitet.

Lediglich eine Privatnachricht von einer Politikerin bekam ich, in dem diese ihr Mitgefühl über meinen Verlust zum Ausdruck brachte. »Das ist äußerst bedauerlich, doch wir müssen uns auf den wahren Feind konzentrieren.« Ihre Haltung irritierte mich – sollte ich einfach so tun, als seien meine Verwandten nicht gestorben? Solange es keine praktische kleine Schublade gibt, in die sich ihre Asche packen lässt, ignorieren wir einfach diesen Anschlag, weil er nicht vom »wahren Feind« verübt worden ist?

»Ein tragischer Irrtum«, räumte sie ein, »aber diese Dinge passieren nun mal. Das ist nichts Neues.«

Das war der Tropfen, der das Fass zum Überlaufen brachte. »Die Todesfälle von Stammesangehörigen sind nie eine Nachricht wert. Wann wurde irgendwer in Kabul Opfer eines Drohnenangriffs? Ich wette, dann gäbe es einen gewaltigen Aufstand. Es geht mir nicht um die Drohnen. Es geht darum, dass Ihnen *unsere* Toten egal sind. Kann das Zufall sein? Dass wir für Sie Kollateralschäden darstellen, die Sie bereitwillig in Kauf nehmen?«

Ich tippte immer weiter, noch lange, nachdem sie aufgehört hatte zu antworten.

Ich hatte das Schweigen der Regierung satt. Sie beschwerten sich nur deshalb nicht über die zivilen Opfer unter den Stammesvölkern, damit das Geld nicht aufhörte zu fließen, damit die Spendengeber nicht irritiert wurden. Ich konnte hinnehmen, dass es sich bei dem Tod meiner Verwandten um einen tragischen Irrtum handelte. Dass um diese Menschen jedoch nicht getrauert werden sollte, ja, dass ihr Tod nicht einmal Erwähnung finden sollte, das konnte ich nicht fassen. Sie durften nicht einfach unter den Teppich gekehrt werden, als seien sie nichts als Schmutz. Egal, wie unbequem und kompliziert man es der Welt damit machen würde.

Geschichte lässt sich nicht vereinfachen, indem man Teile der Bevölkerung ignoriert, weil sie nicht ins Narrativ passen.

Die Bomben mögen mich verschont haben, doch diese skrupellose Übervereinfachung verfehlte ihre Wirkung nicht.

Kapitel 8

Seit in meiner Nähe eine Bombe explodiert ist, habe ich dauernd Schmerzen. Ich war auch vor dem Anschlag schon körperlich angeschlagen. Ein paar Monate, bevor ich nach Afghanistan kam, hatte ich in Quetta einen Autounfall. Der Arzt meinte, ich hätte Glück gehabt. Ich trug zahlreiche Verletzungen davon, doch sie waren nicht besonders ernst, sie würden mit der Zeit heilen. »Sie müssen nur auf sich achtgeben.«

Rund fünf Monate später in Kabul Ziel eines Bombenanschlags zu werden fiel wohl nicht unbedingt unter »auf sich achtgeben«. Als die Wucht der Detonation mich zu Boden warf, landete ich auf der Seite, auf der ich mir schon bei dem Autounfall Verletzungen zugezogen hatte. Neue Narben legten sich über alte, die von meiner Hand bis hinauf zum Hals führten. Sie wollten einfach nicht heilen, als besäße mein Körper, genau wie mein Land, nur begrenzte Kapazitäten für die Überwindung von Gewalt.

Meine Rückenschmerzen wurden unerträglich. Die Körperhaltung eines Menschen steht immer auch in Beziehung zu seinen oder ihren Sorgen und Ängsten, und bei mir gab es über Monate nichts, was mich beziehungsweise meinen Rücken hätte aufrichten können. Es war ein Teufelskreis. Der Stress drückte mich nieder, knüllte mich zusammen wie ein Blatt Papier, das weggeschmissen werden soll. Dadurch konnten meine Verletzungen nicht richtig heilen, was mir wiederum mehr Stress bereitete.

Die Gewalt fügte sich mit der Zeit einfach in unser Alltagsleben ein. Niemand protestierte mehr. Wir waren nicht im Krieg. Wir waren bloß Beute, zum Abschuss freigegeben. Die Taliban legten mehr Wert auf Quantität als auf Qualität, denn sie wussten sehr wohl, dass es auf ihrer Seite keiner besonderen Präzision bedurfte, um uns zu zermürben und unseren Widerstand zu brechen. Ich glaube, die Tatsache, dass das Ganze so willkürlich ist, kriecht einem irgendwann unter die Haut. Zu wissen, dass man ein Ziel ist, kann einen seltsam hart machen und einem ein Gefühl der Sinnhaftigkeit geben, selbst wenn sie eine Illusion ist. Aber die Beliebigkeit macht einen einfach verrückt. Egal, welche vernünftigen Vorsichtsmaßnahmen man ergreift, es gibt keine Garantie dafür, dass man sich nicht zur falschen Zeit am falschen Ort aufhält. Es schwebt immer drohend über einem.

Bei der Explosion war in meinem Wangenknochen eine Haarfraktur entstanden. Ich bekam Migräne von der Art, bei der sich die Welt aufhört zu drehen, die mir jegliche Kraft raubte. Ich versuchte, sie mit Schmerzmitteln zu lindern, doch von den Medikamenten wurde mir schwindlig. Schmerzen schienen mir besser zu sein, als durch die Gegend zu taumeln, deswegen nahm ich irgendwann keine mehr. Ich hatte keine andere Strategie, um gesund zu werden, als abzuwarten, bis es aufhörte: der Schmerz, das Chaos, die Gewalt.

Meine Schwermut erklärte ich mit einer Posttraumatischen Belastungsstörung, auch wenn ich wusste, dass es das nicht war. Eine PTBS tritt erst dann auf, wenn das auslösende traumatische Ereignis vorbei ist. Doch hier endete das Trauma niemals, es änderte nur die Gestalt. Wir fingen an, Zeit und Raum in Selbstmordanschlägen zu messen, verwendeten sie als Referenzen und Orientierungspunkte. Nach einer Weile stand ich auf, wenn ich nachts Explosionen hörte, vergewisserte mich, dass nicht mein Wohnheim angegriffen worden war, und legte mich dann wieder hin, um weiterzuschlafen. Getröstet dadurch, dass ich heute noch nicht an der Reihe war, immerhin. Menschen gewöhnen sich an alles. Selbst als die Taliban das Parlament angriffen und tagelang darum kämpften, schlief ich einfach weiter.

Unmittelbar nach dem Anschlag war ich gar nicht auf die Idee gekommen, ins Krankenhaus zu gehen, um mich untersuchen zu lassen. Um uns herum sterben so viele Menschen, dass niemand wegen einiger leichter Verletzungen medizinische Hilfe in Anspruch nehmen will. Es wäre peinlich. In Kabul kannte ich eine junge Frau, die sich während des Angriffs auf die Universität einen Beckenbruch zugezogen hatte, als sie aus dem Fenster gesprungen war. Sie war zu arm, um sich operieren zu lassen, und blieb mit dem gebrochenen Becken sich selbst überlassen, bis nach vierzig Tagen endlich genug Geld gesammelt worden war, um sie im Krankenhaus aufzunehmen. Welches Recht hatte ich, mich über meine Rückenschmerzen zu beklagen?

Doch als mich die Schmerzen so mürbe gemacht hatten, dass ich mich untersuchen ließ, konnte die Ärzte nicht mehr viel für mich tun. Die Nerven an der Wirbelsäule waren unwiderruflich geschädigt. Irgendwann würden sie mich operieren, aber nur, damit es nicht noch schlimmer wurde. Ich hatte mich zu lange gekrümmt.

Ich wurde Expertin darin, das Chaos um mich herum zu ignorieren und mich ganz auf die Arbeit zu konzentrieren. Ich war meinem hochfliegenden Ziel, Bildung in ländliche Gebiete zu bringen, keinen Schritt näher gekommen. Es gab zwei Wege, die noch nicht miteinander verbunden waren. Einer war das Konzept mit den Tablets, das ich einfach nicht loslassen wollte, wie ein Hund einen Knochen. Der zweite war die Einrichtung von Gemeindeschulen.

Der einzige Punkt meines Plans, bei dem ich mir absolut sicher war, war der Ort: Ich wollte in ländlichen Gebieten arbeiten. Es schien mir offensichtlich. Nicht nur, dass ländliche Gebiete am schutzlosesten waren, nur die allerwenigsten Bildungsprogramme erreichten sie überhaupt. Je weiter man sich von Kabul wegbewegte, desto schlimmer wurde es. Die Regierung machte Frühjahrsputz, indem sie die Objekte, die auf den untersten Regalbrettern standen, polierte, und die, an die schwer heranzukommen waren, ignorierte. Das neue und glänzende Kabul stand in starkem Kontrast zum Rest des Landes.

Die meisten Stammesgebiete unterstanden nicht der Kontrolle der Regierung, zumindest nicht ganz, und selbst die, von denen die Regierung behauptete, sie unterstünden ihrer Kontrolle, waren bestenfalls umkämpft. Einige waren regelrechte Kriegsgebiete außerhalb des Zugriffs von Regierung und NGOs.

Spin Boldak, die Distrikthauptstadt von Maruf, ist der Sitz meines Stammes. Obwohl sie nominell von der Regierung kontrolliert wurde, durchstreiften die Taliban sie über Jahre frei und operierten parallel darin. Wegen der Nähe zur pakistanischen Grenze lohnte es sich, den Ort zu halten. Man konnte Geld damit verdienen, Steuern auf die Waren zu erheben, die das Land verließen, legal oder illegal.

Die Provinz Kandahar bekam insgesamt nicht besonders viele Punkte auf der Liste der Vorzüge, aber Maruf war selbst nach Kandahar-Standard eine Katastrophe. Maruf stand als leuchtendes Beispiel dafür, wie die Korruption Afghanistan zerstörte. Maruf hatte die niedrigste Alphabetisierungsrate und weniger Infrastruktur als alle anderen Distrikte in der Provinz. Damals waren 42 Gebäude als Schulen ausgewiesen. Es war ein einziges Hau-den-Maulwurf-Spiel: Die Regierung baute Schulen, dann legten die Taliban sie in Schutt und Asche. Die wenigen Schulgebäude, die stehen blieben, waren nur deshalb unversehrt, weil sie nie als Schulen genutzt wurden. Ihre Rettung war, dass die Leute vergaßen, wozu sie ursprünglich erbaut worden waren.

Im ganzen Distrikt gab es eine einzige Schule für 72 Dörfer, die viele Kilometer auseinander lagen, kreuz und quer von Frontlinien durchzogen. Wegen dieser einen Schule, dieses einen Gebäudes, das die Funktion erfüllte, für die es gedacht war, behauptete die Regierung, die Schulbildung wäre im ganzen Distrikt gewährleistet. Niedrige Alphabetisierungsraten wurden den Dorfbewohnern angelastet, die ihren Kindern nicht erlaubten, die Schulen zu besuchen.

Details wie Entfernungen und Frontlinien, die dazu führten, dass Menschen ihre Kinder nicht in die Schule zu schicken wagten, tauchten in den Regierungsberichten nicht auf. So konnte die Regierung Spendengeber leicht davon überzeugen, dass es trotz ihrer größten Bemühungen eine Sache von Stammeszugehörigkeit und Kultur wäre, die jeden Fortschritt verhinderte.

Zwei Jahrzehnte lang schüttete die Regierung stur und ohne je den geringsten Fortschritt vorweisen zu können, Geld für Bildung in Ziegel und Beton. Sie errichtete eine ganze Schattenwirtschaft rund um den Bau von Schulen, die nur in der Kostenaufstellung der Regierung existierten, aber nicht in der Realität. Sie zahlten Jahresgehälter an Lehrer, die in ihrem ganzen Leben keinen einzigen Tag unterrichteten. Sie bestärkten Spender, Bücher zu schicken, die am Ende nur dazu dienten, im Winter das Herdfeuer anzuzünden. Haushalte, in denen niemand des Lesens kundig war, hatten keine andere Verwendung dafür.

Entscheidungen, die ländliche Gebiete betrafen, wurden weit weg zwischen den grauen Mauern von Regierungsgebäuden getroffen; es gab keine Überschneidung zwischen den beiden Welten. Hier die schmutzige, chaotische Welt, in der wir lebten, dort die bürokratische Welt mit Diplomen und Infrastruktur, ordentlich, durchgeplant und alphabetisch sortiert.

Ich lernte Spin Boldak im Laufe der Zeit gut kennen. Wenn ich meine Eltern besuchte, nahm ich immer denselben Weg: Ich flog nach Kandahar, und dann fuhr mich jemand vom Stamm über die Grenze nach Quetta. Wegen Dardana legte ich in Spin Boldak einen Halt ein. Jedes Mal, wenn ich dort war, wurde ich wütender und immer wütender. Es gab dort immer noch keine Schule. Und so beschloss ich, in Spin Boldak anzufangen.

Obwohl die Regierung das Gegenteil behauptete, gab es in der Stadt nur eine einzige funktionierende Schule für Mädchen. Viel schlimmer aber war, dass die Regierung mit dieser Schule gar nichts zu tun hatte. Es war eine Untergrundschule für Binnenvertriebene.

Binnenflüchtlinge aus der Provinz Farah gründeten in den Neunzigerjahren während der Taliban-Herrschaft die ersten Untergrundschulen, genau wie mein Vater. Sie hatten ihre eigenen Gemeindeschulen, die in Privathäusern unterrichteten, unabhängig vom Lehrplan der Regierung und den Zuschüssen für Gebäude. Das Konzept der Gemeindeschulbildung breitete sich aus; überall, wo sie sich niederließen, gründeten sie weitere Gemeindeschulen. Angesichts dessen, dass Millionen von Afghanen umherzogen wie ein Wanderzirkus, war es ein ungeheuer nützliches Konzept.

Ich wollte eine 2.0-Version dieses Systems, mit einem wichtigen Unterschied: Es sollte in der Öffentlichkeit stattfinden. Ich hatte die Nase voll davon, dass Bildung behandelt wurde wie ein beschämendes Geheimnis. Ich wollte sowohl den Segen der Regierung als auch den der Stammesgemeinschaft. Ich hatte es satt, im Untergrund zu agieren.

Das bei Weitem größte Hindernis war, dass es keine verfügbaren Lehrkräfte gab, insbesondere keine Frauen. Es gab viele Mädchen, die unterrichtet werden wollten, aber niemand, der sie unterrichten konnte. Es war eine Geschichte unerwiderter Liebe: Den Mädchen war der Zugang zu Schulen so lange verwehrt gewesen, dass es in dem Bezirk nur wenige gab, die einen Abschluss hatten. Damit es funktionierte, musste ich Frauen finden, die zu Hause unterrichtet worden waren, informell. Man findet in ganz Afghanistan immer noch Familien, die »belesen« sind; Familien, die ihre Kinder zu Hause unterrichtet haben, als es keinen Zugang zu Schulen gab, Familien, die ihre Bücherregale von einer Generation zur nächsten hegten und pflegten. Außerhalb von Afghanistan gab es so einen häuslichen Unterricht nur in englischen Romanen des 18. Jahrhunderts. Im Afghanistan des 21. Jahrhunderts war er der perfekte Pool, um meine Lehrerinnen daraus zu rekrutieren.

Jede Gemeinde hatte einen Frauenkreis, der sich nachmittags bei Gedichten und Stickarbeiten versammelte. Diese Frauen verstanden sowohl die Verhältnisse als auch den Bedarf, und sie hatten Verbindungen zu den Mädchen in ihren Gemeinden. Sie hatten auch schon den Raum. Ich musste sie nur organisieren und anleiten – mit dem Lehrplan war ich fast fertig.

Die Suche nach Lehrerinnen dauerte Monate, bis schließlich ein Freund sagte, seine Schwestern Zarghona und Nazo hätten Interesse. Es stellte sich heraus, dass sie auch entfernte Verwandte von mir waren.

Zarghona und Nazo hätten nicht unterschiedlicher sein können. Zarghona war laut und voller Leben, und sobald sie anfing zu unterrichten, versetzte sie die Kinder in Angst und Schrecken, mit einer Wucht und einer Wildheit, wie ich sie nicht mehr erlebt hatte, seit ich meiner Tante in Aktion zugesehen hatte.

Dagegen war Nazo das Einfühlungsvermögen in Person: Sie sprach mit leiser Stimme und war geduldig. Für sie habe ich keine brauchbare Referenz, denn ich war noch nie Menschen begegnet, die leise sprachen und geduldig waren.

Am Anfang bot ich ihnen eine Vergütung aus meiner eigenen Tasche – besser gesagt, aus der Tasche meines Vaters – an, die nicht ganz so hoch war wie ein Gehalt. Für mich wollte ich kein Geld von meinen Eltern, doch ich bat meinen Vater, *sie* aus der Stammeskasse zu bezahlen. Es war mir ungeheuer wichtig, dass das Unterrichten eine Arbeit war, die bezahlt wurde, Gemeindeschule oder nicht. Ich wollte, dass nicht nur die Frauen es als Arbeitsverhältnis betrachteten, sondern auch der Stamm.

Nazo zuckte nur mit den Schultern, als ich von Geld sprach, doch Zarghona versuchte sofort zu verhandeln. »Ich habe da ein Designer-Kopftuch gesehen, aber das bekommt man nur in Pakistan.«

Es spukte ihr anscheinend schon seit Monaten im Kopf herum. »Ich will das Geld nicht, ich will, dass du mir stattdessen aus Quetta ein Kopftuch besorgst.« Sie betrachtete die Kleider, die ich trug, mit einer niederschmetternden Mischung aus Mitleid und Geringschätzung und fügte hinzu: »Vielleicht bittest du lieber deine Schwester, mir eins zu besorgen. Sie weiß, was sie kaufen soll.«

Ich versuchte vergeblich, ihr zu erklären, dass der Tausch ihrer Dienste gegen ein Kopftuch den Zweck verfehlte. »Du sollst für deine Arbeit bezahlt werden, so funktioniert ein Arbeitsverhältnis.« Doch davon wollte sie nichts hören. Am Ende einigten wir uns darauf, ihr sowohl das Geld zu geben als auch das Kopftuch, wobei ich gegen mich selbst verhandelte und dabei auch noch Beleidigungen einsteckte. Das hier war eindeutig kein Arbeitgebermarkt.

Ich war mir immer noch nicht ganz sicher, wie ich das Ganze zum Laufen bringen sollte, und sprach fast jeden Tag mit meinem Vater darüber. Wenn jemand wusste, wie man eine Gemeindeschule gründete, dann er. Es war zwar eine andere Zeit, die etwas anderes erforderte als das, womit er in den Neunzigerjahren konfrontiert gewesen war, doch manches galt auch heute noch.

»Hör zu, bevor du sprichst«, wiederholte er immer wieder. »Sie wissen, was sie brauchen. Du musst auf ihre Bedürfnisse eingehen.«

Wie eine Handelsreisende machte ich, wenn ich zu meinen Eltern zu Besuch fuhr, einen kleinen Umweg, um mit Menschen zu reden und zu erfahren, was sie brauchten, wie man es am besten anging. Es war billiger und schneller, von Kandahar nach Kabul zu fliegen und mich dann von jemandem nach Quetta fahren zu lassen, als direkt zu fliegen. Auf den Fahrten durch die Provinz hatte ich oft Gelegenheit, mit Angehörigen meines Stammes zu sprechen. Die Liste dessen, was gebraucht wurde, war endlos lang, doch ich schrieb alles auf. Alles, was ich nicht im Lehrplan unterbrachte, versah ich mit dem Etikett »Gemeindeprojekt«.

Ich brütete über Ausdrucken indischer Lehrpläne, die mir eine gute Vorlage für das zu sein schienen, was ich vorhatte. Mit der Erarbeitung der Lerninhalte war ich fast fertig, doch wie ich sie vermitteln wollte, war noch nicht geklärt.

Auf der Suche nach einer Lösung sah ich mich bei internationalen Onlineschulen um, und ich sprach mit den Leuten, die die Khan Academy, edX und Coursera leiteten. Sie waren alle sehr freundlich, besonders angesichts dessen, dass sie mit einer Teenagerin in Afghanistan sprachen, die an dem unmöglichen Vorhaben arbeitete, in einem Land ohne Internet eine Onlineschule zu gründen. Doch helfen konnten sie mir nicht. In einer Welt, die davon angetrieben und definiert wird, dass alle miteinander verbunden sind, saßen wir Afghanen da, zersplittert und voneinander getrennt, und wurden mit jeder Minute dümmer. Alles, was ich versucht hatte, setzte etwas anderes voraus, von Zugang zum Internet bis hin zu Weltfrieden.

Das Bedürfnis, mich – um meiner selbst willen, um meines Vaters willen, um meiner Familie willen – zu beweisen, drückte mich nieder. Das Geflüster innerhalb der Großfamilie, das von Oxford vorübergehend zum Verstummen gebracht worden war, wurde wieder lauter. Ich brachte nicht nur die Sache der Mädchenbildung nicht voran, was an sich schon schlimm genug war, ich wurde allmählich auch zum Beispiel für das Gegenteil: »Seht euch doch nur an, wie viel Geld für ihre Bildung vergeudet wurde, für nichts. Na, was soll man auch erwarten, wenn man anfängt, Mädchen in die Schule zu schicken?«

Ich konnte nicht einmal so tun, als würde ich die meckernden Stimmen ignorieren, denn meine Schuldgefühle lähmten mich. Die Entscheidung, mir Bildung zuteilwerden zu lassen, wurde jetzt als Fehleinschätzung betrachtet. Als Fehleinschätzung meines Vaters. Nach allem, was er als Stammesführer unserer Gemeinde für mich getan hatte, kratzte ich jetzt an seinem Ansehen. Dafür sorgten schon meine Onkel.

Eines Tages rief aus heiterem Himmel meine Mutter an und fluchte schon, bevor ich abgehoben hatte. Ihr Anruf war eindeutig die Fortsetzung eines Gesprächs, das sie mit jemand anderem geführt hatte, obwohl ich nie erfuhr, welcher Onkel sie dermaßen in Rage gebracht hatte.

»Weißt du, was dein Vater durchmacht, um dich zu verteidigen? Ist dir klar, welche Zerwürfnisse es deinetwegen in der Familie gibt?« Die Fragen waren rein rhetorisch; sie redete ohne Punkt und Komma und gab mir keine Gelegenheit, ihr zu antworten. Dann kam der Sargnagel: »Weißt du, wie weh das deinem Vater tut?«

Im Hintergrund konnte ich die beherzten, wenn auch vergeblichen Bemühungen meines Vaters hören, sie zu bremsen: »Sag ihr das nicht. Hör auf, so etwas zu sagen.« Doch wir wussten alle, dass meine Mutter recht hatte. Ich besudelte seinen Ruf. Das tat am meisten weh. Ich hatte gedacht, wirtschaftliche Unabhängigkeit würde ausreichen, um den Rest der Familie zum Schweigen zu bringen. Doch da hatte ich mich geirrt.

Ich brauchte einen Sieg, kein Unentschieden.

Das einzig Gute, das aus meiner Rückkehr nach Afghanistan erwuchs, war, dass meine Eltern und Geschwister nach und nach mit Bedacht mehr Zeit in Kandahar verbrachten. Es war, als hätte ich mit meiner Rückkehr den Bann gebrochen. Sie waren nicht bereit, für immer zurückzukehren – diejenigen, die eine Wahl hatten, standen, von der Geschichte zur Einsicht gebracht, mit beiden Beinen fest auf dem Boden Pakistans. Dennoch gab es jetzt in Kandahar ein Haus, das ich als mein Zuhause betrachten konnte. Ich stellte mir vor, dass ich eines Tages vielleicht zu einem Teil der Familienfolklore werden würde, wie Khan Bibi, nur umgekehrt: Ich würde die Frau sein, die uns zurück nach Afghanistan geführt hatte.

Doch es gab etwas, was uns beide verband und was noch viel deutlicher auf der Hand lag: Wir beide, meine Großmutter und ich, waren durch die Überquerung der Durand-Linie in Ungnade gefallen. Für mich hatte, genau wie für sie, die Überquerung dieser Linie das Scheitern bedeutet. Das vollständige, tragische Scheitern. Einst hatte ich in Pakistan Privatschulen besucht, und jetzt kaute ich in meinem Zimmer im Studentenwohnheim in Kabul altes Brot, um den Hunger in Schach zu halten, damit ich einschlafen konnte. Ich musste mich jeden Tag entscheiden, ob ich etwas aß oder die Lerninhalte weiterentwickelte, und anständige Mahlzeiten rutschten auf der Werteskala viel zu oft nach unten. Ich versuchte, zusätzlich bezahlte Jobs zu finden, aber zwischen der Gründung einer NGO und dem Praktikum bei einer anderen NGO hatte der Tag einfach zu wenige Stunden, um einen Job anzunehmen, der mich finanziell wirklich besserstellen würde.

Ich hatte bestimmt tausend E-Mails an verschiedene NGOs geschickt, um Geld zu bekommen, doch ich hatte den Verdacht, dass die meisten einfach aufgehört hatten zu lesen, sobald sie auf das Wort »digital« gestoßen waren. Ich bekam nie eine Antwort. Fehlende Stromversorgung konnte ich mittels Solarenergie überwinden, doch für das Thema Vernetzung musste eine Lösung her, bevor irgendetwas passieren konnte.

Mit der für mich typischen Anmut stolperte ich über eine Lösung in Form einer beiläufigen privaten Nachricht auf Facebook von einem Freund, der nicht ahnte, dass er mein Leben verändern würde: »Hey, hast du schon gehört, dass es eine NGO gibt, die Unterrichtsinhalte auf Tablets vorinstalliert?« Und dann schickte er mir einen Artikel über Rumie, eine kanadische NGO, die Bildung auf Wegen und an Orten unterstützt, die wenige erreichen können – oder wollen.

Das war es! Rumie war mein Ritter in glänzender digitaler Rüstung. Ihre billigen, mit Lernsoftware ausgestatteten und mit Sonnenenergie betriebenen Tablets waren die Antwort auf alle meine Gebete. Sie kosteten rund fünfzig Dollar das Stück, weniger als ein Zehntel eines normalen Tablets, sie waren erschwinglich, sie waren leicht zu bedienen, und sie brauchten kein Internet. Sie erfüllten alle Bedingungen. Alles an ihnen war zweckmäßig. Sie waren sogar aus Plastik gemacht. Kaum jemand würde versuchen, damit das Herdfeuer anzuzünden, wenn es kalt wurde, so wie es mit Büchern geschah.

Ich nahm Kontakt zu Rumie auf, und wir verstanden uns auf Anhieb. Rumie ist eine der seltenen Organisationen, die nichts zu wissen scheinen von dem Tellerrand, über den man nicht blicken soll. Sie hatte ein Faible für unkonventionelle Ideen, und mein grenzwertig verrückter Plan erfüllte dieses Kriterium definitiv.

Rumie erklärte sich bereit, mir einen kleinen Zuschuss zu gewähren, der ausreichte, um fünf Tablets zu kaufen und Lerninhalte darauf zu installieren, damit das Projekt in die Pilotphase gehen konnte. Ich hatte Leute vor Ort, die jederzeit loslegen konnten. Ich hatte jetzt sowohl die Lerninhalte als auch eine Möglichkeit, sie zu vertreiben. Endlich hatte ich einen praktikablen Plan.

Es war an der Zeit, mir den Segen der Regierung zu holen.

Irgendwann hörte ich auf zu zählen, bei wie vielen Ministerien ich vorsprechen musste. Die Runde durch diese vielen Regierungsbüros tötete meinen Lebenswillen. Ich kam am Ende immer schmutzig und verschwitzt dort an. Ich war zu blank, um mir für den ganzen Weg ein Taxi leisten zu können, also bat ich den Taxifahrer, mich so nah wie möglich, wie es mit meinem Geld ging, da hinzubringen, wo ich an dem Tag hinmusste. Manchmal waren es von dort noch zwanzig Minuten zu Fuß, aber oft war es auch noch eine ganze Stunde Fußweg. Gegenden mit starker Polizeipräsenz, Barrikaden und Checkpoints machten jeden direkten Weg unmöglich. Mir war unbehaglich zumute auf diesen Wegen zu den Ministerien, denn sie waren ein bevorzugtes Ziel von Selbstmordattentätern, und je weniger Zeit man in ihrer Nähe verbrachte, desto besser. Auf dem Weg zur Schule oder zur Arbeit getötet zu werden konnte man als Pech betrachten, doch ein Regierungsgebäude zu betreten hieß, Scherereien geradezu zu provozieren.

Der Islamische Staat hatte mittlerweile die Bühne betreten, und mit ihm und den Taliban war die Liste der Orte, die man besser mied, erheblich länger geworden. Nicht, dass wir viel über den Islamischen Staat sprachen. Der IS, das waren die Neuen, und wir machten immer noch die Taliban für alles verantwortlich. Wir vereinfachten es: eine Seite, die tötet, und die andere Seite, die getötet wurde. Niemand hatte das Bedürfnis, zu differenzieren oder zu analysieren, das überließen wir denen, die von außen auf uns blickten.

Wenn ich das Ministerium, zu dem ich wollte, schließlich betrat, beeilte sich niemand, mich zu empfangen. Die Ministerien waren voller wichtigtuerischer Männer in schlecht sitzenden Anzügen, und ich stand auf ihrer Prioritätenliste etwa so weit oben wie auf einer Patientenliste in einem pakistanischen Krankenhaus.

Ich zog eine Nummer, wartete und übte mich in Geduld.

Wenn ich schließlich hineingerufen wurde, schickte mich ein Beamter nach dem anderen weg, sobald er einen Blick auf mich geworfen hatte. Noch bevor ich überhaupt den Mund aufgemacht hatte. Sie schickten mich weg wegen meines Geschlechts, wegen meines Alters und wegen meiner offensichtlichen Stammeszugehörigkeit.

Wieder und wieder ging ich hin, um eine Idee zu präsentieren, musste mir aber stattdessen einen Vortrag anhören.

Ab und zu gelang es mir gerade noch, das Wort »Tablet« auszusprechen. 2010 hatte es eine Initiative gegeben, afghanischen Kindern Computer zur Verfügung zu stellen, doch das war, wie man sich sicher vorstellen kann, nicht ganz aufgegangen. »Das haben wir schon versucht, es funktioniert nicht.« Natürlich hatte es nicht funktioniert. Wer um alles auf der Welt hatte das angenommen? Sie kapierten einfach nicht, dass die einzige Überschneidung zwischen meinem Plan und dem damaligen hirnverbrannten Konzept der Einsatz von Technologie war.

Viele waren misstrauisch bezüglich der Lerninhalte und der Tatsache, dass ich fest entschlossen war, vom etablierten Lehrplan abzuweichen. Warum mussten sich mein Lehrplan von dem unterscheiden, was sie taten? Und wenn sie nicht da waren, um mich zu kontrollieren, was war, wenn ich etwas hinzufügte, was ihnen nicht gefiel? Das Argument, dass die Kinder in ländlichen Gebieten womöglich andere Bedürfnisse hatten als an den exklusiven Schulen, die sie rings um Kabul gründeten, stieß auf vollkommenes Unverständnis.

Das größte Hindernis war jedoch, dass auf Seiten der Regierung nicht das geringste Interesse bestand, sich von dem Backstein-und-Mörtel-Modell zu verabschieden. Es war, was sie betraf, ein äußerst erfolgreiches Konzept: Da die Taliban die Schulen so schnell in die Luft jagten, wie die Regierung sie baute, konnte sie sich umdrehen und um weiteres Geld bitten, um einen Monat später dieselbe Schule noch einmal zu bauen. Die Taliban waren wahrlich nicht die einzigen Schurken im Land. Wir waren und blieben ein kaputtes System, weil zu viele Menschen davon profitierten, dass die Dinge so blieben, wie sie waren. Dass ich unbedingt etwas verändern wollte, war nicht nur dumm, es war auch eine Bedrohung für eine lukrative Einnahmequelle. Sie waren glücklich mit den Geisterschulen.

Sie begründeten ihre Ablehnung natürlich anders. Das häufigste Gegenargument und das, worüber ich mich am meisten ärgerte, war, dass sie meine Tablets nicht unterstützen konnten, weil das Lehrkräfte ihren Arbeitsplatz kosten würde. Ich fand schnell heraus, dass ich, wenn ich mit »wessen Arbeitsplätze« oder »welche Lehrkräfte« reagierte, nicht weiterkam.

Ich war gezwungen, mir Vorträge voller Verachtung über »junge Leute, die nicht verstehen, wie man mit Geld umgeht« anzuhören. Oder – mit einer nur oberflächlich verschleierten Beleidigung meines Flüchtlingshintergrunds –, dass ich nicht verstünde, »wie die Dinge in *Afghanistan* laufen«.

So sehr ich mich auch bemühte, ich kam einfach nicht dahinter, wie ich mit dem System umgehen musste, und Versuch und Irrtum wurden mir sehr schnell langweilig. Ich brauchte einen Schnellkurs in Entwicklung. Ich musste herausfinden, wie andere Menschen diese Fragen vor mir beantwortet hatten. Ich musste ein weiteres Praktikum machen.

Ich arbeitete für einen Professor für Maschinenbau an der Universität von Kabul, der sehr viel Erfahrung mit humanitärer Entwicklung hatte, denn er hatte viele Jahre lang überall in Afghanistan Brücken gebaut. Damit hatte ich zwei Vollzeit-Praktika. Der Professor war gern bereit, mich auszubilden, obwohl seine Arbeit und meine Ziele sich nicht im Geringsten überlappten. Er verstand, dass für mich die einzige Möglichkeit zu lernen die war, die wenigen Menschen zu finden, die nicht korrupt waren, und mich an sie zu hängen. Wenn ich dabei etwas über Pistazien und Brücken lernen musste, war das ein geringer Preis.

Meine Enttäuschung näherte sich gerade dem Höhepunkt, da versammelten sich nach und nach unerwartete Verbündete in meiner Ecke. Obwohl ich mir inzwischen halbwegs sicher war, dass ich eine NGO leiten und auch ihre Existenz gegenüber der Regierung verteidigen konnte, trennte mich immer noch ein Meer aus Bürokratie von der Verwirklichung meines Plans. Mohammad Jan, der, ohne es zu wissen, ein Experte im Umgang mit besagter Bürokratie war, bot mir seine Hilfe an.

Ich lernte Jan bei der Gewerkschaft Pistachio Union kennen. Ihm fiel, als ich mit meinem Praktikum dort anfing, als Teil des Willkommens-Teams die Aufgabe zu, mir eine Einführung zu geben. Die Praktikanten bei der Union waren eine eng verbundene Gruppe, weniger durch freie Entscheidung als durch die Umstände. Wir arbeiteten lange und lernten uns, ob wir wollten oder nicht, dadurch sehr gut kennen. Infolgedessen wussten meine Kollegen und Kolleginnen, dass ich Ambitionen hatte, irgendwann eine eigene NGO zu gründen. Etliche spornten mich an, doch Mohammad Jan tat noch sehr viel mehr. Er setzte sich nach der Arbeit stundenlang mit mir hin und half mir, meine Ideen in praktische, handfeste Pläne umzusetzen. Bei mehr als einer Gelegenheit nahm er mich mit zu seiner Familie, wo ich etwas zu essen bekam. Ich weiß bis heute nicht, wofür ich dankbarer bin: für seine Hilfe oder dafür, dass seine Familie mich durchfütterte.

Und noch etwas Gutes widerfuhr mir in dieser Zeit: Unser alter Chef von der Pistachio Union stieg auf einen Regierungsposten auf und bekam einen Job im Büro des Präsidenten. Plötzlich hatte ich einen Kontakt in der Regierung. Er stellte mich den richtigen Leuten vor und erklärte mir die innere Funktionsweise des Genehmigungssystems der Regierung, die sich mir so lange entzogen hatte.

Wenn er mich Leuten vorstellte, tat er dies nicht mit rückhaltloser Unterstützung; meistens sagte er so etwas wie: »Ich bin mir nicht ganz sicher, was sie erreichen will, aber sie arbeitet hart und liefert Ergebnisse. Lasst sie einfach ihr Ding machen.« Doch das reichte: Ich war drin. Plötzlich wurden meine

Anträge abgestempelt. Ich versuchte nicht darüber nachzudenken, wie viele Projekte auf diese Art und Weise bewilligt wurden, mit einem Nicken des richtigen Beamten, ungeachtet der Frage, ob das Projekt es verdient hatte oder nicht. Ich schlich mich durch die Hintertür in ein korruptes System und hatte das Gefühl, ich sollte dankbar sein und den Prozess nicht infrage stellen. Wenigstens diesmal nicht.

Schließlich gelang es mir, alle erforderlichen Bewilligungen zu sammeln, um meine gemeinnützige Organisation offiziell anzumelden. Ich beschloss, sie »Learn« zu nennen. Zum ersten Mal, seit ich Oxford ausgeschlagen hatte, bat ich meinen Vater um Geld: Ich brauchte 25 Dollar für die Registrierung. Mohammad Jan fuhr mich sogar zum Ministerium, um die Bescheinigung abzuholen – kein Taxi mehr für die halbe Wegstrecke. Ich war es mir schuldig, es mit Stil zu tun. Ich betrat das Registrierungsbüro wie eine Chefin, sauber, kein Stäubchen weit und breit.

Es sind die Kleinigkeiten, die einen am Laufen halten.

Und weil alles immer gleichzeitig passiert, rief die American University an und bot mir nicht nur die Aufnahme an, sondern endlich auch eine Möglichkeit, das Studium zu finanzieren. Pflichtbewusst hatte ich mich jedes Semester von Neuem beworben und darauf gewartet, dass ein Stipendium verfügbar wurde. Aller guten Dinge sind drei: Man bot mir jetzt ein Stipendium der US-Botschaft an. Ich konnte im Januar anfangen.

Statt mir Sorgen zu machen, wie ich das alles schaffen sollte, hatte die Aussicht, wieder die Schulbank zu drücken, etwas Tröstliches. Sie beruhigte mich. Manchmal denke ich, dass das der wahre Grund ist, warum ich so engagiert für Mädchenbildung kämpfe. Für mich war Schule der einzige Friede, den ich kannte. Vielleicht konnten auch andere dort Trost finden.

Kapitel 9

Mit einer ganzen Sammlung von Regierungsstempeln in der Hand musste ich mir als Nächstes die Unterstützung des Stammes für das Projekt sichern. Eine Regierungsbewilligung sorgte für den offiziellen Status meiner NGO, aber ohne die Billigung des Stammes wären meine Bemühungen, Mädchen zu unterrichten, nur ein weiterer Import mit kurzer Haltbarkeitsdauer.

Auf die Dauer hatte ich nur eine Chance, wenn ich die Gemeinden miteinbezog. Das Stammesleben war über Jahrhunderte die einzige Konstante in unserem Leben, und wenn ich es richtig anging, musste es weder dem Fortschritt noch der Moderne im Weg stehen. Da es ein geschlossenes System war, erforderte es eine Veränderung von innen heraus; eine Veränderung, die das Ergebnis von Überlegungen war und nicht von Vorschriften oder Zwang. Ich fand, dass ich gut aufgestellt war, um den Ball ins Rollen zu bringen. Ich gehörte dem Stammessystem an, ich war keine Außenseiterin, die versuchte, ihnen zu beweisen, dass sie falsch lagen. Wenn ich überhaupt etwas beweisen wollte, dann, dass die Welt da draußen falsch lag im Bezug auf uns: Ich würde die falsche Vorstellung widerlegen, ländliche Gebiete wären mit Menschen bevölkert, die aus freien Stücken Analphabeten blieben. Ich wusste nämlich aus erster Hand, dass das nicht stimmte.

Jetzt musste ich sie nur noch überzeugen.

Dass ich meine ganze Kindheit über mit meinem Vater zu Stammestreffen gegangen war, kam mir jetzt gelegen. Ich bekam leicht Zugang zu den Anführern. Ich wusste nicht genau, was mich erwartete, aber ich ging großmäulig davon aus, dass ich auf jede Frage eine Antwort hatte.

Als Feuerprobe suchte ich einen Stammesführer tief in der Provinz Kandahar auf. Er empfing mich zu Hause, und falls er unsicher war bezüglich des Zwecks meines Besuches, so ließ er sich das nicht anmerken.

Der faltige, bärtige Mann, der mir gegenüber saß, war wahrscheinlich der einzige Mann in einem Umkreis von zwanzig Kilometern, der lesen und schreiben konnte. Er war die letzte, aber auch die wichtigste Hürde vor der Umsetzung meiner Ideen.

Zum ersten Mal war ich nervös. Wenn ich in einem Ministerium vorstellig werden musste, war ich schon im Vorhinein trotzig und wütend, und darüber vergaß ich dann leicht, dass ich nervös war. Doch hier war nichts von alledem. Keine Feindseligkeit, nichts, worüber ich wütend werden konnte. Es stand aber auch viel mehr auf dem Spiel. Meine Hände fingen an zu schwitzen.

Tee wurde gereicht, und wir tauschten Höflichkeiten aus. Ich bin immer stolz, wenn es mir gelingt, mein Gegenüber nicht gleich zu Beginn eines Gesprächs gegen mich aufzubringen, und so betrachtete ich dies als gutes Zeichen. Ich beantwortete seine Fragen nach dem Wohlbefinden meines Vaters ausführlich, und dann erklärte ich ihm, warum ich gekommen war. »Ich weiß, dass es in Ihrem Dorf keine Mädchenschule gibt und dass Mädchen keine Möglichkeit haben, Bildung zu erlangen.«

Er nickte.

»Ich leite eine NGO.« Es fühlte sich immer noch komisch

an, diese Worte laut auszusprechen. »Und die Idee dahinter ist, Grundschulbildung auf Tablets verfügbar zu machen. Ich würde sie gern hier, in der Provinz Kandahar, einsetzen. Auf diese Weise könnten Mädchen Bildung erlangen, auch wenn ihnen der Schulbesuch nicht möglich ist.«

Ich erklärte ihm, dass es noch nicht ganz so weit war, weil ich noch auf die Lieferung der Tablets wartete. Doch wenn sie bereit waren, wollte ich sie gern in seinem Dorf verteilen. Und dann erklärte ich ihm die technischen Aspekte des Ganzen. »Die Tablets arbeiten mit Sonnenenergie, und man braucht kein Internet. Alles, was die Mädchen brauchen, ist bereits auf dem Tablet vorinstalliert.«

Immer wieder betonte ich, wie einfach sie zu benutzen waren.

Ich lächelte und beendete meine Präsentation, äußerst zufrieden mit mir und meinem kleinen Vortrag. Ich fand, es war gut gelaufen. Es war klar und einfach und informativ gewesen, ohne herablassend zu sein.

Nach einigen Sekunden Schweigen stellte er nur eine einzige Frage: »Warum brauchen Mädchen überhaupt Bildung?«

Damit zerplatzte meine Selbstgefälligkeit wie eine Seifenblase.

Die Frage war keine Fangfrage. Sie war einfach, sachlich und relevant für das Gespräch. Ich lief rot an vor Verlegenheit und verspürte plötzlich den Wunsch, mich zu verstecken. Diese Fluchtreaktion erwuchs aus einer schreckenerregenden Erkenntnis: Ich wusste nicht, wie ich seine Frage beantworten sollte.

Für mich ging es bei der Bildung von Mädchen vor allem um persönliche Ermächtigung, aber ich wusste sehr wohl, dass ich ihm mit diesem Argument nicht zu kommen brauchte. In seinen Augen war die Ermächtigung von Mädchen nur die halbe Antwort und obendrein noch die weniger wichtige Hälfte. Es war das, was westliche Organisationen an Afghanistan immer falsch verstanden. Wir leben und atmen als Gemeinschaft. Individualität spielt bei uns eine viel geringere Rolle als im Westen. Für bestimmte Gruppen einzutreten gilt hier oft als irgendwie weniger gesamtheitlich, als verfehlte man damit das Ziel. Meiner Präsentation fehlte die Hälfte. Wenn man das Gewebe der Gesellschaft verändern will, muss man nachweisen, dass es zum Wohle der ganzen Gemeinschaft geschieht. Bei uns hat das Allgemeinwohl die uneingeschränkte Vorherrschaft.

Ich verstand zwar genau, was er meinte, als er die Frage stellte, aber ich war mir nicht ganz sicher, wie ich meine Argumente formulieren sollte. Meine Präsentation, die mich bis vor ein paar Minuten noch mit Stolz erfüllt hatte, war schlimmer als die Vorschläge der Regierung. Die Regierung brachte wenigstens den konkreten Vorteil von Bestechungsgeldern mit. Ich kam mit leeren Händen.

Ich kam, um zu kämpfen, dabei war ich nicht einmal in der Lage, auch nur die Grundprämisse zu verteidigen. Ich wusste nicht einmal, wie ich Bildung an sich verteidigen sollte, nicht für Mädchen, nicht für Jungen. Mir war eingebimst worden, dass Mädchenbildung wichtig war, zuerst von meiner Familie, dann von der Schule. Doch ich hatte niemals in Worte fassen müssen, warum. Ich wusste instinktiv, dass Bildung notwendig war; doch etwas »instinktiv« zu wissen ist ein magerer Ausgangspunkt für eine Diskussion.

Die einzigen Antworten, die ich zur Hand hatte, waren die, die mir meine westliche Schulbildung bot; nämlich dass man gute Abschlüsse brauchte, damit man die Wahl hatte, was die berufliche Karriere betraf, doch das konnte, ganz im Ernst, im ländlichen Kandahar nicht funktionieren. Ich musste die Erlangung von Bildung als Konzept verteidigen, nicht als Werkzeug, und Bildung als Weg präsentieren, nicht als Ziel. Jahrelang hatte ich auf dieses Gespräch hingearbeitet, und jetzt wusste ich nicht, was ich sagen sollte. Ich war am Boden zerstört. Wie hatte ich diesen wichtigen Punkt übersehen können?

Ich hatte die Wahl. Ich konnte versuchen, mich rauszureden. Ich konnte Plattitüden und allgemeine Antworten von mir geben wie ein Kind bei einer Prüfung, auf die es sich nicht vorbereitet hat. Oder ich konnte zugeben, dass diese Frage zu wichtig war, um die Antwort darauf zu improvisieren, mein Versagen eingestehen und zurück ans Reißbrett gehen, um die Antwort auszuarbeiten. Mir war klar, dass ich, wenn ich jetzt fortging, das Gespräch leicht für immer beenden konnte; doch mein Gegenüber mit unausgegorenen Antworten zu beleidigen schien mir noch viel schlimmer. Wenn ich ging, zeigte ich zumindest Respekt, etwas, woran es meiner Präsentation anscheinend betrüblich gemangelt hatte.

Ich murmelte, ich würde mich wieder melden.

Ich brauchte zwei Monate, um die Antwort auszuarbeiten. Ich suchte nach religiösen, kulturellen und praktischen Argumenten. Mit ihrer Skepsis und dadurch, dass sie mich bei sämtlichen Entscheidungen, die ich je im Leben getroffen hatte, ins Kreuzverhör genommen hatte, hatte meine Mutter mich gut auf diesen Moment vorbereitet. Debattierclubs sind nichts gegen eine Paschtunen-Mutter, die mit Pantoffeln nach dir wirft, so oft du eine falsche Antwort gibst. Fliegende Pantoffeln fördern das kritische Denkvermögen enorm.

Als ich schließlich wieder bei ihm vorsprach, ging ich rasch über die Höflichkeiten hinweg. Ja, meinem Vater ging es immer noch gut. Es war nicht nötig, länger dabei zu verweilen.

Ich war ganz geschäftsmäßig. Ich räusperte mich sogar, bevor ich anfing.

Mit den religiösen Gründen fing ich an: »Erstens lehrt der Islam uns, dass wir unser ganzes Leben lang lernen sollen. Von der Wiege bis ins Grab.« Ich flocht Zitate aus dem Koran und aus dem Hadith ein, die ich als unterstützende Beweise auswendig gelernt hatte. »Als Muslime haben Männer und Frauen dieselben Pflichten. Frauen müssen genauso oft beten wie Männer, sie fasten im Ramadan, sie gehen auf Pilgerreise nach Mekka, also haben sie auch dieselbe Verpflichtung zu lernen wie Männer. Den Mädchen Bildung anzubieten würde sie befähigen, den Weg zu gehen, dem sie folgen sollen, um ihre gottgegebene Pflicht zu erfüllen. Zweitens«, fuhr ich fort, »kümmern Frauen sich um die Familien, und je gebildeter sie sind, desto besser können sie das.« Meine Mutter hatte mir vor langer Zeit eine Geschichte über eine Frau aus ihrer Familie erzählt, die versehentlich ihren kleinen Jungen vergiftet hatte, weil sie ihm statt Milchpulver Leimpulver angerührt hatte. Der Behälter sah genauso aus, und sie konnte nicht lesen. Der Junge musste drei Tage ins Krankenhaus – am Ende war er wieder gesund geworden, aber sie kam nie darüber hinweg, dass sie beinahe ihren Sohn vergiftet hatte. Frauen wie ihr das Lesen und die Grundzüge der Ersten Hilfe beizubringen würde ihnen helfen, den Haushalt besser zu führen. »Es würde für mehr Sicherheit in den Familien und in unserer Gemeinschaft sorgen. Zu guter Letzt können Frauen, je mehr sie wissen, desto mehr an ihre Kinder weitergeben. Durch die Bildung von Mädchen werden auch Jungen gebildet. Diese Mädchen werden irgendwann Mütter. Und gebildete Mütter können ihr Wissen an ihre Kinder weitergeben, an Mädchen *und* an Jungen. Frauen sind der Schlüssel zur Bildung der ganzen Familie.« Ich hatte aus einem guten Grund so viel Wert darauf gelegt, die Rolle der Mutter herauszustellen. Die Mutter ist die erste und letzte Frau, auf die ein afghanischer Mann hört.

Sehen Sie? Alles zum Wohle der Gemeinschaft.

Ich war außer Atem und endete so abrupt, wie ich angefangen hatte. Doch es spielte keine Rolle, hier ging es jetzt ums Ganze. Inhalt war wichtiger als Stil. Er hatte ausreichend Informationen, um eine Entscheidung zu treffen.

Der alte Mann war schwer zu durchschauen, doch er hatte mir aufmerksam zugehört. Er nahm sich schmerzlich lange Zeit, um zu reagieren. Er bot mir noch etwas Tee an und dann noch etwas zu essen, während ich dasaß und auf seine Antwort wartete. Vielleicht hatte ich die Quälerei verdient, weil ich beim ersten Mal unvorbereitet gekommen war, doch das Warten erschien mir unnötig grausam.

Als er es schließlich eine »gute Idee« nannte, hatte ich das Gefühl, mein Kopf würde explodieren.

Es war tatsächlich der richtige Schachzug gewesen, beim ersten Mal ohne Antwort fortzugehen, so unwahrscheinlich es auch war. Ich begriff, dass er unser Gespräch nicht als Debatte betrachtete. Er war gar nicht gegen Bildung für Mädchen. Ich war keine Feindin, ich war eine Partnerin. Er fand nur, dass ich mir mehr Mühe geben sollte.

Ich konnte nicht umhin, darüber nachzudenken, wie anders dieses Gespräch verlaufen war als die Gespräche in den Ministerien. Die Regierung bekundete laut die Gleichstellung der Geschlechter. Der prozentuale Anteil von Frauen in Ministerämtern war bei uns so hoch wie in den skandinavischen Ländern. Trotzdem hatten sie es sich nicht nehmen lassen, mir zu zeigen, wo mein Platz war.

Hier und jetzt, in der ländlichen Küche eines vermeintlich rückständigen Stammesführers, war von solcher Geringschätzung nichts zu spüren. Er gab sich Mühe, sich zu engagieren und Fragen zu stellen. Seine Fragen mochten mir nicht gefallen haben, doch von seinem Standpunkt aus waren sie notwendig gewesen. Viel zu oft verurteilen wir Menschen, weil sie uns zwingen, unseren Standpunkt zu verteidigen. Doch die einzigen Fragen, die die Macht haben, uns zu erzürnen, sind die, auf die wir keine Antworten haben.

Als wir uns verabschiedeten, hatte ich seine volle Unterstützung.

Und ich wusste, dass ich sie verdient hatte.

Endlich kamen auch die Tablets. Fünf wunderbare vorinstallierte, konfigurierte und mit Lerninhalten bestückte Tablets, zum Einsatz bereit. Ich nahm sie mit nach Hause, um sie meinen ersten Investoren zu zeigen – meinen Eltern. Fünf kleine Tablets als Entschädigung für die vielen Jahre, in denen sie meine Ausbildung finanziert und meine Entscheidungen toleriert hatten.

Meine Eltern waren entzückt und zögerten anfangs sogar, die billigen Plastikdinger anzufassen, die ich vor ihnen auf den Tisch legte. »Nein, es ist okay«, beharrte ich. »Sie sind stabil, sie müssen ja haltbar sein.« Meine Mutter, stets die Diplomatin, strich daraufhin mit dem Finger an der Kante des Tablets entlang und sagte: »Ich war überzeugt, du würdest scheitern. Ich konnte es nicht sehen, bis jetzt, ich konnte einfach nicht sehen, wie es funktionieren soll. Aber ich komme langsam dahinter. Jetzt verstehe ich es.«

Aus ihrem Mund war das tatsächlich ein großes Lob. Meine Eltern wussten nur zu gut, wie viel Anstrengung in die Sache geflossen war. Meine skeptische Mutter zu überzeugen, bedeutete mir mehr als alle Ministeriumsstempel und alle mageren Fördergelder, die ich hatte beschaffen können, zusammen. Endlich glaubte sie, dass diese fünf Tablets der Beginn von etwas Größerem waren. Sie gaben ihr die Zuversicht, auf alle auf mich gemünzte Kritik reagieren und auf die vielen Fragen, was ich denn mache, mit »Ihr werdet schon sehen. Ihr werdet schon sehen« antworten zu können.

Da ich immer noch nicht in der Lage war, jemanden zu bezahlen, auch mich selbst nicht, trommelte ich eine Armee von Freiwilligen zusammen. Eben war ich noch Praktikantin gewesen, jetzt beschäftigte ich Praktikanten, von denen die meisten älter waren als ich und höhere Abschlüsse hatten. Es gab noch einige Menschen, die ich mit den Tablets vertraut machen musste: den Direktor für Bildung der Provinz und den Gouverneur. Sie beugten sich alle mit mir über das Tablet, wenn ich ihnen erklärte, wie es funktionierte.

Obwohl ich mir das Ziel gesetzt hatte, die Tablets am Ende in der Provinz Kandahar zu verteilen, konnte ich das Projekt dort nicht starten. Ich studierte in Kabul, und ich hatte weder die Zeit noch das Geld, ständig hin und her zu reisen, um mich darum zu kümmern und die Fortschritte zu überprüfen. Wenn ich in Kandahar angefangen hätte, hätte ich mit einiger Regelmäßigkeit dort hinfliegen müssen, wo ich mir doch kaum eine halbe Taxifahrt zum Flughafen leisten konnte.

Für mein Pilotprojekt brauchte ich eine bereits existierende Schule und ein schon existierendes Bildungsprogramm, das mir als Vergleich dienen konnte. Ich brauchte eine Umgebung, die zumindest ein wenig mit der Technik vertraut war, also eine Schule mit einem Mindestmaß an digitalem Durchblick. So etwas würde ich nicht auf dem Land finden, doch ich wusste, wo ich eine solche Schule finden würde, die alle Voraussetzungen erfüllte: Ich brauchte eine Schule am Rand eines Slums.

Den städtischen Slums erging es nicht viel besser als den ländlichen Gebieten. Auch dort wurde Bildung nicht besonders hoch gehandelt; immer gab es dringendere Programme durchzuführen, etwa solche, bei denen es um fließendes Wasser ging oder um grundlegende Infrastruktur. Kinder starben scharenweise aus vollkommen vermeidbaren Gründen. So besessen ich auch von Bildung war, konnte ich doch nicht bestreiten, dass sie am Leben zu halten oberste Priorität hatte. Aber Verbesserungen wurden immer als Entweder-Oder präsentiert, und da hatte Bildung stets das Nachsehen.

Genau wie in den ländlichen Gebieten ging es bei Projekten in Slums immer um Infrastruktur. Doch die meisten dieser Projekte erforderten eine längere Aufmerksamkeitsspanne, als die Regierung sie besaß, und wurden folglich nur selten zu Ende gebracht. Ja, manchmal wurden sie nicht einmal begonnen. Sie wurden angekündigt, das Geld wurde zugewiesen, und dann hörte man nie wieder etwas davon. Doch auf dem Papier war Infrastruktur der Bereich, in den sämtliche Energie und sämtliches Geld der Regierung floss.

Schließlich entschieden wir uns, das Pilotprogramm in der Gemeinde Malajat in Kabul zu starten. Die Schule war mittelgroß und finanziell schlecht ausgestattet. Wegen der Nähe zu den Slums waren sie an einem Bildungsprogramm interessiert, das sich an Gemeindeschulen orientierte. Und sie waren sich schmerzlich bewusst, dass viele Mädchen riesige Lücken zu stopfen hatten.

Bei meinem ersten Besuch, um zu schauen, wie es lief, war ich so früh dort, dass ich auf die Kinder warten musste. Doch als sie drin waren, verpasste ich irgendwie die Schließung des Tors und blieb draußen.

Ein Morgen, an dem mal wieder alles schiefging.

Ich tippte gerade eine Nachricht an den Schulleiter, als eine Mutter herbeigelaufen kam, um ein Kind abzugeben, ganz aufgeregt, weil sie zu spät kam. Eine Szene, wie sie sich vor allen Schulen überall in der Welt abspielte, bis auf die Tatsache, dass sie eine Burka trug.

Obwohl ich mich sehr bemühe, verständnisvoll und tolerant zu sein, versetzt es mir immer einen kleinen Stich, wenn ich eine Burka sehe, besonders dort, wo es um Bildung geht. Die Frau hatte wohl am Morgen Brot gebacken, bevor sie die Kinder für die Schule fertig gemacht hatte, denn der Stoff der Burka war mit etwas Mehl bestäubt. Wahrscheinlich kam sie deswegen zu spät, dachte ich bei mir. Ich hatte immer schon eine Neigung zu lebhaften Gesprächen in meinem Kopf.

Während wir darauf warteten, dass das Tor geöffnet wurde, beäugten wir uns gegenseitig in unserer Verschiedenheit.

Als der Pförtner herauskam, sprach ich ihn zuerst an und erklärte ihm, dass ich mit dem Direktor verabredet war. Die Mutter in der Burka, die über meine Erscheinung genauso staunte wie ich über ihre, zuckte zurück, als sie das hörte. Vermutlich fand sie, ich würde zu jung aussehen, eher wie eine, die zum Direktor geschickt wurde, als eine, die mit ihm verabredet war. So seltsam es für Menschen außerhalb von Afghanistan auch erscheint, ist es relativ leicht, das Alter und sogar die Stimmung einer Frau einzuschätzen, die eine Burka trägt. Wenn man weiß, worauf man achten muss, können Körperhaltung und Bewegungen einem genauso viel verraten wie ein Gesichtsausdruck. Trotz der vielen Stoffschichten, die sie einhüllten, konnte ich mit absoluter Sicherheit sagen, dass sie mich verurteilte.

Es fuchste mich ohne Ende. Ich war eh schon schlecht gelaunt, denn der Weg zur Schule hatte bergauf geführt, was meine Rückenschmerzen verstärkt hatte. Zudem hatte ich in der Nacht schlecht geschlafen und war einfach zu müde, um es nicht persönlich zu nehmen. Als ich schließlich in das Büro des Direktors trat, war ich wegen des Treffens eher unleidlich als nervös.

Die perfekte Einstellung, um etwas zu erreichen.

Der Direktor wirkte erfreut, mich zu sehen, aber ich tat es innerlich ab, als bemühte er sich nur, freundlich zu sein. Er schien klug zu sein, und ihm lag eindeutig etwas an seinen Schülerinnen und Schülern, aber ich würde mich so schnell nicht aus meiner miesen Stimmung reißen lassen. Ich hatte mich festgelegt. Bei so etwas kann ich ungeheuer stur sein.

Er sprach darüber, wie sehr sie darum kämpften, die Fantasie der Mädchen zu entwickeln. »Das ist womöglich das größte Problem, mit dem wir es als Pädagogen hier zu tun haben.« Ich nickte, denn ich wusste, wie schwer es sein konnte, einen Geist zu formen, der bereits vom Leben besiegt worden war. Vom Augenblick ihrer Geburt an wird den Mädchen beigebracht, den Blick auf ihre schlurfenden Füße zu senken. Um Fantasie zu entwickeln, muss man den Blick heben. Und um sie dazu zu ermutigen, brauchte man einen konkreten, detaillierten Plan, keine Plattitüden und Sprüche darüber, was erreichbar ist.

Der Direktor erläuterte mir den auf Englisch verfassten Regierungs-Lehrplan, dem sie folgten, und klagte über die Qualität der Lehrer. Das ist in Afghanistan ein ständiger Kampf. Erst ab der sechsten Klasse sind ausgebildete Lehrer vorgeschrieben, davor, in der wichtigsten Zeit im Leben von Kindern, werden sie, selbst an den von der Regierung geführten Schulen, hauptsächlich von Studierenden der Erziehungswissenschaften unterrichtet, die noch keinen Abschluss haben.

Kaum hatten wir das allgemeine Gespräch hinter uns gebracht, sagte er unvermittelt, er habe noch nie solche schnellen Fortschritte erlebt wie mit meinen Tablets. »Die Tablets haben gewissermaßen das Spielfeld geebnet, wissen Sie? Sie fördern die Kreativität auf eine Art und Weise, wie ich es noch nie erlebt habe.« Als ich immer noch nicht richtig munter wurde, schlug er mir vor, eines der Mädchen kennenzulernen und es mir von ihr erzählen zu lassen statt von ihm.

Na schön.

Auf dem Weg zum Klassenzimmer war offensichtlich, dass die Schule nicht in Geld schwamm: Die Farbe blätterte von den schmutzigen Wänden, und auf den Fluren waren viele Reparaturen zu sehen, die längst schon wieder überholt waren. Selbst als man sie vorgenommen hatte, was Jahre her war, waren sie eindeutig nur als Provisorium gedacht gewesen.

Wir betraten ein Klassenzimmer, und er zeigte auf ein Mädchen, die aussah wie das »Vorher« einer Waschmittel-Werbung: Am Saum ihres Kopftuchs klebte tatsächlich ein glänzendes Stück von einer Chipstüte. Auf ihrer weißen Bluse hatte sie, wie es schien, einen ganzen Jahresvorrat Saft verschüttet. Immer noch unleidlich wegen meiner Rückenschmerzen, die einfach nicht weggehen wollten, konnte ich nur denken: »Wer zum Teufel hat sie in Weiß gekleidet? Und warum? Damit man die Flecken besser sehen kann?«

Für Menschen, die zwanghaft auf Sauberkeit bedacht sind, ist Afghanistan kein guter Ort. Mein Blick wandert irgendwie immer zu den Knien der Kinder. Es ist in Kabul schlicht unmöglich, die Füße sauber zu halten, dafür sorgt schon allein der Staub, aber Knie waren, fand ich, durchaus geeignet, sie waren ein guter Indikator für allgemeine Sauberkeit. Die Knie dieses Mädchens sahen aus, als wären sie noch nie in Berührung mit Wasser und Seife gekommen.

Der Direktor sagte, ich solle mich zu ihr setzen. Das Mädchen sah aus, als wäre sie sechs oder vielleicht sieben Jahre alt. Zu sehr damit beschäftigt, Flecken zu zählen und Schmutzablagerungen zu bewerten, bekam ich ihren Namen nicht mit, als er sie mir vorstellte.

Erst als sie anfing zu reden, horchte ich auf. Ich konnte gar nicht anders. Sie strahlte plötzlich. Und sie sprach mit einem Selbstbewusstsein, das ich nie besessen hatte, weder in ihrem

Alter noch jetzt. Sie beantwortete alle meine Fragen mit großer Ruhe. Meine Rückenschmerzen waren vergessen, meine schlechte Stimmung ebenso, ihre Flecken verblassten irgendwie.

Sie erzählte mir, wo sie lebte, nämlich in einer der ärmsten Gegenden Kabuls, wo es weder Strom noch Kanalisation gab, und sprach darüber, wie gern sie zur Schule ging. »Ich liebe die Schule. Hier wird man klüger.«

Trotz ihres Alters und trotz ihrer äußeren Erscheinung war es ein Gespräch auf Augenhöhe.

Ich wollte sie nicht direkt danach fragen, was sie von dem Programm hielt. Ich hatte noch nie Angst vor Rückmeldung gehabt, aber bei ihr war das etwas anderes. Ich hätte es nicht ertragen, irgendetwas auch nur im Entferntesten Kritisches zu hören, nicht von ihr. Also fragte ich sie, welcher Teil des Programmes ihr am liebsten sei. Mir schien, als könnte ich gefahrlos davon ausgehen, dass es irgendetwas daran gab, was ihr gefallen konnte.

»Der König der Löwen«, sagte sie ohne das geringste Zögern. »Ich habe den ganzen König der Löwen auswendig gelernt.«

Der Direktor und der Lehrer nickten zustimmend, als sie das sagte.

»Es gefällt mir sehr, dass er Angst hat, bevor er mutig ist. Es gefällt mir, dass er aufgibt und dann doch wieder kämpft. Aber vor allem gefallen mir die Bilder. Die Bilder sind der beste Teil.«

Natürlich hatte ich den König der Löwen in das Programm aufgenommen. Er war die einzige Disney-Figur, die ich wirklich liebte. Mit Geschichten über Prinzessinnen, die damit endeten, dass sie heirateten, konnte ich mich längst nicht so gut identifizieren: Für afghanische Frauen ist eine Hochzeit selten eine Garantie für ein glückliches Ende, sondern eher ein offenes Ende. Sie konnten nie wissen, was als Nächstes geschah.

Der König der Löwen war eine Anspielung auf unsere Realität als Mädchen in einer Welt voller Onkel, die versuchen, sich das zu nehmen, was uns gehört. Aber zu hören, dass sie es so herausgriff, erschien mir wie eine unerwartete Würdigung von weit mehr als einem Tablet, es war auch eine Würdigung von mir, meinen Bemühungen, meinem Weg. Es erinnerte mich an die vielen Vormittage, an denen ich alle gezwungen hatte, den König der Löwen anzuschauen. Ich fühlte mich von einer Siebenjährigen bestätigt, deren Namen ich nie erfuhr.

Doch sie war noch nicht fertig. »Ich zeichne gern, und ich will eines Tages Künstlerin werden.« Ich staunte, dass ein Kind des Lesens und Schreibens unkundiger Eltern aus den Slums auf so eine Idee kam, bis ich es endlich begriff. Das hatte der Direktor mir sagen wollen. Es war das Tablet, die König-der-Löwen-Illustrationen, »der beste Teil« des Königs der Löwen, der in ihr den Wunsch geweckt hatte zu zeichnen. Deswegen hatte er sie mir vorgestellt. Darum war es in seiner Rede über die Fantasie gegangen. Es verschlug mir den Atem. Ich hatte etwas bewirkt: Ich hatte eine reale, echte Wirkung auf das Leben eines Menschen gehabt, durch das Programm, durch das Tablet. Jetzt war ich eine richtige Lehrerin, und sie war meine erste Schülerin.

Ich war vollkommen überwältigt und tat das Einzige, was ich konnte: Ich brach in Tränen aus, was alle in Angst und Schrecken versetzte, die Kinder und die Erwachsenen. Wer in Afghanistan weint, muss sich erklären, egal, wie spontan die Tränen kommen. Es mangelt uns nicht an Dingen, über die man weinen kann. Doch ich hätte meine Tränen nicht erklären können, selbst wenn ich es versucht hätte. Ihre Worte lösten in mir ein unsichtbares Druckventil. Wir verabschiedeten uns höflich voneinander.

Ich war so beschwingt, dass es mir egal war, dass ich wieder einmal kein Geld für ein Taxi hatte und Stunden brauchen würde, um nach Hause zu kommen. Wer brauchte überhaupt Taxis? Die vielen Male, wo ich zwischen der Entwicklung von Inhalten und etwas zu essen hatte wählen müssen, schienen es wert gewesen zu sein. Das König-der-Löwen-Mädchen, bei der ich etwas dazu beigetragen hatte, ihre Fantasie zu entfachen, würde Künstlerin werden.

Dieser zweistündige Fußmarsch von der Schule auf ungepflasterten Wegen durch Kabul erschien mir wie ein Triumphzug mit wenigen Zuschauern, aber ein Triumphzug war es allemal.

Kapitel 10

Eine NGO zu leiten hatte bislang darin bestanden, zuerst um Genehmigungen zu ersuchen und dann um Geld zu bitten. Beides fiel mir nicht leicht, doch es war ein Klacks im Vergleich zu dem, was als Nächstes kam: Werbung für das Tablet zu machen.

Als ich beschloss, »Learn« zu gründen, hatte mir niemand gesagt, dass ich die halbe Zeit etwas tun müsste, was ich aus tiefstem Herzen verabscheute: in der Öffentlichkeit sprechen. Ja, ich bin laut, ja, ich habe eine klare Meinung, aber ich bin von Natur aus eher introvertiert. Ich ziehe es vor, im vertrauten Rahmen zu argumentieren und meiner Familie Vorträge zu halten, während ich in meiner Küche auf einer Seifenkiste stehe. Inzwischen habe ich gelernt, mit dem öffentlichen Sprechen klarzukommen, ja, es mir sogar zu eigen zu machen, aber damals rutschte mir jedes Mal, wenn ich vor Menschen den Mund aufmachen sollte, das Herz in die Hose.

Als ich mein erstes Radiointerview an Land zog, hyperventilierte ich tagelang. Dass ich die Gelegenheit bekam, öffentlich über meine Arbeit zu sprechen, war eine große Sache in einem Land, das mit NGOs nur so gepflastert war. Es gab Hunderte von gemeinnützigen Initiativen in Afghanistan, die um Geld und Aufmerksamkeit wetteiferten, und ich trat gegen Organisationen an, die Millionen erhielten; dabei hatte ich nicht mehr vorzuweisen als fünf billige Tablets. Das Interview war meine Chance, »Learn« bekannt zu machen und die breite Öffentlichkeit vom Nutzen meines Programms zu überzeugen. Mir war klar, dass ich nicht davon ausgehen konnte, so eine Chance noch einmal zu bekommen. Ich sprach darüber, dass wir neu darüber nachdenken müssten, wie wir in Gegenden außerhalb der Reichweite der Regierung Bildung vermittelten, über mein König-der-Löwen-Mädchen, über die Bedürfnisse von Mädchen in ländlichen Gebieten, die niemand je versucht hatte zu erfüllen.

Es war wohl gut gelaufen, denn wenige Tage nach diesem Interview hatte ich eine Nachricht in meinem Facebook-Posteingang. Sie fing mit »Mein Vater hat Ihr Interview im Radio gehört« an.

Jemand mit dem Namen Hamza schrieb, er habe eine Weile gebraucht, um mich zu finden, was ihm schließlich über einen gemeinsamen Freund gelungen war. Er hatte zwar das Interview nicht gehört, doch sein Vater hatte ihm einen ausführlichen Bericht über »Learn« gegeben. Hamza fand, es sei eine großartige Idee, und wollte gern noch ein wenig darüber reden.

Bis dahin hatten nur wenige Menschen meine Idee als »großartig« bezeichnet, also mochte ich Hamza sofort. Es war jedoch kein Fanbrief. Er schrieb, es gebe Möglichkeiten der Zusammenarbeit. Er sei der Landesleiter des Malala Fund für Afghanistan. Wie umsichtig, diese Information am Ende der E-Mail zu verstecken, Hamza.

Ich weiß nicht mehr, was ich zurückschrieb. Mit meiner gewohnten Eloquenz war es tragischerweise nicht mehr weit her, doch angesichts dessen, was daraus geworden ist, konnte das, was ich schrieb, wohl als Zustimmung interpretiert werden.

Als wir uns schließlich kennenlernten, hörte er aufmerksam zu, was immer noch nicht besonders oft geschah.

Was brauchte ich?

Was wollte ich erreichen?

Geläutert durch die Erfahrung mit meiner Präsentation bei dem Stammesführer, übertrieb ich es mit den Vorbereitungen auf mein Treffen mit Hamza. Ich hatte so viele Notizen, dass ich sie überhaupt nicht sortieren konnte, wodurch sie vollkommen nutzlos wurden. Wieder einmal redete und redete ich einfach. Nachdem ich meinen Vortrag monatelang bei so vielen uninteressierten Beamten geübt hatte, war ich mir schmerzlich bewusst, dass ich ihn noch nie von Anfang bis Ende ohne Unterbrechung gehalten hatte. Würde ich es diesmal schaffen, meine Rede zu Ende zu bringen? Wusste ich überhaupt, wie meine Rede endete?

Doch Hamza war ganz anders als meine üblichen Zuhörer. Er wusste um den Kampf für die Bildung von Mädchen in ländlichen Gebieten, er wusste, dass sie außerhalb der Reichweite der Regierung lebten, die keinerlei Interesse an ihnen hatte. Im Gegensatz zu den Regierungsvertretern musste er keine Zeit damit vergeuden, zu rechtfertigen, auf wie viele Arten das Bildungssystem die Mädchen im Stich gelassen hatte. Die NGOs waren – mit wechselndem Erfolg – die Einzigen gewesen, die überhaupt je versucht hatten, etwas für sie zu tun.

Hamza brauchte meine Fakten und Zahlen nicht; er kannte sie bereits, selbst die, die normalerweise ins Kleingedruckte verbannt wurden. Er wollte von dem größeren Plan hören. Meinem Plan. Meiner Vision. Wie wollte ich diese Tablets einsetzen?

Ich erklärte ihm, dass die Tablets drei Kategorien von Lerninhalten enthielten und es drei Möglichkeiten gab, sie zu nutzen: »In Gegenden, in denen es nicht genügend Lehrkräfte gibt und die Klassenzimmer überfüllt sind, kann das Tablet zur Ergänzung des Unterrichts eingesetzt werden. Auf dem Tablet ist der ganze Stoff, also kann es nicht nur bei Personalengpässen helfen, sondern auch hier und da Wissenslücken der Lehrkräfte ausgleichen.« Ich erklärte ihm, dass ich dabei war, Gemeindeschulen einzurichten, mit Lehrkräften, die keine richtige Ausbildung besaßen und die jede Hilfe brauchen konnten. Ich wollte diese Löcher alle stopfen.

»Man kann das Tablet auch als Ressource verwenden. In öffentlichen Schulen, wo Schülerinnen und Schüler sich keine Bücher leisten können und die Schule keine zur Verfügung stellt, kann es als digitale Bibliothek dienen.« Wir hatten schon einige Bücher darauf gespeichert, doch ich wollte den Bestand weiter ausbauen. Am Ende sollte das Tablet über 250 Bücher auf Paschtunisch und sogar einige auf Englisch enthalten.

»Und schließlich«, erklärte ich, »kann das Tablet sowohl für individuelles als auch für gemeinschaftliches Lernen benutzt werden. Wenn ein Mädchen aus irgendeinem Grund keine Schule besuchen kann, hat sie mit der vorinstallierten App vollen Zugang zu Videovorträgen und Büchern.«

Der Lehrplan war damals noch spärlich, aber er wuchs im Laufe der Zeit auf über dreihundert Lektionen an, das ganze Curriculum von der Vorschule bis hin zur Hochschulreife.

Ich redete darüber, dass die Inhalte nur einmal aufgespielt werden mussten, nicht weil Hamza die Erklärungen brauchte, sondern als Anspielung darauf, dass ich viele Jahre gebraucht hatte, um zu dieser Lösung zu kommen.

Was ich brauchte, sagte ich, war Geld zur Finanzierung weiterer Tablets und für die allgemeinen Kosten, die durch die Verteilung und die Führung einer NGO entstehen. Hilfe bei den Gemeindeschulen. Ein Gehalt wäre auch nicht schlecht.

Mit meinem ersten Vortrag vergeigte ich es.

Bei allem Überschwang auf Hamzas Seite war der Malala Fund nicht besonders begeistert von dem Plan, und die Präsentation ging den Weg von Hunderten von Anträgen, die ich im Laufe der Zeit gestellt hatte. Womöglich lag es daran, dass meine Formulierungskünste bei Anträgen noch in den Kinderschuhen steckten. Ich konnte gut darüber reden, doch die Feinheiten des Anträge-Schreibens hatte ich noch nicht drauf. Aller Wahrscheinlichkeit nach hatten sie ein Problem damit, dass ich stur darauf beharrte, auch Gemeindeschulen mit informell ausgebildeten Lehrkräften in mein Programm zu integrieren. Davon wollten sie nichts wissen.

Doch zum Glück war Hamza genauso stur wie ich. Weitere Treffen wurden verabredet, und mein zweiter Versuch, einen Zuschuss von ihnen zu bekommen, war von Erfolg gekrönt.

Jetzt hatte ich eine richtige Förderung.

Richtiges Geld.

Das ich für Geschäftsvorgänge, den Kauf von Sachen und die Bezahlung von Leuten ausgab. Ich konnte damit auch ein Taxi für den ganzen Weg zu der Schule oder dem Ministerium, zu dem ich musste, bezahlen. Und als wäre das nicht aufregend genug, machte mich der Malala Fund zur jüngsten Empfängerin des Malala Fund Education Champion Awards aller Zeiten, noch bevor ich 21 wurde. Ich dachte, ich sollte es erwähnen, denn meine Mutter lässt es seither bei jedem Gespräch ganz beiläufig fallen.

Nach monatelangem Warten darauf, dass das Programm starten konnte, bewegte sich plötzlich alles mit der Geschwindigkeit einer Frühlingsoffensive der Taliban: bei Nacht und Nebel, ohne Vorwarnung, unaufhaltsam. Weitere Fördergelder folgten und mit ihnen weitere Projekte.

Ich beschloss, alle Programme nach afghanischen Heldinnen zu benennen. Auf diese Weise waren sie gleich mit einer kleinen Lektion in Geschichte verbunden, mit ein bisschen integrierter Hoffnung; eine Erinnerung daran, dass wir irgendwann etwas erreichen würden.

Meine Bemühungen waren Teil eines größeren Plans: Ja, wir afghanischen Frauen hatten ein paar harte Jahrzehnte hinter uns, aber wenn wir uns selbst definieren konnten, warum sollten wir uns dann für diese Selbstdefinition auf die schlechtesten Zeiten berufen? Warum nicht auf die Zeit, als wir etwas zählten?

Ich erinnerte mich, dass ich als Kind meine Großmutter mütterlicherseits mit ihren Freundinnen im Garten sitzen gesehen hatte: eine Clique alter, makellos gekleideter Frauen. Diese alten Frauen hielten sich anders, sie verweigerten jede Anpassung an ihre erbärmliche Umgebung, jedes Sich-Einfügen. Nicht nur mit ihren wunderschönen Kleidern, sondern auch dadurch, dass sie draußen saßen, womit sie zeigten, dass sie weder unterwürfig waren, noch Angst hatten. Stellen Sie sich vor, dass mitten in dem ganzen Dreck eine Gruppe wunderschön gekleideter Frauen saß, eine Shishapfeife rauchten und über das Leben sprachen. Nicht über den Krieg, nicht über Politik, sondern einfach über das Leben: Land, Ackerbau, Kinder.

Sie lachten laut, was schockierend war außerhalb der vier Mauern eines Hauses, denn für Frauen gilt es als unangebracht, in der Öffentlichkeit zu lachen. Doch ihr Alter schützte sie vor Verurteilung, sie schienen endlich frei zu sein. Mir kam es vor, als würden sie sagen: »Siehst du? Wenn du es nur schaffst, lange genug zu leben, kannst du die Demütigungen, die dir zuteil werden, weil du eine Frau bist, durchs Altern überwinden.« Sie erinnerten sich an eine andere Existenz, an ein Leben vor der Flucht, und sie würden niemals zulassen, dass irgendjemand sie einsperrte. Sie waren der unwiderlegbare Beweis dafür, dass man seine eigenen Regeln machen kann. Selbst wenn man eine Frau ist.

Das wollte ich den Mädchen beibringen. Sie sollten wissen,

dass an uns mehr dran ist als … also, was auch immer es ist. Ich weiß, das ist ein großes Thema, um es mit ein paar Tablets zu vermitteln, aber irgendwo musste ich ja anfangen.

Das digitale Alphabetisierungsprojekt taufte ich »Soraya Projekt« – nach »Königin-Soraya-wir-danken-dir-für-das-Frauenwahlrecht«. Weitere Tablets waren unterwegs, und dieses Projekt wurde die treibende Kraft hinter »Learn«, das Rückgrat meiner NGO.

Doch ich wollte von Anfang an mehr als nur Alphabetisierung. Wir konnten uns nicht den Luxus leisten, die vielen anderen Möglichkeiten, etwas zu lernen, zu ignorieren. Die meisten Menschen betrachten Lesen und Schreiben als Voraussetzung für Bildung, doch das ist nicht unbedingt so. Tatsächlich könnte nichts weiter von der Wahrheit entfernt sein. Ich habe es erlebt: Die meisten afghanischen Haushalte besitzen ein Radio, und man kann mit Analphabeten ein recht kundiges Gespräch über Außenpolitik führen, weil sie den ganzen Tag nichts anderes tun, als BBC Pashto zu hören. Es spielt keine Rolle, ob man Hindi aus Seifenopern in der eigenen Küche lernt, am Ende ist es doch eine Fertigkeit: Man hat eine Fremdsprache gelernt. Das kann man sich zunutze machen. Es gibt unzählige Wege, auf die noch nie jemand gekommen ist, die man aber nutzen kann, um Menschen zu bilden. Warum sollten wir sie außen vor lassen? Gott weiß, dass wir jede Hilfe brauchen können. Wir brauchen Fertigkeiten viel dringender als Abschlüsse. Auf unkonventionelle Weise kann unglaublich viel Wissen erworben werden, und das wollte ich nutzen. Tablets erfüllten dieses Kriterium: Sie zwangen mich, ganz anders über Bildung nachzudenken. Gemeindeprojekte standen als Nächstes auf meiner Liste.

Die Regierung ignorierte im Großen und Ganzen alles, was unkonventionell war, und baute ein System auf, das vollkommen chancenlos war. Die Schulen orientierten sich an westlichen Lehrplänen und, was noch schlimmer war, an westlichen Unterrichtszeiten. Es mag trivial erscheinen, doch die allermeisten Kinder mussten tagsüber arbeiten, und diese Unterrichtszeiten schlossen Million von afghanischen Kindern aus, die zu arm waren, um sich für Bildung und gegen ein Einkommen zu entscheiden. Man kann, ja, man sollte sich über Kinderarbeit aufregen, aber wenn man den Zugang zu Bildung an die Anwesenheit zu den eigenen Bedingungen knüpft, schließt man schlichtweg die Kinder aus, die sie am meisten brauchen. Mit dem gesetzlichen Verbot von Kinderarbeit wird es nicht gelingen, die Fünfjährigen von der Straße und in die Schule zu bringen. Gibt man den Menschen die Möglichkeit, für den eigenen Lebensunterhalt zu sorgen, sieht das anders aus. Zu lange hatten wir versucht, den Teufelskreis an der falschen Stelle zu unterbrechen: Man musste wohlhabend sein, um zur Schule gehen zu können, und ohne Schulbildung konnte man sich niemals aus erniedrigender Armut befreien. Ein ganzer Teil der Gesellschaft wurde eine Generation nach der anderen abgehängt.

Ich will nicht unfair sein: Diese mangelnde Kreativität ging zum Teil auch darauf zurück, dass das System vom Westen diktiert wurde. Der Westen, der die Rechnungen bezahlte, benahm sich der afghanischen Regierung gegenüber wie Eltern, die mit dem Finger drohen und sagen: »Solange du die Füße unter unserem Tisch hast, machst du, was wir dir sagen.« Worauf die Regierung sich verhielt wie ein launisches Kind, das einfach nicht erwachsen werden will.

Die letzten beiden Jahrzehnte waren ja auch nicht das erste Mal, dass man uns Vorschriften machte. Wir hatten schon vor langer Zeit angefangen, Politik zu importieren, Bildungspolitik und andere, und schwankten dabei von einem Extrem zum anderen. Als die Amerikaner ins Land kamen, waren wir längst Meister im Importieren. Wir hatten es mit sowjetischem Kommunismus und saudischem Wahhabismus probiert, und inzwischen waren wir so gut trainiert, dass wir ignorierten, wie wenig die Prinzipien anderer zu unserem Lebensstil passten. Wenn man eine Pflanze umtopft, muss man dafür sorgen, dass die Bedingungen und die Erde ähnlich sind. Wie hatte es so weit mit uns kommen können, dass uns gar nicht in den Sinn kam, dass das auch für Ideen galt?

Statt uns auf die Suche nach unseren eigenen Lösungen zu machen, warteten wir darauf, dass die Welt unser kaputtes System reparierte. Wir übernahmen die Politik anderer Menschen und stritten uns noch darüber, wenn die Armeen, die diese Politik zu uns gebracht hatten, längst abgezogen waren. Afghanistan war ein Kind einer bitteren Trennung der Kulturen; ein Schlachtfeld, auf dem die Banner der kämpfenden Armeen mit den Prinzipien von anderen bedruckt waren. Wir hatten uns verloren. Darüber waren wir zu Kanonenfutter geworden, eine Fußnote in der Geschichte anderer Länder. Wir waren stolz darauf, der »Friedhof der Großmächte« zu sein, ohne zu begreifen, dass wir unseren Namen aus unserem eigenen Nachruf getilgt hatten. Wir hatten aufgehört, eigenständig zu denken.

Meine Gemeindeprojekte sollten ein Beitrag zu einem anderen Narrativ sein, auch wenn er noch so klein war. Gemeindeprojekte ins Leben zu rufen war allerdings nicht bloß Strategie und Altruismus: Mit den Mädchen zu sprechen war der beste Teil meiner Arbeit, es war das, wofür sich das ganze Diagramme-Erstellen und An-Meetings-Teilnehmen lohnte.

Bei meinem allerersten Projekt ging es um Menstruationshygiene. Generationen von Mädchen waren verheiratet worden, bevor sie überhaupt die Pubertät erreichten. Sie wussten nichts über ihren eigenen Körper und mussten alles allein herausfinden.

Ich taufte das Projekt »Malalai«, nach einer afghanischen Heldin aus dem 19. Jahrhundert, die, so die Legende, für den Sieg gegen die Engländer sorgte, indem sie die Männer des Stammes anspornte weiterzukämpfen.

Ich wusste nicht genau, welche Reaktion ich von den Mädchen erwarten sollte, die an dem Kurs für Menstruationshygiene teilnahmen: Für ein Volk, das seine Frauen am liebsten unter Burkas und im Haus versteckt hält, schämen wir Afghanen uns sehr viel weniger wegen unseres Körpers als die Menschen im Westen. Wir empfinden ihn nicht als Belastung und fühlen uns nicht gedemütigt von seinen Bedürfnissen. Die Menschen hocken sich sogar oft draußen hin, wenn die Stimme der Natur es fordert. Dennoch erwartete ich, als ich den Seminarraum betrat, Szenen, wie ich sie in Hollywoodfilmen gesehen hatte: Jeder Versuch, über den eigenen Körper zu sprechen, wird mit Kichern und Unbehagen aufgenommen.

Doch weit gefehlt. Ich war schockiert, mit welchem Eifer die Klasse dabei war: So viele Zwölf- und Dreizehnjährige, die mir endlos viele Fragen stellten und sich freuten, mit mir Fotos für die »Learn«-Website zu machen. Sie wollten alle ein Teil davon sein.

Ich hatte ihnen unbedingt Goodiebags besorgen wollen, wie man sie bekommt, wenn man an richtigen, erwachsenen Seminaren teilnimmt, aber ich hatte nur Geld für die Taschen selbst. Doch die Mädchen störte es nicht, dass die Taschen leer waren. Stolz spazierten sie mit ihren Seminar-Stoffbeuteln herum, entzückt, dass sie alle ein Geschenk bekommen hatten. Ich wusste nicht, ob ich aufgeregt oder am Boden zerstört darüber sein sollte, wie dankbar sie für meine Aufmerksamkeit waren.

Nachdem die Pilotphase geschafft war, war es an der Zeit,

Nägel mit Köpfen zu machen. Ich beschloss, mit den Tablets in meine Distrikte zu gehen. Die ersten beiden Chargen gingen an Zarghona und Nazo, die ich jetzt in »Learn« einbezog.

Also, gewissermaßen.

Ich konnte den beiden immer noch kein Gehalt zahlen, weil ich keine Finanzierung für sie bekam. Wie meinem Vater vor rund dreißig Jahren gelang es mir nicht, andere von dem Konzept zu überzeugen, Bildung in die Hände von Frauen zu legen, die keine formale Ausbildung hatten. Auf dem Papier gab es in ländlichen Gebieten ja qualifizierte Lehrer, die von der Regierung ein Gehalt bekamen. Es spielte keine Rolle, dass sie zu Hause saßen, weil die Schulen, in denen sie unterrichten sollten, nicht existierten; nach dieser Logik stufte mein Programm die Anforderungen an Lehrerinnen völlig grundlos herunter. Und dabei spielte es auch keine Rolle, dass die Regierungsschulen das Bildungsäquivalent zu Narnia waren. Auf dem Papier kam ich einfach nicht dagegen an.

Da ich es, trotz aller Bemühungen, nicht geschafft hatte, dafür zu sorgen, dass Zarghona und Nazo ein Gehalt bekamen, schien es mir vernünftig, meine Förderungsanträge auf eine verrückte Idee nach der anderen zu konzentrieren, und so beantragte ich zunächst nur Geld für die Tablets. Aber es sollte auch mit rechten Dingen zugehen. Da ich jetzt ein Gehalt bezog, bezahlte ich sie einfach von meinem Geld.

Und weil es mir nicht gelungen war, jemanden davon zu überzeugen, dass diese Frauen es wert waren, für ihre Arbeit bezahlt zu werden, machte ich Zarghona und Nazo zu einem Projekt und initiierte aus reiner Verzweiflung ein Lehrerinnenprogramm für sie, in dem ich Frauen zu digitalen Pädagoginnen ausbildete. Ich wich auf ein anerkanntes digitales Curriculum aus, um das Fehlen formaler Qualifikationen aufseiten der Lehrerinnen zu kompensieren. Ich konnte ihnen keine Abschlüsse geben, aber Zertifikate ausstellen konnte ich ihnen durchaus.

Ayesha Durrani, eine Dichterin aus dem 18. Jahrhundert, erschien mir die perfekte Patronin für das Lehrerinnenausbildungsprogramm zu sein. Ihre Gedichte wurden in einem der ersten Bücher zusammengestellt, die je in Afghanistan gedruckt wurden, und manche schreiben ihr zu, die erste Mädchenschule gegründet zu haben. Die Mischung aus Schulbildung und Dichterzirkeln, die sie heraufbeschwor, war unwiderstehlich.

Einstweilen war der einzige Gemeinde-Aspekt des digitalen Lernprogramms ein kleiner Projektor, der mit jedem Tablet verteilt wurde. Auf diese Weise konnten die Mädchen wenigstens in Gruppen lernen. Der Inhalt der Tablets war, gelinde gesagt, vielseitig: Ich versuchte, ein möglichst breites Spektrum von Themen abzudecken, für ein möglichst breites Publikum. Es gab Lektionen über alles, von den Grundlagen des Schreibens bis hin zum Verkauf eigener Stickereien auf Facebook. Und selbstverständlich den König der Löwen. Der König der Löwen war nicht verhandelbar, den würden sie nur über meine Leiche los. Er war bei allem dabei. Bereitwillig erklärte und verteidigte ich die Zielsetzung jedes einzelnen Videos und jeder einzelnen Lektion, die wir anboten. Aber nicht den König der Löwen. Er blieb, weil ich es sagte.

Der Plan, der jeden Tag nachjustiert und angepasst wurde, machte allmählich einen recht stimmigen Eindruck. Ich bekam zudem mehr Aufmerksamkeit, auch wenn ich noch nicht recht wusste, wie ich daraus Kapital schlagen sollte.

Kabul hatte eine lebhafte Non-Profit-Szene, und es gab jeden zweiten Abend Einladungen zu Dinners. Aber ich war zu sehr mit meiner Arbeit und meinem Studium beschäftigt, außerdem hatte ich nicht das geringste Interesse an Geselligkeit, was die Sache nicht einfacher machte. Ich ignorierte breit gestreute Einladungen und reagierte nur auf solche, die an mich persönlich gerichtet waren.

Eine solche kam von Sarah, die mir auf Instagram eine private Nachricht schickte. »Es wäre wunderbar, wenn wir uns treffen könnten, um über Ihre Arbeit zu sprechen.« Als ich die Nachricht entdeckte, musste ich erst einmal in mich gehen. Sarah war NATO-Koordinatorin für die Zusammenarbeit mit der Zivilgesellschaft, der Schirm, unter dem alle NGOs standen.

In Kabul entwickelte sich eine gewisse Toleranz für das Zusammenspiel mit der NATO; es war üblich, dass das Militär und die NGOs Umgang miteinander hatten. Aber in ländlichen Gebieten herrschte immer noch Besorgnis vor; dort hatte es sehr viele zivile Todesopfer durch Drohnenangriffe gegeben, über die die Menschen noch nicht hinweg waren. Doch Sarah ließ nicht locker: »Ich finde es faszinierend, was Sie mit ›Learn‹ versuchen. Ich möchte wirklich gern mehr über das Programm erfahren.« Schmeicheleien über »Learn« waren immer der beste Hebel, und am Ende erklärte ich mich wenn auch zögernd bereit, mich mit ihr zu treffen.

Sarah lud mich zu einer Veranstaltung auf dem NATO-Stützpunkt ein, und obwohl man durch nichts die persönliche Glaubwürdigkeit schneller verlieren kann als damit, sich auf dem NATO-Stützpunkt zu zeigen, ging ich aus irgendeinem Grund hin. Es zeigte sich sehr schnell, dass ich mir mit meinem ursprünglichen Mangel an Begeisterung, mich mit Sarah zu treffen, keinen Gefallen getan hatte: Wir freundeten uns sofort an. Als ich sie traf, war es eher wie ein Wiedersehen und nicht wie ein Einander-vorgestellt-Werden.

Bald hatten wir eine stehende Verabredung zum Kaffee. Eines Tages war ich, als ich mich mit ihr traf, vollkommen frustriert über meine Bemühungen um Gemeindeschulen und zermürbt über den x-ten gescheiterten Versuch, eine Finanzierung für die Lehrerinnen auf die Beine zu stellen. Aus meinem Mund sprudelte eine meiner epischen Tiraden: »Die Lohnliste des Bildungsministeriums listet 270 000 Beschäftigte auf, und sie finanzieren bereitwillig Schulen, die nicht existieren, und Lehrer, die nicht unterrichten, aber Gott bewahre, dass sie sich hinter ein Konzept stellen, das definitiv funktioniert.« Ich bedachte alle meine Freundinnen mit solchen blindwütigen Ergüssen.

Sarah hörte mir geduldig zu, ohne ein Wort dazwischenwerfen zu können. »Ich habe keinen Rat für dich«, sagte sie schließlich. »Aber.« Es war ein »Aber« von der Art, bei dem die Pause so lang ist, dass man sich fragt, ob der Satz je enden wird. »Aber«, sagte sie noch einmal für den Fall, dass ich es beim ersten Mal überhört hatte. »Vielleicht könnte ich etwas zu den Lehrerinnengehältern beitragen? Ich persönlich? Als Privatperson?«

Ich weiß nicht, ob sie es tat, weil sie genauso frustriert darüber war wie ich, oder weil sie mich einfach zum Schweigen bringen wollte; ein Grund wäre so triftig gewesen wie der andere. Aber. Aber. Der Betrag, den sie nannte, reichte, um eine weitere Schule zu finanzieren.

Bis zu unserem nächsten Treffen hatte Sarah ihre Mutter überredet, ebenfalls eine Schule zu finanzieren.

Jetzt waren wir drei Frauen, die Lehrerinnen aus der eigenen Tasche bezahlten. Das war praktisch eine Kontrollgruppe! Ich hoffte, es würde zur Glaubwürdigkeit des Programms beitragen, dass es bald endlich aufgrund seiner Ergebnisse beurteilt werden konnte.

Ich war unglaublich stolz darauf, dass ich Arbeitsplätze für

Frauen schuf, auch wenn ich sie aus eigener Tasche bezahlte, auch wenn ich keine einzige Organisation davon hatte überzeugen können, dass es eine gute Idee war. Mit anzusehen, wie Zarghona und Nazo aufblühten, zu erleben, wie stolz sie waren, eine Anstellung zu haben – wir waren endlich einen Schritt über geschenkte Kopftücher hinaus. Ich wusste, dass es bei Arbeit für Frauen um sehr viel mehr ging als darum, eine Möglichkeit zur Erwerbstätigkeit zu schaffen. Karriere mag – noch – ein zu großes Wort sein, aber eine Anstellung zeigt Frauen in einem anderen Licht: als Expertinnen für gewisse Bereiche innerhalb ihrer eigenen Gemeinschaft.

Es fühlte sich an, als würde ich eine Liste abarbeiten, die ich schon als Kind angefangen hatte zu schreiben. Ich kümmerte mich nach und nach um die Bedürfnisse jedes einzelnen Mädchens, dem ich in meiner Kindheit über den Weg gelaufen war: die, die wegen bitterer Armut mit neun verheiratet worden waren, die, in deren Dörfern es keine Schule gab, oder die, die wegen Polio nicht zu Fuß zur Schule gehen konnten, selbst wenn es eine Schule gab. Ich wusste, dass es zu spät war, um meinen Freundinnen zu helfen, doch das, was ich tat, tat ich in ihrem Namen. Sie waren die Heldinnen meiner persönlichen Geschichte und genauso wichtig wie die Heldinnen unserer kollektiven Vergangenheit.

Sehr lange Zeit hatte es so ausgesehen, als wäre ich nur ein schlechtes Beispiel, ein Investment ohne Rendite; ich hatte Schande über meine Familie gebracht. Jetzt war ich der Beweis dafür, dass die Investition in die Bildung eines Mädchens sich lohnen kann. Mein Vater konnte stolz auf mich sein. Ich war kein warnendes Beispiel mehr.

Kapitel 11

Nur wenige Afghanen schenkten den Berichten über ein unbekanntes Virus in China Beachtung. Es herrschte allgemein Einigkeit darüber, dass das gewiss nichts war, worüber wir uns Sorgen machen mussten; in Afghanistan konnte nicht einmal ein Virus gedeihen. Stattdessen sahen wir staunend zu, wie die Welt dicht machte, eine Stadt nach der anderen. Wir sahen zu, wie der Bewegungsradius der Menschen sich überall in der Welt auf den afghanischer Frauen reduzierte: Küche, Schlafzimmer und mit etwas Glück ein Garten hinter dem Haus. Jahrzehntelang hatten wir versucht, die Welt einzuholen, und jetzt glich sich die Welt, so unwahrscheinlich es klang, uns an.

Anfangs warnte die Regierung die Menschen etwas halbherzig vor den Gefahren von Zusammenkünften. Sie wusste, dass die Chance, jemand könnte ihre Warnungen ernst nehmen, sehr gering war, egal, worum es ging. Es gab keinen Lockdown, doch die Regierung fand, das Nächstbeste wäre eine Ausgangssperre, und so durfte von 20 bis 4 Uhr niemand mehr vor die Tür. Damit sorgte sie praktisch dafür, dass alle zur selben Zeit unterwegs waren, was die Chance der Ausbreitung von COVID erhöhte, statt sie zu verringern. Die Verhängung der Ausgangssperre war eine sehr dumme Entscheidung, und doch schaffte sie es nicht einmal auf einen der ersten zehn Plätze der todbringendsten Regierungsentscheidungen. Selbst die Taliban versuchten, gesellschaftlich verantwortlich und plötzlich würdevoll zu handeln: Sie erlaubten Mitarbeitern des Gesundheitswesens den Zugang zu Gebieten unter ihrer Kontrolle – das hatte es noch nie gegeben. Es dauerte jedoch nicht lange, und alle kehrten zu ihren alten Gewohnheiten zurück: Die Regierung veruntreute Hilfsgelder – COVID-Hilfe war eine neue Einnahmequelle, die man plündern konnte –, und die Taliban eroberten weitere Gebiete. Für uns Übrigen schaffte es die Sorge, an COVID zu sterben, sowieso nicht einmal in die Qualifikationsrunde.

Ende März 2020 schlossen Schulen und Universitäten, und meine Projekte kamen abrupt zum Stillstand. Niemand ging davon aus, dass es lange andauern würde, und so erschien es mir wie ein Geschenk – eine Gelegenheit, aufzutauchen und Luft zu holen, eine Chance, mehr Zeit mit der Familie zu verbringen. Ich freute mich außerdem darüber, dass meine Familie in Kandahar war, wo mein Bruder einen Intensivkurs in der Verwaltung unserer Ländereien und unserer Weingärten bekam.

Doch dann flog uns plötzlich alles so richtig um die Ohren.

Die Stammesgebiete wurden hart getroffen, auch wenn sich das nicht in den Zahlen niederschlug. Man hörte schon bald auf zu testen: Die Tests mussten nach Kabul geschickt werden, und wenn sie zurückkamen, waren die meisten Erkrankten schon gestorben. Das ganze Testen war nur für die Statistik gut – und obendrein irreführend, denn es gab nicht annähernd genug Tests, um ein genaues Bild zu zeichnen.

Die ganze Bevölkerung war eine einzige Hochrisikogruppe: Die meisten Afghanen und Afghaninnen haben latente gesundheitliche Probleme oder Vorerkrankungen, erdrückt von dem Gewicht von Stress und geplagt von Mangelernährung. Es braucht nicht viel, um uns umzuhauen.

Als mein Vater – mein unbezwingbarer, dem Schicksal trotzender Vater – krank wurde, dachten wir, es wäre nur eines der vielen gesundheitlichen Probleme, mit denen er sich herumplagte. Nierenerkrankungen liegen in der Familie, und so gaben wir erst einmal seinen Nieren die Schuld. Er war blass geworden, er konnte nichts essen.

Der Arzt in Kandahar untersuchte ihn und erklärte, es sei ein Problem mit der Verdauung. Wir waren uns nicht sicher. Selbst meine Mutter mit ihrem lebenslangen Glauben, dass bis auf ein abgetrenntes Bein jedes Problem darauf zurückzuführen ist, dass der Darm Ballaststoffe braucht, war nicht davon überzeugt, dass sein Zustand etwas mit der Verdauung zu tun hätte. Seine Appetitlosigkeit war ernst, er verlor jegliche Energie. Inzwischen hatten alle Familienmitglieder ihre eigene Version davon, was mit ihm nicht stimmte, doch obwohl die Pandemie um uns herum tobte, dachte keiner von uns an COVID. Wir schlichen auf Zehenspitzen durchs Haus, und meine Mutter saß an seinem Bett und legte ihm kalte Handtücher auf, um sein Fieber zu senken.

Es war Ramadan, der Monat, in dem wir von Sonnenaufgang bis Sonnenuntergang fasten. Iftar, das Mahl, mit dem am Abend das Fasten gebrochen wird, ist immer eine Familienangelegenheit. Als mein Vater sich nicht zum Iftar zu uns setzte, konnten wir nicht mehr ignorieren, wie schwach er war. Er war nicht in der Lage zu sitzen oder zu essen. Er vertrug nicht einmal mehr das Brot mit Joghurt, das meine Mutter für ihn zubereitete, ein afghanisches Gericht, das man kleinen Kindern gibt, wenn sie krank sind. So sehr wir auch versuchten, den Ernst der Lage zu ignorieren, machte das Essen ohne ihn uns doch klar, dass es an der Zeit war, ihn ins Krankenhaus zu bringen: In ein größeres Krankenhaus mit besseren Diagnosemöglichkeiten als das in Kandahar. Er musste nach Pakistan.

Ich hatte bald eine Prüfung bei dem Professor, den ich

am wenigsten mochte, und so wurde entschieden, dass ich in Kandahar bleiben und lernen sollte. Es wäre sinnlos gewesen, mich dagegen zu wehren: Ob ich krank war oder jemand anderes war kein ausreichender Grund, um das Studium zu unterbrechen. »Der Tod mag ein rechtmäßiger Grund sein, aber nur dein eigener.« Ich hatte das oft genug gehört; ich war nicht so dumm, die Frage, ob ich sie begleiten könnte, überhaupt anzusprechen.

Meine Mutter und mein Bruder brachten meinen Vater nach Quetta, was, wie sich herausstellte, nur die erste Station war. Seine Nieren drohten zu versagen, und da sie in Quetta kein Dialysegerät hatten, überwiesen sie ihn nach Karatschi.

Doch das dortige Krankenhaus weigerte sich, ihn aufzunehmen. Der Arzt warf einen Blick auf meinen Vater und sagte, es sei COVID. Dann warf er einen Blick auf die Stammeskleidung meiner Familie und weigerte sich, ihn überhaupt ins Krankenhaus hereinzulassen.

Das war nicht unüblich, nicht in Afghanistan und definitiv nicht in Pakistan; Krankenhäuser weigerten sich oft, Menschen mit COVID aufzunehmen, damit diese andere nicht ansteckten. Sie behaupteten, sie wären nicht ausreichend ausgestattet, es hätte also keinen Sinn. Warum die Kranken dann überhaupt einlassen? Es war jedoch keineswegs so, als wären die Betten knapp geworden; sie waren nur noch wählerischer als üblich, wem sie eins gaben. Mein Vater hatte offensichtlich keins verdient.

Meine Mutter beschloss – klugerweise –, mir nicht zu sagen, dass man sich geweigert hatte, meinen Vater aufzunehmen, denn sie wusste, dass ich wahrscheinlich deswegen einen Krieg gegen Pakistan angezettelt hätte. Aber sie brauchten meine Hilfe auch gar nicht. Karatschi ist voller Paschtunen mit Verbindungen zu unserem Stamm, und mein Vater war ihr

Held. Sehr viele Menschen hatten ein Familienmitglied, das an irgendeinem Punkt Hilfe von meinem Vater bekommen hatte.

Das Ganze sprach sich sehr schnell herum, und die Paschtunen in Karatschi brachen über das Krankenhaus herein. Sie nannten es einen Krankenbesuch, doch ihre Anwesenheit in so großer Zahl war ein nicht zu übersehender Hinweis darauf, dass hier einem Kranken die Aufnahme verweigert wurde. Da selbst COVID einem Paschtunen-Aufstand vorzuziehen ist, lenkte das Krankenhaus schließlich ein und nahm meinen Vater auf.

In unserer Kultur vermeiden wir es, schlechte Nachrichten zu überbringen. Wir scheuen offensichtlich nicht vor Konfrontationen zurück und spitzen sie ziemlich häufig bis zur Schießerei zu, aber schlechte Nachrichten zu überbringen gilt als unhöflich, als würde es irgendwie von einem Mangel an Freundlichkeit zeugen, offen darüber zu sprechen. Wir behaupten, alles werde gut, auch wenn alle Hinweise auf das Gegenteil deuten. Tatsächlich besonders dann, wenn alle Hinweise auf das Gegenteil deuten.

Und so entschied die Familie getreu dieser altehrwürdigen Tradition, meinem Vater nicht zu sagen, dass er COVID hatte.

Was zu ein paar heiklen Situationen führte.

Sobald er ins Krankenhaus aufgenommen worden war, wollte mein Vater seine Wertschätzung für die empfangene Unterstützung zeigen und bestand darauf, dass die Stammesangehörigen an seinem Bett vorbeidefilierten, damit er ihnen persönlich für ihre Hilfe danken konnte. Als mustergültiger Gastgeber, der er stets gewesen war, redete mein Vater allen zu, doch näher zu treten, um ihnen seine Ehre zu erweisen. Und er ärgerte sich über den augenscheinlichen und unerklärlichen Mangel an gesellschaftlichen Umgangsformen meiner Mutter, denn sie hielt die Besucher an der Tür fest und, was noch schlimmer war, weigerte sich, ihnen einen Saft anzubieten, wie es Brauch ist. Sie sagte, sie habe ihnen allen schon in den Fluren einen Saft angeboten und sie bräuchten keinen Saft mehr.

Sie fand, nicht zu Unrecht, der beste Dank bestünde darin, dafür zu sorgen, dass die Leute sich nicht ansteckten.

Doch meine Familie blieb an seinem Bett sitzen. Ansteckend oder nicht, meine Mutter weigerte sich, ihn zu verlassen. Sie hörte ihm zu, wie er darüber sprach, dass der Zwist in der Familie ihn sehr belastete, und versprach, die Familie ein für alle Mal wieder zu vereinen, denn Zwietracht und Feindschaft befleckten unseren Namen. In den Stunden, in denen mein Vater im Krankenhaus lag, sprach er darüber, dass er das Zerwürfnis beilegen wollte: Er würde mit ihnen reden, es ihnen besser erklären.

Mein Vater sollte auf die Intensivstation verlegt werden, und alle wollten sicherstellen, dass er vorher etwas aß. Mein Bruder besorgte ihm einen Pudding. Mein Vater bestand darauf, er könne nichts essen, mein Bruder zog ihn auf, nannte ihn einen Feigling, sagte, einen Krankenhauspudding zu essen sei der ultimative Beweis für den Mut eines Mannes. Mein Vater gab lachend klein bei und aß ein paar Bissen des geschmacklosen, neonfarbenen Zuckerzeugs.

Es sollte seine letzte Mahlzeit sein. Dann bat er meinen Bruder, ihm sein Rasierzeug zu bringen. »Ich will sauber sein, bevor sie mich auf die Intensivstation bringen.«

Mit Hilfe meines Bruders rasierte er sich, duschte und zog ein sauberes weißes Stammesgewand an. Gewaschen und angekleidet setzte er sich aufs Bett.

Da brach er zusammen.

Sie verlegten ihn sofort auf die Intensivstation, denn er konnte nicht mehr selbstständig atmen. Meine Mutter und mein Bruder blieben vor der Station, wo sie dem medizinischen Personal, das herauskam, auflauerten und um Neuigkeiten baten.

Meinem Bruder fiel jetzt die Aufgabe zu, Formulare zu unterzeichnen und zu entscheiden, ob mein Vater leben oder sterben sollte. Er war noch längst keine achtzehn Jahre alt, doch er war der männliche Erbe meines Vaters, und das zählte mehr als alles, was meine Mutter zu sagen hatte. Kaum hatte man ihm das erste Formular in die Hand gedrückt, eine gewaltige Rechnung, um meinen Vater am Leben zu erhalten, rief er mich an.

Ich zögerte nicht. »Unterschreib es. Unterschreib einfach alles, und wenn es eine experimentelle Behandlungsmöglichkeit gibt, unterschreib auch das.« Geld spielte keine Rolle, darüber würden wir uns später Gedanken machen. Ich wusste, dass mein Vater sich ein neues Auto kaufen wollte, und er wollte mir einen neuen Computer kaufen, also war Geld da. Die Pandemie brachte alles ins Stocken, einschließlich meiner Finanzierung, und ich nahm zum ersten Mal seit Jahren frohen Herzens Geschenke und Spenden von meiner Familie an. Ich war mir sicher, dass wir genügend Geld flüssig machen konnten, um seine Krankenhausrechnungen zu bezahlen, jedenfalls fürs Erste.

Derweil machte ich mir mehr Sorgen um meinen Bruder, der sich mit gerade mal sechzehn Jahren plötzlich um sehr viel mehr kümmern musste als nur um die Gesundheit meines Vaters. Mein Bruder rief mich an und erzählte mir, dass seine Hände zitterten, wenn er diese Formulare unterschrieb, und ich konnte nur denken, wie schrecklich es für ihn sein musste, er war doch noch ein Kind! Im Rückblick kommt es mir unvorstellbar vor, dass niemandem von uns in den Sinn kam, mein Vater könnte sterben.

Wie auch? Mein Vater kam immer wieder auf die Beine.

Die Ärzte schienen derselben Meinung zu sein. Ja, sie räumten ein, dass er im Koma lag; doch sie schilderten es als vorübergehenden Zustand, reversibel, als müssten wir nur abwarten.

Und so warteten wir. 36 Tage lang saß meine Mutter in den grün gestrichenen Fluren des Krankenhauses und wartete auf die wundersame Heilung, die man ihr versprochen hatte.

In den ersten beiden Wochen wusste ich zum Glück nicht, was los war. Wir sprachen mehrmals am Tag, doch meine Mutter plapperte die Worte der Ärzte nach: Er lag im Koma, und es ging ihm gut. Das ging so lange, bis ich wütend wurde und darauf hinwies, dass sich das gegenseitig ausschloss: Er konnte entweder im Koma liegen, oder es konnte ihm gut gehen. Schließlich hatte ich die Schnauze voll und fuhr nach Pakistan. Wegen COVID waren die Grenzen geschlossen, doch mit ein wenig Entschlossenheit und sehr viel Schmiergeld ließ sich das regeln.

Als ich ins Krankenhaus kam, stieß ich die Türen auf wie ein Cowboy in einem alten Western und marschierte direkt zur Intensivstation. Ich brauchte einen Lagebericht von den Ärzten – von den Ärzten, die meinen Vater zunächst nicht hatten aufnehmen wollen. Und ich war fest entschlossen, mich nicht so abspeisen zu lassen wie meine Mutter und mein minderjähriger Bruder. Ich fing an zu schreien. Ich schrie sehr viel. Es schien, als müsste ich meine Stimme immer lauter erheben als andere, um auszugleichen, dass ich eine Frau war, dass ich eine Afghanin war, dass ich einem Stamm angehörte.

Ich verlangte, den Arzt zu sprechen, und nach einigem Widerstand wurde dem Krankenhauspersonal wohl klar, dass es womöglich einfacher war, nachzugeben, als mich weiter beschwichtigen zu wollen. Also riefen sie einen Arzt. Er gab sich alle Mühe, mich zu beruhigen, doch davon wollte ich nichts wissen. Ich bestand darauf, die Testergebnisse meines Vaters zu sehen.

Irgendwann sollte ich wahrscheinlich aufhören, mich so zu verhalten wie die Leute in amerikanischen Filmen, doch an diesem Tag eiferte ich sämtliche Justizdramen nach, die ich je gesehen hatte. Verurteilen Sie mich nicht: Außer in Filmen hatte ich noch nie mitangesehen, wie Menschen für sich einstanden. »Wenn Sie mir nicht sofort sagen, was hier los ist, werde ich Sie und das ganze Krankenhaus verklagen, sollte ihm etwas zustoßen.« Ich war mir nicht einmal sicher, ob man in Pakistan ein Krankenhaus verklagen konnte, doch das war mir egal.

Die Antwort des Arztes fing mit einem herablassenden »Hören Sie, Schwester« an, worauf ich mich gezwungen sah, ihn darauf hinzuweisen, dass wir nicht verwandt waren und ich auch kein Bedürfnis danach hatte. Ich war nicht gekommen, um eine Beziehung zu ihm aufzubauen, ich wollte ausschließlich wissen, was meinem Vater fehlte.

Also erklärte er es mir.

»Ihr Vater wird vermutlich nicht mehr aufwachen. Wir gehen davon aus, dass er für den Rest seines Lebens im Koma liegen wird.« Sie erwarteten auch nicht, dass er noch lange leben würde. Sein Koma war kein vorübergehender Zustand, aus dem er eines Tages wundersamerweise wieder erwachen würde, wie sie es meiner Mutter erklärt hatten. Sie warteten auf seinen Tod. »Lassen Sie ihn hier im Krankenhaus, hier können wir uns um ihn kümmern.«

Das kann nicht sein, dachte ich. Er kennt meinen Vater nicht. Ich machte mich daran, die Familie anzurufen, um eine Möglichkeit zu finden, eine zweite Meinung einzuholen, vorzugsweise eine nicht pakistanische. Meine eigenen Erfahrungen mit pakistanischen Ärzten waren nicht unbedingt die besten; ich traute ihnen einfach nicht zu, dass sie den Zustand meines Vaters richtig einschätzen konnten.

Besonders, da sie sich offensichtlich irrten. Was meinten sie mit »Er wird nicht mehr aufwachen«?

Wir fanden einen Arzt in Indien, dem ich sämtliche Testergebnisse und Befunde schickte. Er gab uns den Rat, meinen Vater aus dem Krankenhaus zu holen. »Er wird überhaupt nicht behandelt. Bitten Sie um ein EEG, und wenn sich keine Aktivität zeigt, dann holen Sie ihn nach Hause. Die kassieren nur Ihr Geld. Was Sie brauchen, ist ein Beatmungsgerät. Sie sollen ihn daran anschließen, und dann nehmen Sie ihn mit nach Hause. Dann ist er wenigstens bei Ihnen.« Ich ignorierte die Bestätigung, dass der Zustand meines Vaters irreversibel war, und konzentrierte mich ganz auf den von ihm vorgeschlagenen Schlachtplan. So hatte ich wenigstens etwas zu tun. Ich hasste es, mich hilflos zu fühlen. Ich zog los, um ein Beatmungsgerät aufzutreiben. Meine ehemalige Zimmergenossin brachte mich in Kontakt mit einem Arzt in den USA, der mir erklärte, wie man ein EEG abliest. Ich wollte mich nicht auf das Wort des Krankenhauses verlassen.

Als ich auflegte, dämmerte mir plötzlich, wie ernst die Lage war. Ich hatte drei Meinungen gebraucht, bis ich endlich begriff, dass wir ihn verlieren würden. Dass *ich* ihn verlieren würde. Ich weiß nicht, wie wir es schaffen, uns im Leben selbst dermaßen etwas vorzumachen, dass es uns nicht auf den Gedanken an den Tod vorbereitet, wenn jemand, an zahlreiche Apparate angeschlossen, mehr als dreißig Tage im Koma auf der Intensivstation liegt. Doch ich hielt es einfach nicht für möglich.

Ich riss mich so lange zusammen, bis ich ein EEG verlangt hatte, wie der Arzt mir geraten hatte, und dann ging ich zu meiner Schwester und berichtete ihr von meinem letzten Gespräch. Auf dem Weg durch die Krankenhausflure zerbrach etwas in mir, und als ich bei ihr ankam, konnte ich nicht mehr sprechen. Die rechte Seite meines Mundes war gelähmt, ich sah aus, als hätte ich einen Schlaganfall gehabt. Als weigerte sich mein Körper, laut auszusprechen, dass mein Vater sterben würde.

Die Lähmung wurde schlimmer, bis sie meinen ganzen Körper erfasst hatte und ich mich gar nicht mehr bewegen konnte. Am Ende nahmen sie mich ins Krankenhaus auf. Ich brauchte einen ganzen Tag, bis ich mich wieder bewegen konnte. Ich versuchte, an die Ergebnisse meines Vaters zu kommen, doch der Arzt war schon nach Hause gegangen, und die Pflegekräfte bestanden darauf, bis zum nächsten Morgen zu warten. Ich konnte noch so viel herumkommandieren und drohen, sie blieben stur, und schließlich gab ich klein bei. Ich hatte sehr viel zu organisieren; ich brauchte ein Sanitätsflugzeug, das meinen Vater nach Kandahar bringen konnte. Stundenlang über holprige Straßen gefahren zu werden würde ihm nicht guttun, er sollte es so bequem haben wie möglich.

Wir waren gerade erst zu Hause angekommen, als das Krankenhaus anrief und uns bat, zurückzukommen.

Es klang nicht so, als ginge es um Untersuchungsergebnisse.

Wir fuhren schweigend.

Der Arzt wartete, bis wir uns um ihn herum versammelt hatten, dann sagte er den Namen meines Vaters, machte eine Pause und sagte mit großem Ernst: »Er ist nicht mehr. Er hat diese Welt verlassen.«

Diesmal verlor ich nicht die Stimme. Ich fing an zu schreien, noch bevor der Arzt seinen Satz beendet hatte, versuchte, seine Stimme und seine Worte zu übertönen. Ich schrie weiter, bis das Gesicht meines Bruders in mein Blickfeld rückte, der mich bat, ja anflehte, aufzuhören. Ich machte ihnen Angst.

Mein Bruder sagte immer wieder, mein Vater hätte Anstoß an meinem Verhalten genommen, an meiner Verzweiflung, an meiner Weigerung, die Realität zu akzeptieren. Es dauerte eine Weile, bis seine Worte zu mir durchdrangen.

Wenn man in Afghanistan seinen Vater verliert, ist man Waise. Aufgrund der Sozialstruktur zählen Mütter nicht, denn weil sie selbst so wenige Rechte haben, sind sie kaum in der Lage, für die Kinder zu sorgen. Doch in meinem Fall war das Gefühl, Waise zu sein, nicht kulturell bestimmt. Mein Vater war meine ganze Welt gewesen.

Ich wurde mir meiner Umgebung erst wieder bewusst, als ich mitansah, wie mein Bruder in Ohnmacht fiel. Ich schloss den Mund und hörte endlich auf zu schreien; das Gefühl der Verantwortung rüttelte mich dermaßen auf, dass ich nachgab. Verantwortlich sein kann ich gut. Als mein Bruder zu sich kam, half ich ihm hoch und ging mit ihm nach draußen. Wir setzten uns vor dem Krankenhaus auf eine Bank. Ich erklärte ihm, dass es ein schrecklicher Verlust war, den Vater zu verlieren, besonders einen Vater wie unseren, einen freundlichen Vater, der sich immer für uns eingesetzt hatte. Ich tröstete ihn, so gut ich konnte. Im Gegensatz zu mir war er noch ein Kind. Wie eine richtige Paschtunin sagte ich immer wieder, es werde alles gut werden, obwohl ich kein Wort von dem glaubte, was ich da redete.

Das Krankenhaus weigerte sich zunächst, den Leichnam meines Vaters herauszugeben. Es war eine fast willkommene Ablenkung: Ich stürzte mich auf die Gelegenheit, zu kämpfen. Die Vorstellung, dass mein Vater in ein anonymes Grab käme, war sogar noch entsetzlicher als meine Verzweiflung über seinen Tod.

Als sein Leichnam endlich abtransportiert werden konnte, fuhren wir nach Kandahar.

Es gab keine Tränen mehr. Mein Vater hatte es stets abgelehnt, in der Öffentlichkeit zu trauern. Ich weiß nicht, ob das daran lag, dass die Stammesregeln ein würdevolles Verhalten einfordern, oder weil der Islam dafür eintritt, sich Gottes Willen zu unterwerfen, oder ob es die vielen Jahre waren, in denen er gekämpft hatte. Für meinen Vater war es eine Frage der Ehre gewesen, den Tod klaglos anzunehmen. Also hielt ich meine Tränen zurück und bestand darauf, dass der Rest der Familie es ebenso hielt. Zu seinen Füßen würde es keine Tränen geben.

Eine islamische Bestattung, Janaza genannt, besteht aus der Waschung des Toten, der Einhüllung des Leichnams in ein weißes Baumwolltuch und einem gemeinsamen Gebet, bevor der Tote zur Ruhe gebettet wird.

Ich stand draußen, während mein Bruder half, den Leichnam unseres Vaters zu waschen. Kurz bevor ein Mensch bestattet wird, kann man ihn ein letztes Mal sehen. Doch ich weigerte mich, den Raum zu betreten, in dem mein toter Vater lag.

»Du musst ihn sehen«, sagte meine Tante. Ich schüttelte mehrmals den Kopf – »Nein!« –, bis sie mich an der Hand nahm und mich in den Raum führte. Alles in mir sträubte sich dagegen, diesen Raum zu betreten, ich wehrte mich bei jedem einzelnen Schritt. Wenn ich seinen Leichnam nicht anschaute, konnte ich so tun, als würde er noch leben.

Es ist der Augenblick, in dem man den Toten loslassen und sich verabschieden soll.

Ich bin mir nicht sicher, ob sich jemals jemand dieser Situation gewachsen zeigt, ich tat es jedenfalls nicht. Ich weigerte mich, den Blick auf sein Gesicht zu richten. Ich hatte nicht den Mut, es so leblos zu sehen. Stattdessen legte ich ihm die Hand an den Hals. Die Kälte seines Körpers konnte mich nicht ablenken. Mir fiel auf, dass er einen weißen Bart hatte, und ich begriff nicht, dass er auf der Intensivstation grau geworden war. Ich war nicht dort gewesen. Ich war nicht für ihn da gewesen. Niemand von uns war für ihn da gewesen.

Plötzlich fühlte ich mich wie eine Fünfjährige, die nach der Hand ihres Vaters greifen will. Ich wusste nicht, wie ich ohne ihn leben sollte. Mein Vater war mein Leitbild, meine moralische Unterstützung und mein Rückgrat. Er war meine Liebe.

Ich war die Letzte im Raum, dann kamen sie und holten ihn ab, um ihn zur Begräbnisstätte zu bringen. Mein Bruder führte die Prozession an. Meine Schwester, die nicht hineingegangen war, um ihn noch einmal zu sehen, schrie, als sie ihn hinaustrugen. Meine Mutter wurde ohnmächtig. Ich tat nichts, ich sagte nichts. Ich blickte in den Garten hinter dem Haus, der voller Menschen war, die ihm die letzte Ehre erwiesen.

Mein Bruder erzählte mir später, als sie unseren toten Vater zum Friedhof brachten, seien dort über fünftausend Männer versammelt gewesen – und eine Frau. Sie war irgendwie dort hingekommen, obwohl Frauen nicht in die Nähe einer Begräbnisstätte gehen dürfen. Die Frau war alt und schluchzte und war untröstlich, und so versuchte niemand, sie aufzuhalten. Die Männer brachten den Leichenzug zögernd zum Stehen und erlaubten ihr, meinen Vater, der in das Grabtuch gehüllt war, zu sehen. Sie legte mit geschlossenen Augen eine Hand auf das Tuch, vollkommen reglos. Auch die Männer standen nur da und warteten, dass sie ihre geflüsterten Gebete beendete. Dann ging sie davon.

Man nahm allgemein an, die alte Frau wäre eine Verwandte, die die Totenwache versäumt hatte, und so folgte einer meiner Cousins ihr, um ihr für ihr Kommen zu danken und sie einzuladen, die Familie zu besuchen.

Sie lehnte ab und sagte, sie sei nicht mit uns verwandt und könne nicht zu uns kommen.

»Warum«, fragte mein Cousin, »sind Sie dann hergekommen?«

»Vor dreißig Jahren verlor ich meinen Mann im Krieg. Ich landete mit meinen Kindern auf der Straße und bettelte. Ich konnte nirgendwo hin.« Mein Vater, dem sie nie zuvor begegnet waren, stieß zufällig auf sie und nahm sie und ihre Kinder auf. Sie wischte sich die Tränen ab und sagte: »Als ich hörte, dass er gestorben ist, wollte ich ihm ein letztes Mal für seine Freundlichkeit danken. Gott wird wissen, wie dankbar ich bin.«

Obwohl niemand der Anwesenden sich an sie erinnern konnte, war ihre Geschichte zweifellos wahr. Freundlichkeit war der Maßstab im Leben meines Vaters gewesen.

Aber noch passender war, dass eine Frau seine Beisetzung gestürmt hatte. Meinem Vater hätte das sehr gefallen; ich hörte ihn beinahe lachen bei der Vorstellung. Er ließ nie eine Gelegenheit aus, etwas zu beweisen, und so stellte ich mir vor, wie mein Vater mit einem Lächeln gesagt hätte: »Siehst du? Ich hab's dir ja gesagt. Es braucht nur eine einzige Frau, um etwas zu verändern.«

Kapitel 12

Die Trauer ist in Afghanistan der Ehefrau vorbehalten – und nur der Ehefrau. Wie alle anderen Sitten, die für Frauen gelten, geht es bei der Trauer um die Einschränkung der Bewegungsfreiheit: Nach dem Tod ihres Gemahls darf eine Frau vier Monate und zehn Tage lang das Haus nicht verlassen. Die Entscheidung, wo meine Mutter diese Trauerzeit verbringen würde, hatte weitreichende Folgen, obwohl wir das damals noch nicht wussten. Angesichts der angespannten Beziehung zu den Brüdern meines Vaters schien Quetta, wo wir das Haus mit ihnen teilten, keine gute Idee zu sein.

Stattdessen brachten wir meine Mutter in unser Haus nach Kandahar und richteten uns dort mit ihr ein. Von da kam ich leicht nach Kabul, sobald die Uni wieder losging, und für meinen Bruder war es der beste Ort, um seine jetzt beschleunigte Ausbildung in Stammesangelegenheiten fortzusetzen. In Kandahar konnten wir alle zusammen bleiben.

Da mein Bruder noch minderjährig war und meine Mutter das Haus nicht verlassen durfte, war ich jetzt für die Familienangelegenheiten verantwortlich: Finanzen, die Ausbildung meiner Schwester und meines Bruders, das Wohlergehen meiner Mutter.

Mein Bruder galt, sowohl nach den Regeln unserer Kultur als auch nach denen der Religion, als Erbe meines Vaters. Er war derjenige, der unseren Namen weiterführen würde, derjenige, von dem erwartet wurde, dass er nicht nur dem Haushalt vorstand, sondern auch den Stamm führte. Normalerweise würde er, da er ein Mann war, derjenige sein, der den größten Teil des Besitzes unseres Vaters erbte. Nicht so in unserer Familie.

Ich muss fünfzehn gewesen sein, als mein Vater beiläufig erwähnte, dass er die Absicht habe, sich an die übliche Erbregelung zu halten und den größten Teil seines Besitzes meinem Bruder zu vermachen. Es wurde nur einmal darüber gesprochen, doch dieses eine Gespräch reichte aus.

Getreu meinem empfindlichen Ich explodierte ich in dem Moment, als er die traditionelle Aufteilung des Erbes erwähnte. »Du hast mich dein ganzes Leben lang wie einen Sohn behandelt! Und jetzt soll ich eine Tochter sein?« Ich würde nicht zulassen, dass er mich so degradierte. »Willst du uns dafür bestrafen, dass wir Mädchen sind? Du hast mich dazu erzogen, gleich zu sein, du hast meine Schwester dazu erzogen, gleich zu sein, dem musst du jetzt gerecht werden! Wenn jemand wie du sich nicht dagegen stellt, wer dann? Wie sollen wir etwas anderes sein als unterdrückt, wenn nicht einmal *du* bereit bist, dich dagegen zu stellen? Du kannst keine halben Sachen machen! Du darfst jetzt nicht zaudern.«

Das war der Kern einer sehr, sehr langen Rede, die ich mit voller Lautstärke hielt.

Mein Vater amüsierte sich köstlich über meinen Ausbruch. Es kam vor, dass er bei den seltsamsten Sachen vor Stolz strahlte, und meine Empörung über die Aufteilung des Erbes war so eine. Der Rest der Familie – meine Mutter, mein Bruder und meine Schwester – verdrehte nur die Augen, nicht über das, was ich gesagt hatte, sondern wie üblich darüber, wie ich es vorgebracht hatte.

Mein Bruder wollte sich einschalten, um mir beizupflichten, doch ich brachte ihn schnell zum Schweigen: »Du darfst nichts sagen. Du bist sowieso adoptiert.« Das war meine Lieblingsbeleidigung gegenüber meinen Geschwistern, sobald sie eine unpassende Bemerkung machten. Ich würde jederzeit mein Leben für sie geben, doch das hieß nicht, dass ich bereit war, mir anzuhören, was ein Zehnjähriger zu sagen hatte. Egal, zu welchem Thema. Selbst wenn er meiner Meinung war.

Mein Vater gab verdächtig schnell nach. Allzu bereitwillig erklärte er sich einverstanden, dass alles zu gleichen Teilen aufgeteilt werden sollte; als wäre es gar keine große Sache, als hätte er nicht vor ein paar Minuten noch genau das Gegenteil gesagt. Seither fragte ich mich, ob das ganze Gespräch nicht vielleicht ein Test war, eine Möglichkeit, über unser Leben nach seinem Tod zu sprechen, ohne uns zu beunruhigen, eine Möglichkeit, die Rechte und Erwartungen aller zu bestätigen. Wir wussten alle, dass es immer der schnellste und sicherste Weg war, etwas herauszufinden, wenn man mich auf die Palme brachte.

Danach sprach mein Vater bei jeder Gelegenheit über seine Entscheidung, seinen Besitz zu gleichen Teilen unter uns aufzuteilen. In unserer Kultur muss man seine Absichten laut erklären, und wenn man seine Erben öffentlich nennt, hat das mehr Gewicht als ein schriftliches Testament. Inzwischen habe ich begriffen, dass er so oft darüber sprach, weil er den Verdacht hegte, sein Testament könnte angefochten werden. Indem er ständig darüber sprach, sorgte er dafür, dass es sowohl innerhalb des Stammes als auch innerhalb der Großfamilie Dutzende von Zeugen für seine Entscheidung gab. Wenn er mit seinen Freunden sprach fügte er mit großem Vergnügen hinzu, er habe es hauptsächlich so entschieden, weil seine Tochter ihn angeschrien habe. Ich kann es nur wiederholen: Er war ein besonderer Mann.

Für unsere Großfamilie war sein Testament einer von vielen Streitpunkten. Wir waren Angehörige des Baraghzan-Durrani-Stammes, des größten afghanischen Stammes, der im Laufe unserer Geschichte großen Einfluss hatte. Bei dem Testament des Khans geht es um weit mehr als nur um die Aufteilung des Vermögens: Es geht um die Aufteilung der Macht. Wer den Titel Khan erbt, kann den Teil des Erbes, der mit der Position einhergeht, für sich beanspruchen. Dadurch, dass mein Vater seine Töchter in seinem Testament bedachte, sanken die Aussichten, dass meine Onkel in die Position des Khans aufstiegen, dramatisch gegen Null. Wenn sein Besitz zu gleichen Teilen unter seinen Kindern verteilt wurde, gehörten die Brüder jetzt dem falschen Zweig der Familie an.

Die meisten Familienfehden wurden dadurch ausgelöst, dass er mich in die Familiendynamik hineinbrachte. Auch wenn meine Aussichten, einst die Führung zu übernehmen, mehr als Ärgernis erachtet wurden denn als tatsächliche Möglichkeit, ging es ums Prinzip. Warum brachte er Frauen ins Spiel? Das war eigensüchtig und unüberlegt. Seine Brüder hatten genügend Söhne!

In ihren Augen war ich bereits in mehr Dinge involviert, als ich je hätte sein sollen. Ich war viel zu sehr von mir überzeugt. Ich hatte nicht nur eine Meinung zu allem und jedem – was, egal nach welchen Maßstäben, schon schlimm genug war –, sondern ich tat sie auch kund. Öffentlich. Ganz zu schweigen von dem ganzen Geld, das für meine Bildung ausgegeben worden war!

Ich bekam das Missfallen meiner Familie schon früh zu spüren. Als ich älter wurde, goss ich Öl ins Feuer, indem ich meinen Cousins erzählte, ich würde Khan werden. Auf diese Weise versuchte ich, meinen ärgerlicherweise durch nichts aus der Ruhe zu bringenden Bruder zu erschüttern und die Großfamilie aufzuregen. Es war hauptsächlich Widerspruchsgeist, denn ich hatte nicht das geringste Interesse an der Position. Ich wollte den Titel gar nicht, aber ich wollte dafür infrage kommen. Ich wollte nicht abqualifiziert werden, nur weil ich eine Frau war.

Dass mein Vater am Ende widerwillig zugab, eine Frau könne niemals ernsthaft für diese Führungsrolle in Erwägung gezogen werden, war nicht hilfreich. Er beharrte stur darauf, dass es in Afghanistan früher schon weibliche Khans gegeben habe, doch selbst ich war nicht überzeugt, dass das wirklich stimmte. Mein Vater, der Daten und Gestalten der afghanischen Geschichte normalerweise auswendig zitierte, konnte selbst bei intensivem Nachbohren keinen einzigen weiblichen Khan nennen. Sicher, wir hatten Königinnen gehabt, doch sie waren mit Königen verheiratet gewesen. Sie waren die Hälfte eines mächtigen Paares gewesen. Wir hatten sogar weibliche Kriegsherren gehabt, doch die zählten eindeutig nicht. Die Afghanen hörten auf jeden, der eine Waffe trug. Aber eine Frau, die einen Stamm führte? Ausgeschlossen.

Trotzdem war mein Vater nicht davon abzubringen, er beharrte stur darauf, dass es weder religiöse Vorschriften noch Stammesregeln gebe, die Frauen von der Stammesführung ausschlossen.

Auf seiner Seite der Familie herrschte bereits Missgunst wegen eines Präzedenzfalles. Mein Vater war Khan geworden, obwohl er nur der Viertgeborene gewesen war; das allein war für seine Brüder schon ein Grund zur Feindseligkeit. Khans werden durch Abstammung bestimmt, doch sie brauchen auch die Zustimmung des Stammes. Die Position wird nicht einfach vererbt: Durch die Abstammungslinie wird man zum Kandidaten, aber nicht notwendigerweise zum Erben. Mein Vater war von seinem Vater zum Nachfolger bestimmt worden, doch es war an den Stammesführern, darüber zu entscheiden und ihm den Treueschwur zu leisten.

Im Laufe seines Lebens hatte mein Vater den Einfluss der Familie deutlich erweitert. Wir waren Flüchtlinge, und im Flüchtlingslager gab es viele, die durch die Flucht ihren Stammeszusammenhalt verloren hatten und allein nach Pakistan gekommen waren. Am Ende ordneten sie sich alle unter der Führung meines Vaters ein. Es stand also sehr viel auf dem Spiel.

Als mein Vater starb, kam es mir gar nicht in den Sinn, den Status quo infrage zu stellen. Sein letzter Wunsch war es gewesen, die Familie wieder zu vereinen, und ich war fest entschlossen, diesen Wunsch zu respektieren.

Noch bevor wir meinen Vater begruben, ging ich zu meinem Onkel: jenem Onkel, der versucht hatte, mich aus der Schule zu holen, als mein Vater im Gefängnis gewesen war. Ich bat ihn, sich um die Stammesangelegenheiten zu kümmern, bis mein Bruder alt genug war.

»Mein Vater hat dich sehr geliebt. Ich möchte unsere persönliche Geschichte hinter mir lassen. Wir sollten über die Rivalitäten hinwegkommen und uns auf die Familie, den Namen und das Erbe konzentrieren.« Wie alle Stämme hatten wir bereits genügend Feinde und Stammesfehden, wir brauchten nicht auch noch innere Kämpfe. »Ich möchte meine Arbeit für ›Learn‹ fortsetzen, aber ich verspreche, dass ich bei der Ausbildung meines Bruders helfen werde. Ich bereite ihn darauf vor, den Titel zu übernehmen. Du musst es nicht lange machen.«

Mein Onkel war sofort einverstanden und fügte noch hinzu, ich solle heiraten und eine Familie gründen. »Wenn du einen Ehemann hättest, würden dich die Leute nicht mit Stammesangelegenheiten belästigen.« Sobald er vom Heiraten sprach, hätte ich begreifen müssen, dass das Gespräch eine andere Wendung nahm, aber ich verstand nicht gleich, worauf er hinauswollte. Angesichts seiner Worte und Formulierungen verabschiedete ich mich mit einem mulmigen Gefühl, doch was er eigentlich gemeint hatte, war mir schleierhaft.

Ich hätte besser aufpassen sollen. Drei Tage nach der Beisetzung meines Vaters forderte mein Onkel den Turban meines Vaters, der die Führung des Stammes signalisierte, den Turban, der an meinen Bruder gehen sollte. Er beanspruchte den Titel des Khans, und zwar nicht nur vorübergehend. Er tat es, ohne uns oder die Stammesältesten zu Rate zu ziehen. Er tat es ohne das notwendige Verfahren oder die dazu erforderlichen aufwändigen Zeremonien, ohne von irgendjemandem als Anführer akzeptiert worden zu sein, ohne dass irgendwelche Stammesangehörige ihm die Treue geschworen hatten.

Er nahm den Turban meines Vaters an sich, verließ umgehend Afghanistan und ließ den Stamm, den er führen sollte, zurück.

Und das war nur der Anfang.

Einen Tag später erhoben er und die übrigen Onkel Anspruch auf das Land meines Vaters, auf unseren ganzen Besitz und auf alle persönlichen Besitztümer meines Vaters. Nicht nur auf die, die zu dem Titel des Khans gehörten, sondern auf alles, was wir besaßen. Auf unser gesamtes Erbe. Sie verweigerten uns den Zugang zu unserem Land und zu unseren Weingärten, wo mein Vater meinem Bruder beigebracht hatte, wie man sich um die Reben kümmert. Sie verweigerten uns den Zugang zu dem Familienanwesen in Quetta, das mein Vater erbaut hatte, dem Haus, in das mein Vater seine Brüder eingeladen hatte zu leben, nachdem sie aus Kanada zurückgekehrt waren und nicht gewusst hatten, wohin. Das Einzige, was sie uns ließen, war das Haus in Kandahar, in dem meine Mutter trauerte. Anscheinend zogen sie großzügig da die

Grenze, wo sie meine frisch verwitwete Mutter um sich tretend und schreiend aus dem Haus hätten schleifen müssen.

Sie fochten das Testament meines Vaters aufgrund dessen an, dass es sich für Frauen nicht schickte zu erben. Was dem Ganzen die Krone aufsetzte, war, dass meine Onkel, die als Erwachsene im Westen gelebt hatten, die Geschlechtergleichheit in ihren eigenen Haushalten bereitwillig förderten. Und doch waren sie anscheinend noch afghanisch genug, um zu wissen, dass sie Frauen und Kinder straflos bestehlen konnten.

Ich war wie benommen. Ich hatte gerade meinen Vater verloren. Ich kämpfte darum, den Kopf über Wasser zu halten, war unfähig, über etwas anderes nachzudenken als darüber, wie ich Geld auftreiben sollte, damit meine Schwester und mein Bruder ihre Ausbildung fortsetzen konnten, nachdem wir gerade ein Vermögen für die Behandlung meines Vaters ausgegeben hatten. Und jetzt hatte ich einen langen Rechtsstreit vor mir, der in Afghanistan Jahre dauern konnte. Wie sollte ich in der Zwischenzeit für ihre Bildung sorgen? Und nicht nur für ihre Bildung, wie wollte ich sie satt kriegen?

Was meine Onkel getan hatten, ging weit über bloßen Diebstahl hinaus. Es kam mir vor, als wollten sie den Namen meines Vaters auslöschen, indem sie seinen letzten Willen missachteten.

Noch viel entsetzlicher war die Erkenntnis, dass es jetzt an mir war, diesen letzten Willen zu schützen. Nicht nur das Vermächtnis meines Vaters, sondern auch den zukünftigen Herrschertitel meines Bruders. All das lag jetzt bei mir.

Ich bat die Stammesangehörigen um Hilfe. Sie hatten kurz nach seinem Tod angefangen, auf Stammesseiten auf Facebook Fotos von mir und meinem Vater wieder hochzuladen, und ich dachte, ich könnte mich mit meinem Anliegen an sie wenden. Diese Fotos zu sehen bedeutete mir alles; die Bildunterschriften zu lesen, in denen es hieß, ich werde die Arbeit meines Vaters fortsetzen, waren eine seltene Quelle des Trostes. Ich dachte, sie wären Botschaften des Rückhalts für das, was uns gestohlen worden war. Ich dachte, es wäre im übertragenen Sinne so gedacht, dass ich seine Arbeit fortsetzte. Ich dachte, es wäre eine Zustimmung zu meiner Arbeit bei »Learn«, zu den vielen Projekten, die ich in der Gemeinschaft realisierte.

Oh, wie sehr ich mich täuschte.

Es war nichts dergleichen.

Es war eine Kampagne.

Im Gegensatz zu meinen Onkeln respektierte der Stamm die Wünsche meines Vaters, der Titel des Khans solle in unserer Familie bleiben, und dass mein Onkel so rasch aus Afghanistan abgereist war, bestätigte sie noch in dieser Ansicht. Da es keinen männlichen Erben gab, der das Amt sogleich übernehmen konnte, war ich anscheinend die Nächste in der Reihe. Es ist erstaunlich, was man auf Facebook alles findet.

Ich nahm es nicht ernst: Wie konnte man Facebook-Posts ernstnehmen, erst recht solche, die vorschlugen, eine Frau solle einen Paschtunen-Stamm führen? Es war egal, was mein Vater gesagt hatte, die Stammesführung hatte immer fest in den Händen von Männern gelegen. Ich musste Prüfungen machen, ich musste eine NGO führen, ich hatte keine Zeit für ihre ausgeklügelten Späßchen. Ich kämpfte eh schon und hatte das Gefühl, alle im Stich zu lassen. Vor allem aber trauerte ich um meinen Vater, mein Licht, die Liebe meines Lebens. Was wollten sie von mir? Ich hatte das Erbe meines Vaters verloren, weil meine eigene Familie nicht zuließ, dass eine Frau erbt; es war undenkbar, dass der Stamm mich für die Position des Khan überhaupt in Erwägung zog.

Oder?

Ich war von klein an immer an der Seite meines Vaters gewesen. Vermutlich erinnerten sich viele an uns beide, denn mein Vater und ich waren immer ein kurioser Anblick gewesen. Er in seinem Stammesgewand mit seinem Umhang und seinem Turban, während ich in Jeans und schäbigem T-Shirt ewig hinter ihm her trottete. Jahrelang war er gefragt worden: »Warum nimmst du das Mädchen überallhin mit?« Und jedes Mal erklärte mein Vater, dass er Anstoß daran nehme, wenn sie mich ein »Mädchen« nannten. »Sie ist mein *Kind*.« Es ging nicht um die Wortbedeutung. Es ging um eine Unterscheidung, die außerhalb von Afghanistan nur wenige Menschen verstehen werden, die hier jedoch einen himmelweiten Unterschied bedeutete. Mein Vater kannte seine Leute gut.

Mit dem Etikett »Kind« statt »Mädchen« wurde ich in den Augen des Stammes anscheinend zu einer Ausnahme von der Regel, und das gab mir einen Vorsprung. Ich bewegte mich bereits in der Öffentlichkeit, außerhalb des Raumes, der einer Frau ohne Weiteres zugestanden wurde.

Genau wie damals, als ich »Learn« aus der Taufe hob, begriff ich, dass ich längst alle kannte. Jahrelang hatte ich mit den Stammesführern zusammengesessen, hatte mit ihnen gegessen und mit ihnen Tee getrunken. Sie wussten, dass ich in Spin Boldak eine Gemeindeschule eröffnet hatte, sie wussten, dass ich in den Dörfern Tablets verteilte. Sie wussten das alles, weil ich zu ihnen gegangen war und sie um Erlaubnis gebeten hatte. Und sie wussten auf jeden Fall, dass ich Kampfgeist besaß. Schließlich hatte ich auch mit einigen von ihnen gekämpft.

Vielleicht machten sie doch keine Scherze. Der Stamm brauchte einen Fürsprecher für die Belange der Gemeinschaft. Das Stammesleben ist brutal. Auf beiden Seiten der Grenze liegen wir außerhalb des Interesses der Regierungen, und ohne die Unterstützung der Gemeinschaft und ohne einen

Anführer sind die Menschen hilflos. Sie haben keine eigene Stimme. Es ist die Aufgabe des Khans, dafür zu sorgen, dass sie gehört werden, dass auch sie zählen. Wer sollte sie jetzt beschützen, da es ihn nicht mehr gab? Mein Onkel, der dachte, Khan zu sein würde bloß bedeuten, sich mit einem Turban zu schmücken?

Khan zu sein ist wie Löcher in einem durchlöcherten Eimer zu stopfen; man hat einfach nicht genug Finger, um sämtliche Öffnungen zuzuhalten. Es ist ein undankbarer Job, weil man von Anfang an weiß, dass man niemals für alles eine Lösung finden wird, ja, nicht einmal für das Meiste. Man muss einfach weitermachen und sein Bestes tun.

Ich hatte meinen Vater nach allen Dingen unter der Sonne gefragt, doch es war mir nie in den Sinn gekommen, ihn zu fragen, warum er geblieben war, als seine Brüder ins Ausland gegangen waren. Ich wusste, warum wir in einem Flüchtlingslager lebten. Man konnte Afghanistan von dort aus sehen. Das Gefühl der Verantwortung für das eigene Volk erdet einen in mehr als einer Hinsicht.

Ich hatte von meinem Vater den Wunsch zu helfen geerbt, seine leidenschaftliche Liebe zu unserer Gemeinschaft. Meine Onkel sahen nur die äußeren Zeichen seines Ranges: dass man ihm die Hände küsste, dass man auf sein Urteil hörte. Ich konnte meinen Onkeln sogar verzeihen, dass sie nicht bemerkten, wie sehr es meinen Vater quälte, unter welchen Bedingungen unsere Gemeinschaft lebte. Was ich ihnen nicht verzeihen konnte, war, dass sie nicht zu wissen schienen, wie viel er für diese Gemeinschaft getan hatte.

Ich kam zu der Erkenntnis, dass der Stamm sich daran erinnerte, dass auch ich für ihn tat, was ich konnte. Zugegeben, meine Projekte waren klein: Essen verteilen, Tore reparieren; kleinere Probleme, über die ich bei der Arbeit an meinen »Learn«-Projekten gestolpert war. Doch der Stamm war lange Zeit von allen so vernachlässigt worden, dass die Latte für »Gutes tun« ohnehin nicht besonders hoch lag.

Ich war zu sehr mit meinem inneren Kampf um Selbstwert und die allgemeine Stellung von Frauen in der Welt beschäftigt und übersah die vielen subtilen Zeichen, die Krumen, die der Stamm ausstreute und die mir den Weg weisen sollten.

Jemand musste es mir gegenüber laut aussprechen. Der beste und älteste Freund meines Vaters brachte es schließlich auf den Punkt: »Du solltest die Rolle deines Vaters übernehmen.«

Er bestand darauf, dass ich anfangen sollte, Leute zu treffen und endlich auf die Bedürfnisse des Stammes einzugehen. Obwohl ich nicht gänzlich überzeugt war, stimmte ich zu, teils aus Respekt vor ihm, aber hauptsächlich, weil ich dachte, dass jede Zusammenarbeit mit den Stammesführern uns helfen könnte, unseren gestohlenen Besitz wiederzuerlangen.

Nachdem ich tagelang mit verschiedenen Stammesvertretern Tee getrunken hatte, wurde mir klar, dass keiner bereit war, sich in etwas hineinziehen zu lassen, was sie als Familienangelegenheit betrachteten. Meine Bitten wurden ausgeschlagen: »Ach, das ist eine Familienangelegenheit, und du brauchst keine Hilfe von außen. Du zerreißt sie alle in der Luft. Du bist stark.« Dann sprachen sie darüber, dass ich die Führung des Stammes übernehmen solle.

Na gut.

Ich hatte eine Bedingung. Ich wollte sichergehen, dass sie verstanden, dass meine Führung nur vorübergehend wäre und dass mein Bruder übernehmen würde, sobald er alt genug war. Dass ihre Loyalität nicht nur mir gelten musste, sondern auch meinem Bruder. Sobald sie dem, wenn auch verblüfft, zugestimmt hatten, fing ich an, an meiner Kandidatur zu arbeiten.

Normalerweise folgt der Annahme des Khantitels eine lange Liste von Zeremonien, die damit enden, dass der Turban weitergegeben wird, was das Ganze besiegelt. Die Tatsache, dass der Turban gestohlen worden war, erwies sich letzten Endes als Segen, denn so musste man nicht darüber nachdenken, wie die Tradition geändert werden könnte: Als Frau konnte ich ihn sowieso nicht tragen. Mein weißes Kopftuch musste genügen. Das erste Tuch, das mein Vater mir gegeben hatte, bevor ich nach Afghanistan ging, war in Fetzen, doch ich bekam ständig neue. Immer weiße, wie das von Khan Bibi.

Alles, was um mich herum geschah, erschien mir unwirklich: Vom Verlust meines Erbes, *weil* ich eine Frau war, bis hin zu dem Angebot, die Stammesführung zu übernehmen, *obwohl* ich eine war.

Doch der größte Schock stand mir noch bevor, als junge Männer in den Zwanzigern und Dreißigern mir gegenüber ihre Unterstützung für meine Führung zum Ausdruck brachten.

Durch meinen Vater hatte ich im Laufe der Jahre viele Stammesälteste getroffen, doch Begegnungen mit jüngeren Männern waren dünn gesät. Bei der letzten, an die ich mich erinnerte, hatte ich die Sache im Staub des Flüchtlingslagers ausgetragen; damals waren sie noch unbeholfene Kinder gewesen mit ihren Waffen und ihrer Verachtung für Mädchen. Wann hatte sich das verändert? Plötzlich waren sie respektvoll, und Freunde von früher sprachen mich als Khan Pashtana an, was ich schrecklich lustig fand und was mich gelegentlich zum Kichern reizte.

Ihr Respekt war seltsamerweise das, was mich am meisten beruhigte. Sie waren die neue Generation, meine Generation, und sie fanden die Vorstellung, dass eine Frau einen Stamm führte, gar nicht seltsam. Dass sie mich akzeptierten, war das wahre Vermächtnis meines Vater.

Ich erfuhr bald, dass es für mich in der Rolle der Stammesführerin ein Problem gab, das geklärt werden musste. Bei allem Respekt, den sie mir erwiesen, schien es doch, als fühlte sich jeder einzelne Stammesvertreter berechtigt, mir zahlreiche ungebetene Ratschläge zu geben. Nicht darüber, wie ich den Stamm führen oder was ich machen sollte.

Sondern über etwas, was ich nicht tun sollte.

Ich sollte unter keinen Umständen heiraten.

»Du kannst nicht heiraten. Du musst uns führen, der Stamm braucht dich.« Sie redeten über nichts anderes. Nichts führt zu unbehaglicheren Gesprächen, als null Heiratsaussichten zu haben und sich mitten in einem Stamm wiederzufinden, der auf den sozialen Medien darüber diskutiert. Unzählige Facebook-Posts waren dem Thema gewidmet.

Es war unwirklich. Ich weigerte mich, darüber zu reden. In privaten Gesprächen sagte ich immer wieder, es gehe niemanden etwas an, ob ich heiraten würde oder nicht, aber sie ließen nicht locker. Ich verstand es sogar. Der Stamm konnte – wie es schien – von einer unverheirateten Frau geleitet werden, solange sie als *Tochter eines Stammesführers* galt. Bei einer Heirat würde mein Status von dem meines Ehemannes abgeleitet, nicht mehr von dem meines Vaters. Daraus würden für den Stamm irgendwann Führungsprobleme erwachsen. Und es war so schon kompliziert genug.

Obwohl sie sich manches einfach aus den Fingern saugten, gab ich am Ende klein bei. Damit sie mich endlich in Ruhe ließen, musste ich tatsächlich schwören, nicht zu heiraten, solange ich den Stamm führte. Ich fand das Ganze einfach lächerlich. Ich wusste nicht einmal, wie ich zum Heiraten stand, und doch kämpfte ich auf allen Seiten um meine nicht vorhandenen Heiratsaussichten.

Schließlich verabredete ich ein Treffen mit zwei Stammesältesten. Diesmal trat ich ihnen als Kandidatin gegenüber. Sicher, dachte ich, kommen sie diesmal zur Einsicht, und die ganze Sache, dass ich den Stamm führen soll, löst sich in Wohlgefallen auf. Doch wie so viele Gespräche mit den Stammesältesten, die ich im Laufe der Jahre geführt hatte, lief auch dieses in eine ganz andere Richtung als erwartet.

Statt Einwände zu erheben, schworen sie mir ihre Treue.

Es war jetzt abgemacht, ich kam aus der Sache nicht mehr heraus, also nahm ich an so viele Treffen wie möglich teil, um so viele Menschen wie möglich kennenzulernen. Zum ersten Mal waren zu den Audienzen des neuen Khans auch Frauen geladen. Ich fuhr zwischen Spin Boldak und Kandahar hin und her, und die arme Sangeena begleitete mich als Anstandsdame. Ich empfing Vertreter meiner Gemeinschaft, bis der Distriktverwalter und jeder einzelne Anführer mir ihre Treue geschworen hatten.

Es ging alles so schnell, dass ich erst bei meinem allerletzten Treffen richtig begriff, auf was ich mich eingelassen hatte. Ich fuhr zum Haus des letzten Stammesführers, den ich treffen sollte. Ich habe noch Fotos von diesem Tag, obwohl ich die eigentlich nicht brauche, denn das Bild ist fest in meine Erinnerung eingebrannt. Ich wusste wenig über den Anführer, den ich treffen sollte, außer, dass er ein entfernter Verwandter meines Vaters war und mein Vater ihm früher einmal irgendwie geholfen hatte. Die Einzelheiten hatte ich nie erfahren.

Es war kein besonders würdevoller Besuch. Die Fahrt war lang. Meine Schwester machte keinen Hehl daraus, dass sie wenig begeistert war über ihre neue Rolle als meine Anstandsdame. Sie lag auf dem Rücksitz und schlief tief und fest. Zum Glück saß ich wenigstens aufrecht. Das Wagenfenster war offen, und als der Fahrer ausstieg und an die Tür klopfte, spähte ich hinaus, um zu sehen, was draußen los war. Ich hörte den

Fahrer sagen: »Sie ist die Tochter.« Mehr nicht. Es gab keine Erklärung, wessen Tochter ich war, und es wurden auch keine weiteren Informationen übermittelt.

Bevor ich aus dem Wagen steigen konnte, trat der alte Mann wortlos an den Wagen. Ich saß nur da, unsicher, was ich tun sollte, und er musterte durch das Seitenfenster mein Gesicht, und dann fing er zu meinem großen Schrecken an zu weinen.

Im ersten Moment dachte ich, es läge daran, dass wir so seltsam aussahen. Aus den Augenwinkeln sah ich, dass Sangeena im Schlaf hin und her rutschte, weil sie keine bequeme Position fand. Ich rutschte auch hin und her, verunsichert durch seine Tränen. Abgesehen von seinem Titel wusste ich nicht, wer er war. Ich war mir nur vage bewusst, dass er und mein Vater eine gemeinsame Geschichte hatten, aber ich kannte sie nicht. Ich wusste nur, dass ein alter Mann bei meinem Anblick weinte. Ich verstand die ganze Situation einfach nicht.

Als er schließlich sprach, sagte er, ohne sich näher vorzustellen: »Du wirst die Arbeit deines Vaters fortsetzen. Du wirst uns stolz machen, so wie du ihn immer stolz gemacht hast. Du musst mit dem fortfahren, was du tust.«

Und dann sagte der alte Mann etwas, was ich niemals vergessen werde: »Du bist er; du bist er.« Ich war nicht *wie* er, ich *war* er. Er sagte es sehr entschlossen und mit großer Überzeugung. Er setzte mich mit jemandem gleich, den ich mein ganzes Leben lang verehrt hatte. Da begriff ich, dass das Ganze viel, viel größer war als ich.

Bis zu diesem Punkt hatte ich gar nicht darüber nachgedacht, was die Stammesführung – abgesehen von Verwaltungstätigkeiten – mit sich brachte. Bis dahin war es nur ein verrückter Wettlauf gewesen, um das Vermächtnis meines Vaters zu retten und es für meinen Bruder zu sichern. Der alte

Mann, der vor meinen Augen weinte, rückte es das erste Mal ins rechte Licht: Ich war jetzt die Sachwalterin des Stammes. Ich war ihre Hoffnung. Ich sollte sie beschützen, so wie mein Vater sie beschützt hatte. So wie er *mich* beschützt hatte.

Erst die Tränen dieses Mannes ließen mich begreifen, dass ich, eine dreiundzwanzigjährige Frau, jetzt die Anführerin des größten, einflussreichsten afghanischen Stammes war.

Kapitel 13

Zu Anfang legte ich in meiner Rolle als Khan nicht ganz den rasenden Erfolg hin, den ich mir erhofft hatte. Eines Abends klopfte es an unsere Tür. Ein verzweifelter Mann fragte, ob dies das Haus von Khan Pashtana sei. Mein Bruder, der die Tür geöffnet hatte, bejahte es. Ich war am Telefon und stritt mit jemandem, wie man das so macht, und bemerkte gar nicht, dass mein Bruder mir winkte, um meine Aufmerksamkeit zu erregen.

Schließlich begriff mein Bruder, dass es ein aussichtloser Kampf war, mich dazu bewegen zu wollen, zur Tür zu kommen, und er fragte den Mann, warum er mich sehen wolle. »Mein Sohn ist krank«, erklärte der Mann. »Er braucht einen Arzt, und ich habe nicht genug Geld, um ihn zu einem Arzt zu bringen. Ich habe auch meine Familie gefragt, aber niemand hat Geld. Ich dachte, der Khan könnte mir vielleicht helfen.«

Mein Bruder winkte jetzt heftiger, bis ich, völlig genervt, meinen Anruf auf Stumm schaltete, um zu hören, was los war. »Gib ihm einfach das Geld!«, ließ ich meinen Bruder abblitzen. Aus den Augenwinkeln bekam ich mit, dass der Mann meinem Bruder unter Tränen dankte. Ich beendete mein Telefonat, denn plötzlich war mir bewusst, wie unangemessen mein Verhalten war, und ich wollte es wiedergutmachen, ich wollte mit dem Mann über seinen Sohn sprechen. Ich wollte ihm sagen, dass ich für sein Kind beten würde, doch es war zu spät. Der Mann war bereits davongeeilt.

Gut gemacht!, dachte ich. Es war das erste Mal, dass eine Bitte an mich als Khan herangetragen wurde, und ich erwies dem Mann, der sich hilfesuchend an mich gewandt hatte, nicht einmal die Freundlichkeit, ihm zuzuhören. Ich erinnere mich nicht mehr, mit wem ich telefonierte oder warum es mir zu dem Zeitpunkt wichtiger erschien, das Gespräch fortzusetzen, als mit dem Mann zu reden, dessen Sohn sterbenskrank war. Vermutlich habe ich es vergessen, weil der Grund recht banal war. *Ich werde es lernen,* versprach ich mir. *Ich werde es lernen.*

Auch an die Aufmerksamkeit, die ich durch meine Position als Khan auf mich zog, musste ich mich gewöhnen. Einmal, als ich Essen verteilte, fragte ein alter Mann, als ich ihm sein Paket reichte, nach meinem Namen.

»Pashtana.«

»Nein, nein, Ihr Nachname«, hakte er nach.

»Durrani«, sagte ich lauter als beabsichtigt, so laut, dass die ganze Schlange es hörte. Kaum hatte ich es ausgesprochen, kam ein junger Mann, der weiter hinten in der Schlange gestanden hatte, nach vorn gelaufen. Mein Bruder, erschrocken darüber, dass der Mann schnurstracks auf mich zustürzte, wappnete sich, um mich zu verteidigen. Wir dachten beide, der Mann wollte mich angreifen. Er schrie, während er auf mich zulief, und es dauerte eine Weile, bis wir begriffen, was er rief: »Sie ist mein Khan, sie ist mein Khan!« Ich hielt meinem Bruder den Arm vor die Brust, um zu verhindern, dass er den armen Mann schlug. Er wollte mich nur kennenlernen. Ich bin mir nicht sicher, ob dem Mann in seiner Aufregung klar war, wie knapp er einem kräftigen Hieb entging.

Doch mit der Zeit stellte sich eine gewisse Routine ein.

Ich teilte mir die Zeit zwischen Kabul und Kandahar auf: In Kabul studierte ich und kümmerte mich um »Learn«, und in Kandahar realisierte ich Projekte und kümmerte mich um Stammesangelegenheiten. Ich stürzte mich in die Arbeit; dauernd etwas zu tun zu haben lenkte mich von dem Gewicht der Verantwortung auf meinen Schultern ab. Im Rückblick war es schon rein rechnerisch äußerst unwahrscheinlich, dass alle meine Verpflichtungen in den Verlauf eines Tages passten, doch ich wollte es so haben. Das Arbeiten beruhigte meinen Geist oder brachte wenigstens das Geplapper in meinem Kopf zum Schweigen.

Inzwischen herrschte im ganzen Land große Verunsicherung in Bezug auf die Zukunft. Wir wappneten uns für das, was kam, seit die Taliban und die USA im Februar 2020 das Friedensabkommen unterzeichnet hatten.

Die Tatsache, dass auf die Unterzeichnung des Abkommens keine unmittelbare Reaktion folgte, wurde von der Welt als gutes Zeichen gewertet, doch die Afghanen wussten es besser: Es war schließlich Februar, und die Taliban waren im Winterschlaf. Der Winter bringt in Afghanistan immer alles zum Stillstand, selbst das Kämpfen muss warten bis März. Sobald der Schnee anfängt zu schmelzen, sobald die Blumen blühen, tauchen die Taliban wieder auf, begleitet vom Feuerwerk der Granatwerfer und knatterndem Artilleriefeuer. Die Kampfsaison ging von März bis Oktober, bis sie von dem strengen afghanischen Winter wieder in die Knie gezwungen wurde. Jahr für Jahr waren die Frühjahrsoffensiven das Einzige im Land, was pünktlich begann, das Einzige, worauf man zählen konnte.

Als wir 2018 zum ersten Mal davon hörten, dass die USA direkte Gespräche mit den Taliban führten, sprach sich die Regierung entschieden dagegen aus. Das war zum Teil der Tatsache geschuldet, dass sie nicht dazu eingeladen wurde: Die Verhandlungen fanden ohne Beteiligung der afghanischen Regierung statt. Es kann gut sein, dass wir das einzige Land sind, dessen Regierung nicht dazu eingeladen wird, wenn über seine Zukunft verhandelt wird. Andererseits gibt es in Afghanistan vieles, was anderswo undenkbar ist.

Statt zu verhandeln, beschäftigte sich der Präsident mit Beiträgen zu zwei Twitter-Kampagnen über unverzichtbare Rechte für Frauen: die Rechte, die das Land partout nicht aufgeben wollte. Es war zwar nett zu lesen, dass Ghani eine rote Linie hatte, aber ich konnte doch nicht umhin mich zu wundern, warum der Staatspräsident Posts über Menschenrechte schrieb, statt dafür zu sorgen, dass wir in ihren Genuss kamen.

Als die Amerikaner nach Afghanistan kamen, um gegen die Taliban zu kämpfen, kämpften die Stammesangehörigen an der Seite der US-amerikanischen Sondereinheiten. Sobald die Kämpfe vorbei waren, hatten die Stammesangehörigen in den Augen des Westens ihre Schuldigkeit getan. Es war an der Zeit, uns ins 21. Jahrhundert zu katapultieren, und sie suchten nach Leuten, die eher wie sie waren, eher ein bisschen afghanisch waren statt richtige Afghanen. Da Afghanistan seit mehreren Jahrzehnten erheblich zu der Zahl der Flüchtlinge in der Welt beigetragen hat, gab es keinen Mangel an Afghanen mit doppelter Staatsbürgerschaft. Sie wurden damit beauftragt, die kulturelle Kluft zwischen den Spendengebern und den Einheimischen zu überbrücken.

In den 2020er Jahren führte das dazu, dass wir von aus fernen Ländern zurückgekehrten Afghanen regiert wurden: Afghanen aus Kanada, Afghanen aus Amerika, Afghanen aus Deutschland. Afghane oder Afghanin zu sein reichte allein nicht aus, es brauchte die Verstärkung durch ein zweites Land. Welches Land, spielte dabei überhaupt keine Rolle, solange es nur eines gab.

Zugehörigkeit ist eine seltsame Sache. Als Flüchtling in Pakistan hatte ich nicht nur keine solche doppelte Staatsbürgerschaft, es wurde mir auch oft erklärt, ich wäre keine richtige Afghanin. Man konnte, wie es schien, nur Afghane oder Afghanin bleiben, wenn man richtig weit weg floh. Wenn man nicht weit genug floh, zählte man gar nicht. Was dem Ganzen die Krone aufsetzte, war die Tatsache, dass »richtige« Pakistanis im Allgemeinen durchaus willkommen waren. Nur solche Straßenköter wie ich wurden misstrauisch beäugt und als minderwertig erachtet.

Auch der Westen favorisierte aus fernen Ländern zurückgekehrte Afghaninnen und Afghanen als Anführer und Partner, sowohl innerhalb der Regierung als auch innerhalb der Zivilgesellschaft. Afghanistan war auf Almosen angewiesen, und die Spendengeber wirkten erleichtert, wenn jemand in diesem zugegebenermaßen verrückten Land ihre Sprache sprach und ihre Regeln verstand.

Obwohl einige von ihnen prompt ihre zweite Staatsangehörigkeit aufgaben, sobald sie in die Politik gingen, hielten die von weit weg zurückgekehrten Afghanen zusammen, als würde man automatisch zu einem Geheimclub zugelassen, wenn man auf zwei Hochzeiten tanzte, und würde in einen geheimen Handschlag eingeweiht. Sie klopften sich gegenseitig auf den Rücken und bestimmten auf der Basis ihrer persönlichen Interessen, welche kulturellen Normen weiterhin gelten sollten.

Die Ministerien quollen über von ihnen. Sie wagten sich nie aus Kabul hinaus, doch die Erfahrung, im Westen gelebt zu haben, ersetzte Wissen und Expertise als Voraussetzung für die Staatsführung. Wir hatten alle unsere Lieblingsbeamten, über die wir uns beschwerten: die, die weit über ihre Kompetenz hinaus befördert wurden.

Meine war die Parlamentarierin, die nach einer Karriere als Lippenstift-Verkäuferin an einer MAC-Theke in den USA nach Afghanistan zurückkehrte. Jetzt saß sie in Afghanistan in mehreren Gremien, darunter dem Ausschuss für Bildung und Frauen, und ich war regelmäßig gezwungen, mit ihr klarzukommen. Während die meisten Menschen sich davor hüteten, Amtspersonen, die für die Genehmigung ihrer Anträge verantwortlich waren, zu verärgern, trat ich meinen öffentlich entgegen. Als sie vorschlug, die Grundschulbildung in die Moscheen zu verlegen, schrieb ich zusammen mit einem befreundeten Hazara-Aktivisten einen offenen Brief, in dem wir darauf hinwiesen, dass das eine spektakulär schlechte Idee war. Es schloss nicht nur Mädchen und Minderheiten aus; dem ganzen Vorschlag mangelte es komplett an gesundem Menschenverstand.

Dieser offene Brief wurde mir bis heute nicht verziehen. Sie hatte an jeder Genehmigung, die ich beantragte, und an jedem Vertrag, den ich ihr zum Unterzeichnen vorlegte, etwas auszusetzen. Einmal gab sie ihn zurück, weil ihr das Logo nicht gefiel, ein andermal, weil sie etwas dagegen hatte, dass ich das Oxfordkomma benutzte. Vermutlich setzte sie als Amerikanerin nur spärlich Satzzeichen. Ich kam aus einem britischen System, wo das Oxfordkomma die wichtigste Regel war. Die Dokumente mit den dummen Anmerkungen über die Größe des Logos oder die überzähligen Kommas kamen dann unsigniert zu mir zurück, was ein weiteres Projekt um Monate verzögerte. Wir wussten beide, dass wir größere Meinungsverschiedenheiten hatten als nur unterschiedliche Ansichten über grafische Gestaltung und Grammatik.

Vereint in ihrer Verachtung für Stämme und Stammesdenken, begriffen die aus fernen Ländern zurückgekehrten Afghanen nicht, dass sie jetzt einen neuen Stamm bildeten. Denn bedeutet das Wort Stamm nicht genau das: sich mit Menschen zusammentun, die denselben Hintergrund und dieselben Werte haben wie man selbst? Sie waren nicht da und kämpften beherzt gegen das Stammeswesen, wie sie behaupteten; sie zogen ihren eigenen Stamm nur den Stämmen vor, die sie in Afghanistan antrafen. Als das Friedensabkommen ohne die Beteiligung unserer Regierung geschlossen wurde, löste sich ihre Verbindung zum Westen auf. Da brach das Gerüst nach und nach zusammen, und damit spaltete sich ihr Stamm.

Die Afghanen in der Regierung, die im Land geblieben waren, waren kaum zugänglicher. Die Warlords bildeten die zweite Reihe, sie nahmen von Anfang an rund die Hälfte aller Sitze im Parlament ein. Ursprünglich stammten sie aus dem Kader der Mudschaheddin, die gegen die Sowjets gekämpft hatten, aber später gab es auch viele Newcomer – solche, deren Kampferfahrung hauptsächlich darin bestand, dass sie an Schmuggeloperationen mitgewirkt hatten. Die Welt nahm im Großen und Ganzen keinen Anstoß an ihnen, solange sie sich darauf einließen, die fremden Truppen in Ruhe zu lassen. Die Vertreter der afghanischen Regierung mussten sich nur verpflichten, die Menschenrechte der Invasionsarmee zu respektieren – nicht unsere.

Trotz der größten Bemühungen aller – oder zutreffender, der mittelmäßigen Bemühungen aller – blieb Afghanistan ein Ort, wo die Menschenrechte krepierten.

Trotz des unermüdlichen Beharrens, dass wir Priorität haben sollten, galten selbst in Bezug auf die Rechte der Frauen die Zusagen nur unter Vorbehalt. Man gewährte uns dieselben Grundrechte, doch anschließend verabschiedete die Regierung Gesetze, die genau diese Rechte peu à peu beschnitten, Gruppe für Gruppe, Thema für Thema. Das schiitische Familiengesetz legalisierte Vergewaltigung in der Ehe. Kinderehen wurden nicht nur wieder geduldet, sondern legal. In die Grauzonen des Gesetzes gedrängt, gewiss, aber trotzdem da, trotzdem verfechtbar.

Manchmal war die Ironie unmöglich zu übersehen. Während wir lasen, dass die MeToo-Bewegung die Welt im Sturm eroberte, ernannte Afghanistan einen bekannten Serienvergewaltiger zum Verteidigungsminister.

Die Regierung hatte wenig Unterstützung, was kaum überrascht, denn sie arbeitete praktisch auf der Basis einer nicht vollständigen Integration. Sie behandelte ländliche Gebiete immer noch nur als Handelsrouten und Einnahmequellen offizieller oder inoffizieller Art. Da sich ihre Regierungstätigkeit auf Geldgeschäfte reduzierte, erinnerten auch die Friedensverhandlungen mehr an einen Flohmarkt als an einen Weg zum Frieden.

Zu dem Zeitpunkt, als die Regierung endlich an den Friedensverhandlungen teilnahm, gab es nicht mehr viel zu verhandeln. Die Korruption hatte uns bereits die Luft abgedrückt.

Fast ein Jahr nach dem Friedensabkommen vom Februar 2021 wurde ich eingeladen, an umfassenderen innerafghanischen Verhandlungen mit den Taliban teilzunehmen. Nicht in meiner Rolle als Stammesführerin: Auf politischer Ebene gab es überhaupt keine Stammesvertretung. Eingeladen wurde ich als Bildungsfürsprecherin. Es war die Zivilgesellschaft, eine Gruppe, die Hunderte von in Afghanistan operierenden NGOs umfasst, die mich als Vertreterin vorgeschlagen hatte. Obwohl ich mich zweifellos für Mädchenbildung einsetzte, war es, fand ich, eine seltsame Wahl. Ich war die Alibi-Stimme aus den ländlichen Gebieten in einem Meer von Stadtmädchen. Misstrauen, Verständnislosigkeit und verschiedene Realitäten prallten immer wieder aufeinander. Bei solchen Treffen trug ich stur meine Stammeskleidung, denn ich bestand darauf, dass die Zukunft mehr zu bieten hatte, als passend gekleidet zu sein. Manchmal schien mir, dass die Kluft zwischen Stadt und Land sogar noch größer war als die zwischen den Taliban und der Regierung.

Als Bildungsfürsprecherin ebenso wie als Stammesführerin war mir sehr wohl bewusst, dass diese Verhandlungen notwendig waren. Ich glaubte an Engagement. Offen und wiederholt hatte ich die Regierung dafür kritisiert, dass sie sich nicht früher engagierte. Wir brauchten eine Regierung, die für alle da war, wir mussten anfangen, Platz für Konfliktparteien zu machen, egal, welchen Standpunkt sie vertraten. Die Taliban waren unsere Realität, ob es uns passte oder nicht, jetzt wie in den vergangenen 25 Jahren. Zu wünschen, sie wären weg, war keine Strategie. Friedensgespräche sollten dafür sorgen, dass sie nicht zu unserer *einzigen* Realität wurden. Diese ewige Zeitschleife, die uns bevorstand, weiter und immer weiter zurück in die Vergangenheit, hätte durch Einbeziehung verhindert werden können, durch Machtbeteiligung. Diesmal signalisierten die Taliban, dass sie die Schulbildung von Mädchen erlauben würden, sie sagten, es sei ihre neue offizielle Haltung. Das war eine neue Taliban-Gegenwart: Sie behaupteten, mit der Zeit zu gehen. Ich traute ihnen nicht, aber man musste trotzdem zugeben, dass sie sich bemühten. Der Vertreter der Taliban in Doha folgte mir auf Twitter. Das war nicht als Einschüchterung gedacht, dafür hatten sie, wie ich sehr wohl wusste, Bomben. Es war eine ausgestreckte Hand, die signalisieren sollte, dass sie bereit waren zuzuhören, selbst einer Frau. Das war eine Gelegenheit. Es war noch ein weiter Weg bis zu der Zusicherung, Frauenrechte zu respektieren, aber es war ein Anfang.

Obwohl ich Verhandlungen absolut befürwortete, hatte ich, was meine persönliche Mitwirkung anging, große Vorbehalte. Mich persönlich mit der Gruppe auseinanderzusetzen, gegen die mein Vater gekämpft hatte, in welcher Form auch immer, und sei es nur am Rande, kam mir vor wie Verrat. Wenn er noch gelebt hätte, wenn ich mir bei ihm Rat hätte holen können, dann wäre es mir vielleicht nicht so schwergefallen. Ich wusste, dass mein Vater immer für Pragmatismus plädiert hätte; er hätte getan, was das Beste für unsere Gemeinschaft gewesen wäre. Doch er war nicht da, und ich musste damit leben, dass meine erste folgenreiche politische Entscheidung gegen alles ging, wofür er gestanden hatte.

Wenn ich mit meinem Stamm sprach, wenn ich mit den Mädchen sprach, beruhigte das irgendwie die Schuldgefühle, die mich quälten, weil ich an den Verhandlungen teilnehmen würde. Die meisten Leute in der Provinz, sogar die Frauen, wollten die Taliban in der Regierung haben.

Der Stamm, den ich vertrat, hatte in diesem Kampf rund 2300 Männer verloren. Es ist ein kleiner, nicht besonders dicht bevölkerter Distrikt, und Jahr für Jahr hatten sie ihre Söhne in weiße Leichentücher gehüllt und beigesetzt. Die einzige Statistik, die noch verheerender war als unsere Alphabetisierungsrate, war die Zahl unserer Toten.

Jetzt wollten sie bis zum Ende kämpfen. Für sie ging es bei der Diskussion nicht um Lebensqualität. Für sie ging es ums Überleben. Meine politischen Präferenzen waren, wie mir aufging, ein Zeichen meiner Privilegien. Sie wollten einfach nur leben.

Bislang hatten Verhandlungen zwar nicht viel Gutes gebracht, aber war es nicht an der Zeit, es ernsthaft zu versuchen? Selbst ich fand, dass es die extremsten Positionen vielleicht abschwächen würde, wenn wir die Taliban in die Politik einbanden: Schließlich hatten alle Warlords, die ins Parlament gegangen waren, sich beruhigt, sobald sie in die Regierung eingebunden wurden. Es gab weniger Massaker, weniger von Warlords gestartete Kriegszüge, die Zahl der Toten sank. Die Macht zu teilen konnte auch die Taliban mäßigen.

Mein Land ist eine große, dysfunktionale Familie, und jeder Tag fühlt sich so an, als setzte man sich zu einem ungemütlichen, endlos langen Familienessen zusammen, das unweigerlich mit einer Schießerei endet. Ich dachte, wenn wir weiterredeten, würden nicht so schnell die Waffen gezückt. Denn wenn es hart auf hart kam, waren, wie wir wussten, beide Seiten bereit, für ihre Sache zu sterben.

Trotz meines Misstrauens gegenüber den Taliban versuchte ich, unvoreingenommen zu sein. Als sie sich in der Provinz Kundus niederließen, erlaubten mehrere Distrikte den Mädchen, zur Schule zu gehen. Sie erlaubten ihnen sogar, in von der Regierung gehaltene Gebiete zu fahren, um dort die höhere Schule zu besuchen. Manche Talibankämpfer schickten ihre Schwestern in die Schule. Ja, das waren nur anekdotische Belege, aber ich war bereit, daran festzuhalten und es als positives Zeichen zu sehen.

Bei all ihrem Imponiergehabe waren die Taliban genauso ein Import wie das westliche Konzept der Demokratie, gegen das sie kämpften. Die Deobandi-Bewegung begann im 19. Jahrhundert in Indien als Folge des indischen Kampfes um Unabhängigkeit von den Briten. Die Deobandis glaubten, eine Rückkehr zum reinen, strengen Islam würde sie in die Lage versetzen, den Kolonialismus zu überwinden. Nach der Unabhängigkeit und der Teilung Indiens breiteten sich in der ganzen Region Deobandi-Koranschulen aus, doch die meisten gab es, wie es schien, im Grenzgebiet zwischen Pakistan und Afghanistan. Um wirklich Wurzeln zu schlagen, brauchte die Bewegung einen äußeren Feind, und den bot ihr die sowjetische Invasion bereitwillig. Angesichts ihrer Haltung zu Bildung war es an Ironie nicht zu übertreffen, dass sie sich Talibs oder »Studenten« nannten. Ausgerüstet mit Deobandi-Überzeugungen und amerikanischen Waffen zogen sie los, um zu kämpfen, zunächst als Individuen, noch nicht als Gruppe. Ihre Ideologie verschmolz mit dem Wahabismus, den die vielen Fremden mitbrachten, die ins Land kamen, um gegen die Sowjets zu kämpfen. Auch sie setzten ihren Glauben ganz nach Belieben zusammen und schufen eine Variante des politischen Islam, der einzigartig war für die Taliban. Und Pakistan, zuerst unter Zia und dann unter Benazir Bhutto, sah zu und feuerte sie an.

Sobald sich die Sowjets zurückzogen, brach zwischen den verschiedenen Mudschahedin-Gruppen der totale Krieg aus. Die Taliban waren als Miliz nach Afghanistan gekommen, um im postsowjetischen Afghanistan gegen die Warlords zu kämpfen. Anfangs hatten sie als Vertreter von Recht und Ordnung – in einem Land, das weder das eine noch das andere besaß – Unterstützung aus den Gemeinden erhalten. Mit der Zeit wurden sie stärker, da sich ihnen rund 20 000 Studenten aus pakistanischen Madrasas, den religiösen Schulen, anschlossen.

Sie sehen also, dass selbst die Taliban ein Produkt ihrer Bildung sind.

Sie waren Flüchtlinge, genau wie ich.

Die meisten waren Paschtunen, genau wie ich.

Und genau wie ich sahen sie ihr Heimatland erst als Teenager zum ersten Mal.

Bis auf die Bildung – und das Geschlecht – waren wir gar nicht so verschieden. Denken Sie beim nächsten Mal daran, wenn Sie versucht sind zu sagen, Bildung solle warten, bis die Kriege beendet und die Infrastruktur wiederaufgebaut worden ist.

Innerhalb von zwei Jahren nach ihrer Gründung übernahmen die Taliban Kabul und begannen offiziell ihre Herrschaft. Die Übernahme war brutal und extrem: Dr. Nadschibullāh, Afghanistans ehemaliger Präsident, wurde aus dem UN-Hauptquartier entführt, gefoltert und ermordet. Sie schleiften seinen Leichnam durch Kabul, bevor sie ihn schließlich an einem Strommast aufhängten und den Leichnam vor dem Präsidentenpalast zur Schau stellten. Frauen aller Ethnien und Stammeszugehörigkeiten verschwanden aus der Öffentlichkeit, man verweigerte ihnen Zugang zu Bildung und bezahlter Arbeit, verlangte, dass sie sich verhüllten und schwiegen, und verwehrte ihnen die Existenz im öffentlichen Raum ohne männlichen Begleiter.

Jetzt sagten die Taliban, sie wären zu Kompromissen bereit, wenn man sie an der Regierung beteiligte. Sie kämpften weiter gegen die Regierung, mit der sie angeblich verhandeln wollten, doch daran nahm niemand Anstoß. Es sollte noch eine weitere Verhandlungsrunde geben, diesmal unter Beteiligung der afghanischen Regierung; und die Taliban mussten aus der Position der Stärke heraus verhandeln. Das ist simple Mathematik: Je mehr Gebiete man hält, desto stärker ist die Verhandlungsposition. Doch die Geschwindigkeit, mit der sie Gebiete einnahmen, gab allen zu denken. Sie rückten jetzt mit Riesenschritten vor. Das Friedensabkommen und der angekündigte Rückzug der US-Truppen gaben ihnen Auftrieb. Die Regierung hatte Jahre gehabt, um den Taliban einen Platz am Tisch anzubieten. Jetzt kamen die Taliban, um den Tisch zu erobern.

Die USA verkündete den Truppenrückzug im April.

Im Mai übernahmen die Taliban die Kontrolle im Norden.

Die Regionalparlamente lösten sich auf; die Armee, die weder Lebensmittel noch Sold erhielt, sondern sich selbst überlassen war, fing an, im Tausch gegen Lebensmittel ihre Waffen auszuhändigen. Nicht für Posten, nicht aus irgendeiner Sympathie für die Taliban, sondern um etwas zwischen die Zähne zu kriegen. Die Regierung, die eifrig stahl, hatte es in den letzten drei Monaten versäumt, ihnen ihren Sold auszuzahlen und sie mit Lebensmitteln und Munition zu versorgen.

Im Juli kontrollierten die Taliban die Grenzübergänge nach Pakistan, Tadschikistan und Iran; über ihnen flatterte die Taliban-Flagge.

Beim Anblick dieser Flaggen war alles, woran ich denken konnte, die Geschichten aus der Kindheit meines Vaters. Die Geschichten darüber, wie sie den Taliban das Land weggenommen hatten. Die Geschichten über den Widerstand und den Aufbau des Landes von Grund auf.

»Wir haben uns außerhalb von Kandahar versammelt und auf Karzai gewartet.« Karzai sollte später der erste demokratisch gewählte Präsident Afghanistans werden. »Doch als er schließlich auf einer Wiese vor uns landete, achtete niemand auf ihn. Wir schauten nur auf den Hubschrauber! So etwas hatten wir noch nie gesehen. Er war so schwarz und so groß, dass wir uns fragten, wie er überhaupt fliegen konnte. Die Nacht schien überhaupt nicht dunkel. Das ganze Tal wurde vom Mond beschienen. Es war so hell, dass man hätte denken können, es wäre Tag.«

Er sagte, alle Stammesführer hätten vor Karzai niedergekniet, als würden sie zum Ritter geschlagen werden – oder geköpft, das weiß man hier nie so genau –, und hätten ihm ihre Treue geschworen.

Als Kind ging ich gern die Sachen meines Vaters durch, kramte auf der Suche nach einem Schatz in seinem Erinnerungskästchen. Statt mit mir zu schimpfen, weil ich ohne Erlaubnis in seinen persönlichen Sachen herumwühlte, half er mir, ein Objekt nach dem anderen herauszuholen, und erzählte mir, warum er es verwahrte.

Eines war eine alte, schmutzige Flagge, die zuerst in seinem Büro in Spin Boldak hing und die er rettete und verwahrte, als sie zu zerfranst war, um sie noch weiter offiziell zu verwenden.

»Erzähl die Geschichte der Flagge, erzähl die Geschichte der Flagge«, bettelte ich.

Es war auch seine Lieblingsgeschichte.

Der Austausch der weißen Talibanflagge gegen die afghanische Trikolore markierte den ersten Sieg gegen die Taliban im Jahr 2001. Mein Vater war dabei, als sie am Grenzübergang die Trikolore am Fahnenmast hochzogen.

Afghanistan hat oft die Flaggen gewechselt, doch seit der Gründung des modernen Afghanistan flatterten die meiste Zeit die drei Farben über dem Land.

Jede Farbe ist ein Symbol: Schwarz steht für die Probleme, die hinter uns liegen, Rot steht für das Blut, das vergossen wurde, um unsere Freiheit zu erlangen, und Grün ist das Symbol für eine bessere Zukunft. Es waren auch die Farben, in die wir unsere Flüchtlingskinder kleideten. Man kann nicht in einem Flüchtlingslager aufwachsen, ohne wenigstens einmal im Leben in ein dreifarbiges Outfit gesteckt worden zu sein. Diese Farben blieben auch, als von unserem Land nichts mehr übrig war.

Mein Vater sprach darüber, dass er dabei gewesen war, als in einem Schlüsselmoment die afghanische Flagge gehisst worden war. Es war sein Beitrag zur afghanischen Geschichte. Als am 14. Juli 2021 also die weiße Talibanflagge in Spin Boldak die Trikolore ablöste, brach es mir das Herz, denn mein Vater hatte die Trikolore dort gehisst.

Es ist nur eine Flagge, versuchte ich mir einzureden, das Land ist noch nicht verloren. Doch tief in mir drin wusste ich, dass dies der Tag war, an dem das Afghanistan meines Vaters für immer verschwand.

Was ich betrauerte, war nicht die Regierung. Ich betrauerte den Verlust der Farbe auf unserer Flagge, den Verlust von Farbe in unserem Leben. Ich betrauerte den Verlust der Verfassung, denn die hatte mir in dem Land, das ich von ganzem Herzen liebte, als Frau eine Stimme gegeben.

Kapitel 14

Die Landschaft leuchtete auf von den Kämpfen, die die Hügel hinunterrollten wie Feuerwerk. Ein Dorf nach dem anderen fiel, bis die Taliban die Außenbezirke von Kandahar erreichten.

Das Muster der Niederlage zu erkennen war Teil meiner Bildung; es war meine allererste Lektion auf meiner allerersten Reise nach Afghanistan: »Seit dreihundert Jahren nimmt der, der Kandahar einnimmt, auch das Land ein. Und um Kandahar einzunehmen, muss man das Gefängnis einnehmen.«

Wenn ich über etwas Bescheid wusste, dann über die Geschichte meines Landes. Doch obwohl ich es sicher beherrschte, die drohende Vernichtung aus Teeblättern zu lesen, fiel es mir schwer, mit anzusehen, dass das alles auch für mich galt.

Vielleicht durchleben wir die Geschichte unwissend. Wir lernen sie, wie wir Cricketregeln lernen, doch wenn wir dann das erste Mal einem Spiel zusehen, haben wir die Regeln noch nicht verinnerlicht. Bei allem theoretischen Wissen sieht es doch so aus, als würde nur ein Haufen Männer herumstehen und ab und zu einen Ball schleudern. Kollektiv verstehen wir die Theorie der Niederlage. Sie dringt nur niemals durch die Rüstung der Hoffnung. Eines Tages wird jemand begnadigt. Eines Tages muss jemand der Erste sein, der dem Unausweichlichen entkommt. Nach allem, was man weiß, könnte man selbst diejenige sein.

Vielleicht ist das der Grund, warum die meisten Menschen so spät fliehen. Es ist nicht so, als wüssten sie nicht, was passiert, besonders nicht in Afghanistan, wo Fliehen olympische Disziplin sein müsste. Es ist zum Teil Hoffnung und zum Teil Unglaube, die einen bleiben lässt. Man denkt immer noch, man befände sich außerhalb des Ganzen.

Ich sah also wie alle anderen in Kandahar dem Feuerwerk zu, hörte die Explosionen und wartete, hoffte, die Geschichte würde an mir vorüberziehen und mich verschonen.

Fest und behaglich hatte ich mich in meinem Leugnen häuslich eingerichtet und ignorierte die Tragweite dessen, was geschah, als ein Freund, der in dem Teil der Stadt lebte, in dem das Gefängnis lag, mich bat, seine Mutter und seine Schwester aufzunehmen.

»Selbstverständlich können sie bei uns wohnen. Wir nehmen sie gern auf«, sagte ich.

Am Ende der Woche beherbergte fast jedes Haus in Kandahar Binnenflüchtlinge. Die Taliban kamen jetzt aus dem Bereich der Stadt, in dem das Gefängnis lag. Sie waren auf dem Weg, den alle Invasionsarmeen genommen hatten.

Trotzdem warteten wir ab.

Nach und nach verschwanden die Frauen von den Straßen. Sie gingen nicht mehr einkaufen und erledigten keine alltäglichen Besorgungen mehr. Diese Abwesenheit von Leben, die Abwesenheit von Alltagslärm war gespenstisch. Wieder schneiten »Nachtbriefe« auf die Stadt nieder, die altbewährte Methode, mit der die Taliban Drohungen verbreiteten. Von den vielen bedrohlichen Flugschriften, die die Straßen zumüllten, schockierte mich am meisten die, die jedem unverheirateten Mädchen, das älter war als acht Jahre, die Ehe mit einem Talibankämpfer versprach.

Plötzlich begriff ich, dass sie mich nicht einmal töten mussten, um mich zum Schweigen zu bringen. Sie mussten mich nur verheiraten. Damit konnten sie mich auslöschen, als Stammesführerin wie auch als Pädagogin.

Ein kleiner Trost war mir, dass ich, falls es so weit kommen sollte, mindestens einem Taliban das Leben zur Hölle machen würde.

Während die Frauen eingesperrt waren, rückten die Männer überall in der Provinz aus, um zu kämpfen. Nicht gegen die Taliban, sondern gegeneinander: Wer auch immer eine alte Rechnung zu begleichen hatte, zog jetzt mit einer Waffe los und brach die Türen seines Feindes auf. Immer noch sauer über eine Bemerkung von vor 15 Jahren? Dies war deine Zeit, um es heimzuzahlen.

Die Rechtlosigkeit, die der Machtübernahme vorausgeht, dieses Zeitfenster, in dem die alte Autorität auf dem Weg nach draußen ist und die neue noch nicht angekommen ist, ist das goldene Zeitalter der Gewalt. Es fühlt sich weniger an wie in der Geschichte zu leben, sondern mehr, als sähe man sich ein Staffelfinale von *Sons of Anarchy* an. Fast tausend Männer wurden bei internen Streitigkeiten getötet, bevor die Taliban die Kontrolle über die Provinz übernahmen. Nichts davon schien real, bis die Begräbnisse begannen.

Erst als das Blutvergießen vorbei war, setzte die große Fluchtbewegung ein. Obwohl die meisten Provinzhauptstädte jetzt in den Händen der Taliban waren und ein Meer von Menschen in Richtung Kabul strömte, kam die Regierung nicht auf die Idee, Zelte für die Binnenvertriebenen zu errichten oder Lebensmittel, medizinische Versorgung und sanitäre Einrichtungen für sie zur Verfügung zu stellen. Auch sie blieb sich treu: Sie bereitete sich eifrig auf den Fressrausch vor, der bald anfangen würde.

Währenddessen legten immer mehr Armeeeinheiten, die immer noch keine Unterstützung von der Regierung erhalten hatten, weder Sold noch etwas zu essen, die Waffen nieder, ein Distrikt nach dem anderen. »Warum wehren wir uns nicht? Wo ist unsere Luftwaffe?«, fragten wir uns alle laut.

Das war keine rhetorische Frage. Trotz der vielen Beweise für Korruption in allen anderen Bereichen hofften wir immer noch, die Armee könnte die eine Ausnahme sein, welche die Regel bestätigte. Die Regierung stahl doch sicher nicht das Geld, das der Armee zugedacht war? Verteidigte sie denn nicht nur uns, sondern auch die Regierung?

So niederschmetternd und demütigend es auch war, zuzusehen, wie das Land langsam in die Knie ging, verstand ich auch, dass es keinen Widerstand gab. Wie viele Söhne soll man einer Regierung opfern, der es egal ist, die sich um nichts kümmert, die verlangt, dass immer mehr Blut vergossen wird, ohne etwas dafür zurückzugeben?

Es kam eine Nacht, in der wir mit Gewissheit wussten, dass der Sturz von Kandahar unvermeidlich war, auch wenn er vielleicht noch nicht unmittelbar bevorstand. Wir wussten einfach, dass das Land unwiederbringlich einen anderen Kurs eingeschlagen hatte. Ich weiß nicht, was sich verändert hatte oder wieso wir es wussten. Der Druckmesser stieg kontinuierlich an, bis er auf Rot stand: Wir konnten das Zischen deutlich hören. Auch die Luft roch anders.

Ich musste meine Familie aus der Stadt bringen. Ich musste sie in Sicherheit bringen, und Pakistan war der einzige Ort, der ihnen Sicherheit bot.

Doch ich weigerte mich, mit ihnen zu gehen. Ich musste bleiben, denn ich hatte hier in Kandahar für September einen Workshop für Mädchen vorbereitet, das war in drei Wochen. Ich saß auf rund dreihundert Tablets, bis dato die letzte Lieferung. Ich wollte sie dort verteilen. Wir hatten für das Seminar einen Konferenzraum in einem Hotel gebucht. Wir hatten einen Fotografen gebucht. Ich hatte Stoffbeutel für die Mädchen vorbereitet. Ich konnte nicht weg.

»Der Konferenzraum ist schon bezahlt«, sagte ich immer wieder zu meiner Mutter, als würde das irgendetwas erklären. »Du solltest gehen. Ich tue, was ich tun muss, und dann gehe ich nach Kabul, um zu warten, bis es vorbei ist.« Ich musste sowieso nach Kabul, um die letzte Genehmigung für die neue Gemeindeschule zu besorgen. »Die Dinge beruhigen sich wieder.«

In Pakistan gab es nicht viel für mich. Pakistan hat nur ein sehr begrenztes Maß an Toleranz für Meinungen wie die meine. Politische Differenzen, die in anderen Ländern mit politischen Mitteln beigelegt werden, können in unserem Teil der Welt schnell tödlich enden. Nach all der Zeit den Mund zu halten schien mir aber keine Option zu sein. Wenn es dazu kam, wenn das der Preis war, den ich zahlen musste, würde ich lieber in Afghanistan zum Schweigen gebracht werden.

Solange ich das Land nicht verlasse, gebe ich nicht auf, dachte ich bei mir. Für meinen Stamm konnte ich so gut wie nichts tun, doch ich hatte noch »Learn«, meine Mitarbeiterinnen und meine Mädchen, um die ich mich kümmern musste. Mir fehlte nur noch ein einziger Stempel, dann hatte ich die Genehmigung der Regierung für eine Gemeindeschule. Jetzt, da uns allen die Zeit davonlief, würde die Dame von MAC mir den Stempel definitiv geben.

Ja, das war das Beste, beschloss ich. Meine Familie sollte nach Pakistan gehen, und ich würde mich, sobald sie abgereist waren, nach Kabul begeben, wo ich mich weiter um »Learn« und um Stammesangelegenheiten kümmern konnte.

Meine Mutter tobte. Sie betonte immer wieder, wie außerordentlich dumm mein Plan war, wie dumm meine Weigerung war, die Realität zu akzeptieren. »Das Auto steht bereit! Wir können nirgendwo anders hin als nach Pakistan! Du kommst nicht nach Kabul! Sie schließen den Flughafen. Wie willst du denn da hinkommen?«

Ihre Argumente wären sehr viel überzeugender gewesen, hätte sie sich nicht an eine kleine Plastiktasche geklammert, die sie für ihre Reise nach Pakistan gepackt hatte. Darin war Kleidung für eine Woche. Über Generationen waren wir mit ein paar Plastiktaschen geflohen und hatten uns vorgemacht, es wäre nur vorübergehend. Ich schaltete auf stur. Wir waren in einer Sackgasse. Weil sie mich nicht zur Vernunft bringen konnte, schrie sie mich frustriert an.

Bis sie abreisten, waren ziemlich viele schroffe Worte hin und her geflogen.

Es hätte, wie wir beide wussten, unser letztes Gespräch sein können, doch wir schrien beide. Es schadet der Seele, doch das begreift man in der Hitze des Streits nicht. Ich umarmte meine Geschwister unter Tränen, doch meine Mutter ging ohne Umarmung und schlug die Tür hinter sich zu, während ich immer noch meine Gründe aufzählte, warum ich blieb. Erst als sich die Türen hinter ihnen geschlossen hatten, bereuten wir es beide. Zumindest die Worte, wenn auch nicht unsere Handlungen: Wir taten beide, was wir für notwendig hielten.

Meine Mutter rief am nächsten Morgen an, sobald sie im Haus ihrer Schwester angekommen war. Unser eigenes Haus in Quetta war jetzt unerreichbar, denn dort hatten sich meine Onkel breit gemacht, uns blieb die Tür versperrt. Meine Mutter weinte und sagte, es tue ihr leid, und ich weinte und sagte, es tue mir leid.

Sie hatte recht, gestand ich, ich saß in Kandahar fest, und es gab keine Möglichkeit, nach Kabul zu gelangen. Als könnte es ihr ein wenig Erleichterung bringen, dass sie richtig gelegen hatte.

Es überraschte niemanden, dass der Flughafen von Kandahar in dieser Nacht wegen der Kämpfe geschlossen wurde. Es würde Tage dauern, bis er wieder öffnete, und selbst dann waren alle Flüge ausgebucht und keine Tickets mehr zu bekommen. Nach Kabul zu fahren kam nicht infrage, selbst wenn ich es in Betracht gezogen hätte – was ich nicht tat. Mein Vater hatte immer darauf bestanden, dass es nicht sicher war, mit dem Auto von Kandahar nach Kabul zu fahren, selbst unter den besten Bedingungen, ganz zu schweigen von jetzt.

Ich fühlte mich allein ohne meine Familie, doch ich war froh, dass sie fort waren, froh, dass sie sicher rausgekommen waren. »Eine Sache weniger, um die ich mich sorgen muss.« Es schien mir ein schrecklich selbstsüchtiger Gedanken zu sein, doch mein Hirn spulte ihn in Dauerschleife ab.

Erst drei Tage später konnte ich nach Kabul fliegen. Ich war kurz vor dem Durchdrehen. In Kandahar spürte man bereits die Anwesenheit der Taliban. Die Stadt gehörte ihnen noch nicht, doch man spürte, dass sie sich bereit machten zuzuschlagen. Ich musste raus, bevor die Übernahme abgeschlossen war, bevor sie endgültig war.

Übernahmen sollten um jeden Preis verhindert werden. Das ist die Phase, in der keine Regeln gelten, da braucht es nur einen aufgebrachten Mann mit einer Waffe. Es ist die Phase äußerster Unsicherheit, die eine Phase, in der es unmöglich ist, sich rauszureden, denn niemand hält inne, um zuzuhören.

Als ich endlich mein Flugticket nach Kabul bekam, versprach ich mir, nach Kandahar zurückzukehren, sobald sich die Lage beruhigt hatte. Selbst wenn die Taliban in der Provinz das Sagen hatten: Solange die Macht geteilt wurde, bestand Hoffnung. Ich musste nur eine Weile in Kabul warten, bis sich der Staub gelegt hatte.

Sobald ich in Kabul ankam, leitete ich die Evakuierung meiner Mitarbeiterinnen in die Wege. Wir standen auf der offiziellen Liste geschützter NGOs, wie gefährdete Wildtiere, die vom Aussterben bedroht sind. Westliche Länder brachten fieberhaft ihre afghanischen Verbündeten aus dem Land: von den Sondereinsatzkräften, die von den Amerikanern ausgebildet worden waren, bis hin zu den NGOs, die für Ideen wie Bildung eintraten, was unter den Taliban leicht ein Todesurteil sein konnte. Leute riefen mich an und rieten mir wegzugehen, doch statt einzuwilligen, setzte ich nur die Namen meiner Mitarbeiterinnen auf ihre Listen. Ich hatte nicht auf meine Mutter gehört, als sie mir befahl wegzugehen; da hatte das Außenministerium erst recht keine Chance. Ich musste den Fortbestand von »Learn« sicherstellen, so unerträglich schwer mir der Gedanke auch fiel, die Arbeit von den Mädchen zu trennen.

Dann machte ich mich auf den Weg, um die letzte Genehmigung für eine Gemeindeschule zu besorgen, die kurz vor der Eröffnung stand. Die Ministerien arbeiteten in jeder Hinsicht ganz normal weiter: Die MAC-Dame weigerte sich auch diesmal, mein Projekt abzusegnen. Nie fühlte ich mich mehr geschlagen. Das Land stand in Flammen, und die Regierung machte weiter Mätzchen.

Ich musste mich auch bei meiner Verhandlungsgruppe für die Friedensgespräche anmelden. Um mich auf die Liste der Verhandler zu setzen, brauchten sie meinen Pass. Im Rückblick erscheint es einfach lächerlich – welche Verhandlungen? War ich blind? Doch ich händigte pflichtbewusst meinen Pass aus.

Mehr gab es in Kabul nicht für mich zu tun, und ich überlegte, zurück nach Kandahar zu gehen. Aus der Ferne betrachtet, schien die Situation dort nicht so schlimm zu sein. Dass es mir nicht gelingt, das größere Bild in den Blick zu nehmen, ist, wie ich inzwischen weiß, gewissermaßen ein Wesenszug von mir. Ich wollte mich auf den Workshop vorbereiten. Diesmal würden die Stoffbeutel, die wir am Ende verteilen wollten, nicht leer sein. In jeder Tasche würde ein Tablet stecken. Ich hatte jahrelang darauf gewartet, diese Taschen zu füllen. Es sollte ein großer Augenblick für meine Mädchen und mich sein.

Ich sah zu, wie die Nachrichtensendungen die Karten rot einfärbten, um das Vorrücken der Taliban zu veranschaulichen. Ich wusste, dass jeder Quadratzentimeter Rot die Gesichter von Frauen verbarg, bis sie ganz verschwanden und ihre Stimmen nicht mehr gehört wurden. In den sozialen Medien tauchten verzweifelte Posts von gebildeten Frauen auf, die öffentlich versprachen, dem Land, das sie aufnahm, gute, hart arbeitende, loyale Bürgerinnen zu sein. Es war herzzerreißend, doch ich war in Gedanken bei den Frauen in der Provinz Kandahar. Sie konnten nicht einmal über ihr Elend posten. Über eine halbe Million von ihnen sind Analphabetinnen. Sie würden schweigend umkommen, hinter geschlossenen Türen, so, wie sie auch lebten. Es würde sein, als hätte es sie nie gegeben. *Ich bin eine Frau aus Kandahar*. Was mache ich hier in Kabul, weit weg von meinen Mädchen, weit weg von meinem Stamm?

Wenn das letzte Kapitel geschrieben wurde, in dem wir vorkamen, wollte ich bei ihnen sein. Das war ich meinem Vater schuldig, meiner Familie, meinen Mädchen. Ich wollte zu Hause sein. Zuhause ist der Schauplatz unserer vielen unermesslichen Verluste.

Kapitel 15

An dem Tag, als die Stadt fiel, flog ich zurück nach Kandahar. Als ich landete, war das Gefängnis eingenommen worden. Die gesamte Bevölkerung war unterwegs nach Norden, in Richtung Kabul, und ich wollte unbedingt in die andere Richtung. Es war, als würde ich in ein brennendes Haus laufen – in den Augen aller anderen ein sinnloses Unterfangen, außer für den Menschen, der sich verabschieden muss.

Mir war klar, dass auch ich am Ende wohl fortgehen musste, doch erwartete man von uns Frauen nicht, dass wir das Schlusslicht bildeten? Wir bekommen als Letzte etwas zu essen, und wir sind die Letzten, die Bildung bekommen. Also gut, dann stellte ich mich eben ganz hinten in der Schlange an. Ich würde die Letzte sein, die die Stadt verließ.

Meine Schülerinnen konnte ich nicht erreichen. Die Vorstellung, den Workshop abzuhalten, für den ich zurückgekommen war, war absurd. Das Gefühl des Verlusts war so gewaltig, dass ich vollkommen ausgehöhlt war. Nichts konnte die Leere füllen.

Ich bekam Interviewanfragen für diesen Abend: Befürworterin für Mädchenbildung in Kandahar, während die Stadt fällt? Einsame Sache.

Das Interview war für Channel Four, einen britischen Fernsehsender. Sie fragten über Twitter oder vielleicht auch Instagram an; ich war anscheinend die letzte Närrin in Kandahar, die lieber postete als zu packen.

Würde ich mit ihnen reden?

Klar.

Am Telefon, schlugen sie vor und führten Sicherheitsbedenken an.

Nein, beharrte ich. Per Zoom, in Vollansicht.

Wenn dies das letzte Mal ist, dass ich mein Gesicht zeige, dann kann ich es genauso gut im Fernsehen tun.

»Sind Sie sicher?«

Selten im Leben war ich mir einer Sache so sicher gewesen.

Es fühlte sich an, als wäre ich mit der Aufgabe betraut worden, eine Grabrede zu halten, und man verbirgt nicht sein Gesicht, wenn man eine Grabrede hält. Kandahar hatte etwas Besseres verdient.

Wir alle hatten etwas Besseres verdient.

Ich habe mir das Interview noch nie angesehen, und ich erinnere mich gar nicht so genau daran, doch ich habe genug darüber gehört, um es mir vorstellen zu können.

Es war seltsam, live im Fernsehen nach dem Tod gefragt zu werden.

Was würden Sie tun, wenn sie an Ihre Tür klopften?

»Beten«, habe ich geantwortet. »Ich würde beten.« Was sollte ich anderes tun, als meinen Frieden mit Gott zu machen, wenn ich sonst nirgendwo Frieden finden konnte?

Sie fragten mich nach meinen Mädchen, und für einen Moment füllten sich meine Augen mit Tränen. Nicht genug, um sie fortwischen zu müssen, ich erinnere mich jedenfalls nicht daran, dass ich sie fortgewischt hätte. Ich riss mich zusammen und beantwortete die Frage.

Kaum war das Interview vorbei, explodierte mein Twitter-Account.

Einige Nachrichten brachten Stolz zum Ausdruck, dass in Kandahar jemand war, die das Wort ergriff. Die übrigen stritten über meinen offensichtlich mangelnden Mut. Über die Tatsache, dass mir die Tränen gekommen waren. Sie sagten, ich hätte tapferer sein müssen, ich hätte nicht in der Öffentlichkeit weinen dürfen. Gott bewahre, dass wir Gefühle zeigen. Wenn Sie noch nie in Afghanistan waren, haben Sie noch nicht erlebt, wie Menschen ihre Emotionen kontrollieren.

Ich hatte nicht die Kraft, um darauf zu reagieren. Ich war keine Achtzehnjährige mehr, die gerade einen Bombenangriff überlebt hatte und die jetzt dafür kritisiert wurde, dass sie einem Mann das Leben gerettet hatte. Ich musste niemandem irgendetwas beweisen. Um uns herum ging gerade die Welt unter, gab es da nichts Wichtigeres zu diskutieren, als darüber, ob eine Frau weinen sollte, wenn sie es mitansehen muss? Hätten wir uns so entschieden gegen die Taliban gestellt, wie es uns widerstrebte, Gefühle zu zeigen, dann müsste ich jetzt nicht packen. Ich hatte es satt, verurteilt zu werden.

Diesmal war selbst mir klar, dass es ein Abschied war. Das Zeichen zu gehen ist der scharfe Schmerz in der Brust, der durch nichts zu lindern ist. Die Brust weitet sich nur minimal, die Atemzüge sind winzig, das Atmen fällt schwer. Das ist der Punkt, an dem du weißt, dass alles verloren ist. Es ist, als wärst du unter Wasser und hättest keine Luft mehr. Du kannst auftauchen und nach Luft schnappen oder ertrinken. Unversehens lernst du, dass es eine Entscheidung ist, die du treffen musst, nicht ein Instinkt, dem du einfach folgen kannst.

Niemand bringt einem bei, wie man packt, wenn man kurz davor ist, sein ganzes Leben hinter sich zu lassen. Ich stopfte immer wieder Sachen in die Tasche und holte sie wieder heraus. Einige Dinge standen nicht zur Debatte: Ich packte die Gebetsperlen ein, die mein Vater mir hinterlassen hatte, und seinen Stammesring aus Lapislazuli, einem blauen Stein aus Afghanistan, der hier seit sechstausend Jahren abgebaut wird.

Er steht für Königtum, Ehre und Wahrheit. Er steht für meinen Vater und meinen Stamm.

Ich packte den Lieblings-Koran meines Vaters ein, eine Miniaturausgabe, die meine Mutter ihm vor vielen Jahren geschenkt hatte. Ich packte sein Schatzkästchen ein. Das waren die Dinge, die zuerst in die Tasche kamen.

Ich packte das Buch ein, das ich gerade las. Sarah hatte es mir vor fast einem Jahr gegeben, und ich war erst auf Seite 378 – es war ein hektisches Jahr gewesen. Ich hasse es, Bücher nicht zu Ende zu lesen. Ich packte es ein und begründete den Platz, den es einnahm, damit, dass ich mir sagte, es sei nicht garantiert, dass ich es mir leisten könnte, es mir noch einmal zu kaufen, wenn ich einmal fortgegangen war. Es war *Education of an Idealist* von Samantha Power – damals war ich viel zu durcheinander, um zu bemerken, wie viel Ironie darin steckte.

Ich nahm meinen Schmuck mit. Bei Schmuck geht es nicht darum, sich zu schmücken. Für afghanische Frauen ist Schmuck ein Wertgegenstand, den sie zu Geld machen können, wenn sie welches brauchen.

Ich schnaubte verächtlich, dass ich Kleider mitnehmen musste, und wählte nur einige Stücke, die von den alten Frauen meines Stammes handbestickt worden waren.

Mein Cousin schickte seinen Wagen und seinen Fahrer, um mich aus der Stadt zu bringen, denn nur Menschen, die schon seit Jahrzehnten für die Familie arbeiteten, waren vertrauenswürdig. Man konnte nur seinem Stamm vertrauen. Als ich die Stadt im Morgengrauen verließ, war die Straße, die aus Kandahar hinausführte, leer. Ich hatte erwartet, dass sie voller Menschen wäre, die aussähen wie ein Trauerzug, doch alle saßen in ihren Häusern eingeschlossen und versteckten sich. Ich tat, was ich versprochen hatte, ich war die Letzte, die fortging.

Ich reiste allein, belastet von Schuldgefühlen, weil ich meine Mädchen zurückließ, auf derselben Straße, auf der ich zum ersten Mal nach Afghanistan gekommen war.

Dort spürte ich die Gegenwart all derer, die vor mir geflohen waren, eine lange Reihe von Flüchtlingen, die die Erde niederdrücken. Das Gewicht kommt nicht von dem, was sie mit sich tragen: Nur wenige können überhaupt etwas Nützliches mitnehmen. Besonders wir Nachzügler, die, die zu lange gezögert haben. Wir reisen mit leichtem Gepäck. Die Schwere kommt davon, dass wir die Erde unter uns mit dem ganzen Gewicht unseres Verlustes niederdrücken. Verlust von Würde, von Menschen, von Besitztümern, von Zukunft. Wir hatten eines nach dem anderen verloren.

Es ist dieselbe Straße, die mein Vater nahm, um gegen die Taliban zu kämpfen, dieselbe Straße, auf der er seine letzte Reise antrat, um beigesetzt zu werden. Die Straße, die unser aller Leben in zwei Teile teilt. Die Straße des »Davor« und des »Danach«. Die Straße, die mir jetzt peu à peu alles raubt: meinen Stamm, meine Rolle als Khan, meine Rechte.

Die Straße, die mich daran erinnert, dass wir immer nur die Wahl zwischen dem geringeren von zwei Übeln hatten, dass es niemals um Hoffnung gegangen war.

Als ich fortgehe, kann ich an nichts anderes denken als daran, wie ich Afghanistan zum ersten Mal gesehen habe. Ich erinnere mich an meinen Schock beim Anblick des blauen Meeres aus verschleierten Frauen. Ich höre im Geiste, wie mein Vater wieder und immer wieder sagte: »Du musst lernen, an den Burkas vorbeizuschauen.« Während Kandahar hinter mir verschwindet, halte ich das Gespräch in Gang; tot oder lebendig, mein Vater war stets der Mensch, an den ich mich im Augenblick der größten Freude und der größten Verzweiflung wandte. »Vielleicht ist es doch nicht so banal, Vater. Vielleicht sollten wir nicht daran vorbeischauen. Es ist fast hundert Jahre her, seit die afghanischen Frauen das Wahlrecht bekamen; es ist fast hundert Jahre her, seit Königin Soraya sich aus Protest einen Schleier vom Gesicht riss. Und schau sie dir an, Vater, sie ziehen den Vorhang wieder vor uns zu.«

Burkas spielen eine Rolle, Vater, ich sollte es wissen. Denn als ich Kandahar hinter mir ließ, trug ich eine.

Kapitel 16

Es dauerte nur zehn Tage. Am 15. August war das ganze Land verloren. Die Taliban rückten in Kabul ein und schworen, Recht und Ordnung wiederherzustellen, doch das beruhigte nur wenige. Innerhalb weniger Tage wurde aus dem Ministerium für Frauenangelegenheiten ein Ministerium zur Förderung der Tugend und Verhinderung des Lasters. In Afghanistan dreht sich die Zeit im Kreis.

Menschenmassen waren unterwegs und versuchten, vor ihrem Schicksal davonzulaufen. Die Stammesgebiete quollen über von Vertriebenen. Die, die nicht wegliefen, sahen live im Fernsehen ungläubig zu, als die siegreichen Taliban ihre erste Pressekonferenz im Präsidentenpalast hielten. Wie die meisten Afghanen und Afghaninnen hatte ich tagelang nicht geschlafen. Seit ich aus Kandahar geflohen war, wurde ein Verlust nach dem anderen gemeldet, bis es nichts mehr zu verlieren gab.

Die Bilder vom Flughafen sahen aus, als müsste man sie eigentlich in schwarz-weiß sehen, wie eine Geschichtslektion aus einem anderen Jahrhundert. An den Grenzen drängten sich die Menschen so dicht in dem schmalen Streifen Niemandsland, dass man sich, wenn man eine Münze fallen ließe, nicht bücken könnte, um sie aufzuheben. Sie wurden zurückgehalten von dem Zaun, der von Nato-Draht gekrönt wurde wie ein komplizierter Zuckerguss auf einem Metallkuchen; ihr Leben in der Schwebe, ihre Blicke leer. Der Boden wurde uns unter den Füßen weggezogen, und wir verloren kollektiv das Gleichgewicht. Der Sturz schien uns jedoch aus viel größerer Höhe zu geschehen. Wir waren einem Ausverkauf preisgegeben.

Die Taliban verkündeten eine Amnestie, doch niemand war bereit, seinen Kopf zu riskieren in dem Vertrauen darauf, dass die Güte der Taliban obsiegen würde. Die Verzweiflung war greifbar, mit bloßem Auge sichtbar. Ein Mann stürzte in den Tod, weil er versuchte, sich an dem Reifen eines Flugzeugs festzuhalten, das ohne ihn abhob. Alle, die ich kannte, bemühten sich um ein Aufenthaltsrecht im Ausland aus humanitären Gründen, das Zugangsticket zu der schönen neuen Welt, wo wenigstens das eigene Überleben gewährleistet ist.

Als ich schließlich zu meiner Familie nach Pakistan kam, waren sie in Quetta bei den Verwandten meiner Mutter. Sie konnten nirgendwo anders hin: In unserem Haus in Quetta, dem Haus, in dem meine Geschwister und ich aufgewachsen waren, wohnte jetzt die Familie meines Onkels. Als er nach dem Tod meines Vaters Anspruch darauf erhob, betrauerte eigentlich niemand den Verlust. Damals waren wir nur wütend darüber, dass er es sich einfach unter den Nagel riss. Jetzt waren wir durch diesen Diebstahl heimatlos.

Trotz allem lebte meine Familie in relativem Frieden, bis ich zu ihnen kam. Doch Afghanistan war noch in den Nachrichten, und ich bekam weiterhin Interviewanfragen aus der ganzen Welt. Aus dem Keller meiner Verwandten erhob ich nach wie vor meine Stimme, hinterfragte kritisch die Taliban und kritisierte Pakistan für seinen Umgang mit Flüchtlingen. Die Familie meiner Mutter war genauso wenig entzückt über meinen Aktivismus wie die Verwandten auf der Seite meines Vaters, doch sie erlaubte es liebenswürdigerweise. Obwohl ich jetzt in Pakistan war, verriet ich bei den Interviews nicht meinen Aufenthaltsort – ein schwacher Versuch, die Menschen zu schützen, die uns Zuflucht vor dem Zorn derer gewährten, die darauf bestanden, dass ich ein für alle Mal den Mund halten sollte. Es reichte nicht. Eine hilfsbereite Seele »doxte« mich und veröffentlichte die Adresse in den sozialen Medien, was einer offenen Einladung zu Randale gleichkam. Wir reisten am selben Tag nach Karatschi, rund acht Stunden entfernt, denn wir dachten, dort würde es uns leichter fallen unterzutauchen. Karatschi hat eine Bevölkerung von fast fünfzehn Millionen Menschen, es wäre wie die Suche nach der Nadel im Heuhaufen. Trotzdem versprach ich, von dort keine Interviews mehr zu geben.

Ich wusste, dass Karatschi nur eine vorübergehende Lösung war. Meine Familie musste in Quetta sein, wo meine Mutter die Unterstützung ihrer Familie hatte. Und für mich war Pakistan insgesamt wohl kaum eine Option. Von dort konnte ich »Learn« niemals leiten.

Die Evakuierungen in Afghanistan wurden fortgesetzt, und es gab eine Liste von Menschen, die Anspruch darauf hatten. Ich stand darauf. Die ersten Plätze auf der Liste waren für diejenigen reserviert, die in irgendeiner Art und Weise mit der NATO kooperierten. Als Zweites folgten die NGOs. Angesichts der Haltung der Taliban zu diesen Themen waren diejenigen NGOs am meisten gefährdet, die sich für Frauen oder für Bildung einsetzen. Als Leiterin von »Learn« schaffte ich es, zwei der unbeliebtesten Kategorien in einer NGO zu vereinen. Ich erfüllte alle Kriterien. Wenn dies eine Klimakatastrophe durch den Klimawandel wäre, wäre ich der Eisbär auf der schmelzenden Eisscholle.

Ich bekam Nachrichten von denen, die die Evakuierungen koordinierten, ich solle nach Kabul zum Flughafen kommen, damit ich evakuiert werden konnte.

»Ich bin in Karatschi! In Pakistan! Im falschen Land UND fünfhundert Kilometer weit weg!«, antwortete ich.

Doch es war nicht nur die Entfernung. Naiv, wie ich war, dachte ich, ich bräuchte keinen Platz auf der Menschenrechtsliste. Ich hatte ein Besuchervisum für die USA. Es schien schon eine Ewigkeit her zu sein, aber »Learn« wurde in einem Dokumentarfilm vorgestellt, und ich war zu einer Veranstaltung in New York eingeladen, wo der Film beworben werden sollte. Das Visum war vor Wochen erteilt worden, sie mussten es nur in meinen Pass stempeln. »Kann ich nicht einfach das benutzen? Sobald ich da bin, suche ich mir eine Universität, die mich annimmt.«

Ich nahm Kontakt zu allen auf, die ich kannte, doch die meisten reagierten ungläubig. »Du hast ein Anrecht auf ein Visum aus humanitären Gründen, aber du willst ein Besuchervisum? Du willst Touristin sein? Wo der Rest des Landes um sein Leben rennt?«

Ich versuchte zu erklären, dass ich auch um mein Leben floh, dass ich nur versuchte, einen anderen Weg zu nehmen. Einen Weg, der nicht von mir forderte, mein Land aufzugeben. Ich hatte bis zur Erschöpfung daran gearbeitet, zu beweisen, dass ich eine echte Afghanin war. Ich würde mich nicht aus dem Land jagen lassen. Wer wird noch Afghane oder Afghanin sein, wenn wir alle Afghanistan aufgeben? Ich war sauer und fühlte mich abgestraft durch ihre Anspielung, ich wollte die Touristin spielen. »Sobald ich dort bin, suche ich mir eine Universität, die mich aufnimmt«, wiederholte ich ein ums andere Mal. Es nützte nichts. Man sagte mir, ich würde unnötig Probleme machen. Ein oder zwei Mal deuteten Leute an, ich wäre undankbar.

Gut möglich, dass ich undankbar war. Doch ich konnte einfach nicht loslassen. Ich wurde als Flüchtling geboren. Ich ging ganz allein zurück in dieses gottverlassene Land, weil es meine Heimat war. Und jetzt verlor ich es wieder, zusammen mit Millionen anderen Afghanen und Afghaninnen. Ich weigerte mich zu glauben, dass mein afghanischer Pass, der Pass, auf den ich so stolz war, nur dafür gut war, ein Flüchtlingsvisum hineinzustempeln. Ich hatte es satt, ins Exil geschickt zu werden. Ich würde meine Staatsangehörigkeit nicht aufgeben, Schluss, aus, Ende.

Jess war die Erste, die mir nicht gleich widersprach.

Ich lernte Jess im Sommer 2021 kennen. Sie nahm aus heiterem Himmel Kontakt zu mir auf. Sie leitete ihre eigene NGO, die Satellitendienste für Bildungszwecke anbot, und sie wollte wissen, ob ich Interesse an einer Zusammenarbeit hätte. Was für eine Frage.

Jess war auch Major in der US Army. Seit 2013 in Afghanistan eingesetzt, gehörte sie der Gruppe von Spezialoperationen der US Army an, die die ersten weiblichen Mitglieder der afghanischen Sondereinsatzkräfte ausbildete. Jetzt steckte sie knietief in den inoffiziellen Evakuierungsbemühungen. Sie versuchte, ihre afghanischen Mitsoldatinnen in den Provinzen aufzuspüren, wo sie zuletzt gekämpft hatten, um sie aus Kabul und aus dem Land zu bringen. Sie war die Hüterin von »Schindlers Liste«. Zwar konnte nicht einmal sie ein Touristenvisum aus dem Ärmel ziehen, doch sie verstand, warum ich so stur darauf beharrte, die Verbindungen zu meinem Land nicht abreißen zu lassen. Auch sie war schließlich bereit, für ihr Land zu sterben.

Jess stellte mich Amna vor, einer Journalistin, die ursprünglich aus Pakistan stammte. »Sie kann dir vielleicht helfen.« Amna hatte gute Verbindungen zum Wellesley College in Amerika. »Du würdest da perfekt hinpassen. Es ist ein Frauencollege, und sie haben ein Forschungsinstitut, dass vielleicht interessiert wäre, dir ein Stipendium zu gewähren, damit du mit ›Learn‹ weiterarbeiten kannst.« Ich nickte und fragte mich, warum Amna dachte, ich sei diejenige, die überzeugt werden müsste.

Amna hielt Wort. Ich weiß immer noch nicht, wie sie es schaffte, aber innerhalb von zwei Wochen bekam ich eine E-Mail, in der man mir ein Zwei-Jahres-Stipendium am Wellesley Centers for Women anbot. Das Wichtigste jedoch war, dass in der E-Mail die magischen Worte »Wir kümmern uns um Ihr Visum« standen.

In meinem Kampf, mir ein Visum zu verschaffen, das nach meinem Geschmack war, übersah ich jedoch ein winziges Detail.

Ich hatte gar keinen Pass, um es hineinzustempeln.

In meiner unendlichen Weisheit hatte ich meinen Pass im Juli in Kabul gelassen. Ich hatte ihn damals, als man mich gebeten hatte, an den Verhandlungen mit den Taliban teilzunehmen, der NGO ausgehändigt, die die Delegation leitete, damit sie mich auf die Liste der Verhandlungsteilnehmer setzen konnten.

Ich wusste nicht einmal, wo ich danach suchen sollte, denn seit Kabul im August gefallen war, waren sämtliche NGOs auf der Flucht. Als ich endlich den Mann aufstöberte, dem ich meinen Pass übergeben hatte, hörte ich voller Entsetzen, dass er auf dem Weg nach Frankreich war. »Keine Sorge, ich habe Ihren Pass im Büro gelassen«, versuchte er mich zu beruhigen. »In der zweiten Schublade links. Er sollte leicht zu finden sein.«

Ungläubig vernahm ich seine Worte. Obwohl ich die Idiotin war, die ihren Pass in Kabul gelassen hatte, konnte ich meinen Sarkasmus nicht in Schach halten: »Ja, klar, ganz leicht.

Ich muss lediglich einen Einbruch inszenieren und eine Übergabekette von Kabul nach Quetta organisieren, ohne mich dabei von den Taliban erwischen zu lassen.«

Doch am Ende war es genau das, was ich tat. Ich konnte mich darauf verlassen, dass meine Mitarbeiterinnen, meine Freunde und Stammesmitglieder ihn von Kabul nach Kandahar bringen würden, aber niemand wollte ihn über die Grenze bringen. Schließlich erklärte meine Schwester sich dazu bereit.

Meine Geschwister und ich gehen uns ständig an die Gurgel und sparen innerhalb der eigenen vier Wände nicht mit Beleidigungen: Wir schnauzen uns gegenseitig an, beschimpfen uns. Ich habe meinen Bruder und meine Schwester so oft »Esel« genannt, dass sie schon darauf reagieren, als wäre es ihr Name. Doch wir konnten so viele Differenzen haben, wie wir wollten, ich wusste, dass wir alles füreinander tun würden.

Ich war sowohl dankbar als auch voller Angst bei der Aussicht, dass Sangeena es übernehmen würde. Vom Verstand her wusste ich, dass es die einzige Möglichkeit war: Sie war im Juli legal über die Grenze gegangen und konnte, wenigstens theoretisch, kommen und gehen, wie sie wollte. Doch die Grenze zu überschreiten war eigentlich kein Problem, ich war der lebende Beweis dafür. Das Problem war Kandahar. Es gab Durchsuchungen von Haus zu Haus. Alle Stammesführer waren untergetaucht. Unser Haus in Kandahar war bereits geplündert worden, unser Stamm hatte unter dem neuen Taliban-Regime sämtlichen Einfluss verloren. Ich wusste, dass ich in Kandahar mehr Schutz brauchen würde, als der Stamm mir geben konnte. Sangeena dagegen hatte niemals öffentlich jemanden kritisiert, auf sie hatte es vermutlich niemand abgesehen. Sie würde in Kandahar nur eine Frau unter einer Burka sein.

Ich war voller Schuldgefühle, doch jetzt war nicht die Zeit, meine Gedanken laut auszusprechen. Ich hatte ihr die üblichen Beleidigungen um die Ohren geworfen in der Hoffnung, damit das Böse abzuwehren. Meine Mutter verbrannte schon lange keinen Salbei mehr zu unserem Schutz, sondern war dazu übergegangen, Ziegen zu opfern, um unsere Sicherheit zu garantieren. Dass Sangeena meinen Pass holen ging, war der Grund, warum die zweite Ziege getötet wurde. Meine Mutter – und auch die Ziegen – wusste es noch nicht, aber es würde vier Ziegen brauchen, um mich rauszukriegen.

Eingehüllt in eine Burka machte sich Esel, begleitet von einer Verwandten, auf den Weg nach Kandahar. Ich atmete erst wieder tief ein, als sie zurück in Pakistan war, doch es war ihr tatsächlich gelungen, meinen Pass über die Grenze zu schmuggeln – in ihrem BH.

Zeit auszuatmen hatte ich nicht. Sobald sie mir den Pass in die Hand drückte, ging ich damit zum US-Konsulat, um das Visum hineinstempeln zu lassen. Das war's. Die alltäglichen Aufgaben der Stammesführung hatte ich bereits an meinen Bruder übergeben, der endlich achtzehn geworden war. Meine Taschen hatte ich gar nicht richtig ausgepackt, und so gab es für mich nichts mehr zu tun. Mein Flug nach Boston ging am nächsten Tag. Ich hatte ein Stipendium für zwei Jahre, um an »Learn« zu arbeiten. Das Wellesley College erwartete mich.

Die Mitarbeiter des US-Konsulats boten mir an, mich zum Flughafen zu begleiten, um mögliche Probleme mit der pakistanischen Grenzkontrolle zu klären. Ich verabschiedete mich von meiner Mutter, meinem Bruder und meiner Schwester und gelangte, immer noch unfähig, so richtig zu begreifen, was gerade geschah, zum Flughafen.

Es dauerte fast vier Stunden, bis die Konsulatsmitarbeiter sich geschlagen gaben. Die Pakistanis weigerten sich, mich aus dem Land zu lassen: Sie erklärten freundlich, da ich keinen Einreisestempel für Pakistan hatte, könnten sie mir auch keinen Ausreisestempel geben. Dagegen half kein Reden.

Niedergeschmettert fuhr ich mit meinem ganzen Gepäck zurück zum Haus, zurück zu meiner Familie. »Wir versuchen es morgen noch einmal. Am Flughafen sind dann andere Leute, und diesmal schicken wir einen ranghöheren Botschaftsvertreter mit. Diesmal funktioniert es bestimmt.« Ich wollte es gern glauben, doch meine Mutter schien nicht überzeugt.

Am nächsten Abend verabschiedete ich mich noch einmal, wir vergossen alle noch mehr Tränen, und ich stieg in den Wagen.

Sechs Stunden später war es mir noch immer nicht gelungen, ein Flugzeug zu besteigen, und wieder verließen wir den Flughafen. Der Vizekonsul war bedrückt, als er neben mir im Auto saß. »Es ist das Beste, wenn Sie eine Weile nicht nach Hause gehen. Bleiben Sie für ein, zwei Tage im Konsulat.« Ich brach zusammen. Ich weinte und schluchzte auf dem ganzen Weg. Ich weinte, als sie das Tor zum Konsulat öffneten, ich weinte, als sie mein Gepäck hineintrugen, und ich weinte, als sie die Tür hinter mir schlossen. Ich hatte das goldene Ticket, das Visum, für das andere Menschen töten würden, und ich konnte Pakistan nicht verlassen, das Land, das mich eigentlich gar nicht haben wollte.

Inzwischen wurden sogar die Menschen um mich herum wütend über die Situation – eine willkommene Abwechslung, denn normalerweise galt ihre Empörung mir. Das Ganze schien kleinlich und überflüssig zu sein. Alle, die ich kannte, machten mobil, um zu helfen: meine Freunde, meine Familie. »Wenn du dich in Pakistan als Flüchtling registrieren lässt, haben sie keinen Grund, dir die Ausreise zu verweigern.«

Drähte wurden gezogen, Dokumente eingereicht.

Tagelang fühlte ich mich, als würde ich mich außerhalb meines Körpers befinden. Wenn ich nach Hause zu meiner Mutter kam, setzte ich mich an den Esstisch, ohne ein Wort zu sagen, ohne etwas zu essen, und wie Voldemort reagierte ich nur, wenn mein Name drei Mal gerufen wurde. Es war kurz vor 23 Uhr, als ich eine Nachricht von einem der Evakuierungs-Koordinatoren bekam, der sich höflich erkundigte, wann ich voraussichtlich am Flughafen Kabul ankommen würde. Ich wusste nicht, ob ich lachen oder weinen sollte und starrte eine Weile auf das Telefon. Dann sagte ich, an niemanden direkt gewandt: »Er hat recht. Was mache ich hier in Pakistan? Die werden mich niemals gehen lassen. Dann kann ich genauso gut zurückgehen.« Die Erleichterung meiner Mutter, dass ich wieder sprach, wurde rasch von dem gedämpft, was ich sagte. »Ich muss aus Afghanistan evakuiert werden. Wenn ich von dort fliehe, können sie mich nicht zurückschicken. Ich sollte versuchen, nach Kabul zu gelangen.« Meine Mutter räumte wortlos den Tisch ab.

Ab da bekam es ein Eigenleben. »Wer A sagt, muss auch B sagen«, dachte ich mir. »Wenn ich mein Leben sowieso aufs Spiel setze, indem ich nach Afghanistan gehe, könnte ich auch, wenn ich dort bin, gleich noch ein paar Sachen erledigen.« Ich hatte die Tablets, ich konnte sie verteilen. Die Genehmigung des Ministeriums brauchte ich nicht, denn das Ministerium gab es nicht mehr: Ich konnte die letzte Gemeindeschule eröffnen. Ich konnte die Mädchen zusammenrufen und die Schule zum Laufen bringen. Und nachdem ich die Schule gegründet hatte, würden die Stammesangehörigen mir helfen, nach Kabul zu kommen. Plötzlich kam mir die Idee, nach Kabul zu gehen, gar nicht mehr so verrückt vor. Der Evakuierungs-Koordinator, der mir immer wieder Nachrichten schickte, war nicht unwissend gewesen: Er war vorausschauend gewesen.

Es dauerte zwei Wochen, um die Reise zu planen, weil mir andauernd noch etwas einfiel, was zu erledigen war, und Orte, wo ich noch hinmusste. Der ursprüngliche Plan, von Quetta zum Flughafen Kabul zu fahren, um von dort ins Ausland zu fliegen, entwickelte sich zu einer Reise durch Afghanistan.

Meine erste Station sollte Kandahar sein. Ich hatte in der Provinz ein Gesundheitsprogramm für Mütter ins Leben gerufen, bevor Afghanistan fiel. Nun wollte ich mich davon überzeugen, dass die Ultraschallgeräte an die von uns eingerichteten Kliniken geliefert worden waren. Seit die Taliban das Sagen hatten, konnten Frauen nicht mehr so leicht das Haus verlassen, und mobile Kliniken waren eine Möglichkeit, dafür zu sorgen, dass sie nicht zu weit reisen mussten. Ich hatte eine Blitzkampagne gestartet, um das Geld für die Geräte zusammenzutrommeln.

Als Sangeena erklärte, sie werde mich begleiten, warf meine Mutter nur die Arme in die Luft: Ihr fehlten die Worte. Eine dumme Entscheidung nach der anderen machte sie sprachlos. Ihre Kinder waren Idioten. Sie hatte die Nase voll von uns. Es gab gar nicht genug Ziegen in der Welt, um uns am Leben zu erhalten.

Esel und ich fuhren zusammen zur Grenze, genau wie vor vielen Jahren, als unser Vater uns zum ersten Mal mit nach Afghanistan genommen hatte. Diesmal war der Grenzübergang kein fröhlicher, er war bedrückend, er saugte uns die Luft aus der Lunge. Ein Freund begrüßte uns auf der anderen Seite und fuhr uns weiter in die Provinz hinein.

Sobald ich in Afghanistan war, fühlte ich mich wieder wie ich selbst. Ich traf mich mit den Mädchen, ich brachte die Schule zum Laufen, und ich unterrichtete sogar ein paar Klassen. Natürlich fragte ich mich sofort, ob ich einfach versuchen sollte zu bleiben. Konnte ich so weiterleben, indem ich von einem Haus zum anderen zog? Kein einziger Mensch fand, das wäre eine gute Idee, doch ich redete weiter darüber, bis ein Freund meines Vaters mich ein für alle Mal zum Schweigen brachte. »Du kannst von draußen viel mehr für sie tun. Du hast längst ein Netzwerk geknüpft, vertrau darauf. In ein paar Monaten, wenn alle Afghanistan vergessen haben, bist du da draußen und kannst sie daran erinnern.«

Er hatte recht. Widerwillig gab ich zu, dass es Zeit war zu gehen.

COVID-19 war im Sommer 2021 immer noch ein Thema, und um in ein Flugzeug steigen zu dürfen, musste ich mich impfen und dann vor dem Flug testen lassen. Die Impfung war einfach: Durch das Gesundheitsprogramm für Mütter hatte ich genügend Verbündete, die mich ins Krankenhaus von Kandahar schmuggeln und mir die Impfung verabreichen konnten, ohne mich ins System einzugeben, auf das die Taliban jetzt Zugriff hatten. Sie organisierten sogar einen Impfstoff, bei dem nur eine Impfung notwendig war, obwohl ich halb gehofft hatte, das würde ihnen nicht gelingen. Hätte ich auf eine zweite Impfung warten müssen, hätte ich noch ein paar Wochen länger in Afghanistan bleiben können. Doch der Test musste in der Klinik gemacht werden. Dafür gab es kein spezielles Arrangement. Ich würde in ein Krankenhaus voller Talibankämpfer gehen müssen. »Es ist eine gute Übung für Kabul«, versuchte ich alle um mich herum zu beruhigen. Aber ich war natürlich besorgt: Der Abstrich, der in der Nase genommen wird, machte es erforderlich, mein Gesicht zu entblößen. Das Gesicht, das ich schlauerweise in unzähligen Fernsehsendern gezeigt hatte, wenn ich die Taliban kritisierte.

Direkt gegenüber der Teststelle war eine Station für Frauenheilkunde und Geburtshilfe, denn welcher Ort war besser geeignet, Menschen auf eine hochansteckende Krankheit zu testen, als einer, der sich in unmittelbarer Nähe von schwangeren Frauen befand. Während ich in der Ecke wartete, saß ein Talib auf einem der Stühle vor der Geburtsstation und wartete darauf, dass seine Frau herauskam. Seine Tochter lief herum und sorgte für Unruhe, doch er lächelte nur und bot ihr einen Platz auf seinem Knie an. Sie hüpfte fröhlich hinauf. Ich sah fassungslos zu. Er liebte seine Tochter ganz offensichtlich. Ich verstand das nicht. Warum hatte er sich einem Kampf angeschlossen, der ihr am Ende alle Rechte absprechen würde?

Zum Glück wurde ich aufgerufen, bevor es zu einem ausgewachsenen imaginären Streit kommen konnte.

Das kleine Mädchen hielt den Talib so beschäftigt, dass er gar nicht auf seine Umgebung achtete. Ich war mir nicht einmal sicher, ob er mich sehen konnte. Trotzdem stieg, als ich die Burka abnehmen musste, Panik in meiner Kehle auf. Ich konnte mein Gesicht unmöglich zeigen, wenn da draußen ein Talibankämpfer saß. Bei meinem Glück war er ausgerechnet einer, der regelmäßig die Nachrichten schaute.

Die Krankenschwester, die genervt war, dass ich so lange brauchte, hob die Burka an und schob mir den Abstrichtupfer ins rechte Nasenloch, die Seite, die immer noch weh tat von den vielen Verletzungen. Es löste sofort einen Migräneanfall aus. Als ich auf dem Weg nach draußen an dem Talib und seiner Tochter vorbeiging, warf ich nicht einmal mehr einen kurzen Blick in seine Richtung. Dazu war ich viel zu sehr mit meinen Schmerzen beschäftigt.

Mit dem Test begann der Countdown. Ich hatte jetzt vierundzwanzig Stunden für den Flug. Sangeena sollte zurückfahren, doch die offizielle Grenze wurde prompt wieder geschlossen. Ich setzte mich mit meinem Cousin hin und überlegte, welche Strecke sie fahren sollten. Es gab nur eine einzige Möglichkeit: Khan Bibis Strecke.

Meine Busfahrt nach Kabul dauerte ewig, verlief zum Glück aber ereignislos. Ich war auf einen Flug nach Islamabad am nächsten Tag gebucht. Wegen der Grenzschließung musste Sangeena eine Stammesgrenze nehmen. Ich fuhr zum Flughafen und schickte ihr, sobald ich dort war, eine SMS. Sie wartete, um sichergehen, dass sie zurückfahren konnte.

Ich bestieg das Flugzeug und legte sofort den Sicherheitsgurt an, ungläubig, dass ich es tatsächlich so weit geschafft hatte.

Das Flugzeug stand auf dem Rollfeld. Fünf Stunden lang saßen wir auf unseren Plätzen, ohne zu wissen, was los war, bis sie durchsagten, dass Pakistan uns nicht in seinen Luftraum ließ.

Jede pakistanische Weigerung, mich gehen zu lassen, jede Begegnung mit den Taliban nagte an meiner geistigen Gesundheit. Die Durchsage, dass das Flugzeug nicht abheben werde, schubste mich endgültig in Richtung totaler, allumfassender Paranoia. »Das ist meinetwegen. Sie erlauben dem Flugzeug meinetwegen nicht abzuheben.« Das Flugzeug zu verlassen kam mir vor wie ein Gang zum Galgen. Ich war über die Grenze gelangt, hatte das ganze Land durchquert, war durch alle Taliban-Checkpoints gekommen und durch die Passkontrolle, um in dieses Flugzeug zu steigen. Es einmal zu tun war unglaublich genug. Und jetzt würde ich es *noch einmal* tun müssen? Selbst wenn es mir gelang, einen anderen Flug zu ergattern, wovon sollte ich das Ticket bezahlen?

Ich wusste nicht, was ich machen sollte. Ich wollte nicht zurück ins Haus meines Cousins, ich war zu erschöpft vom vielen Abschiednehmen. Es reichte mir, ich hatte mich zu oft verabschiedet und war dann doch geblieben. Wie oft musste ich noch mein Herz brechen, bevor ich wirklich gehen durfte?

Ich rief Sangeena an, um ihr Bescheid zu geben, dass wir nicht abhoben, doch sie war schon außer Reichweite. Ich wusste, dass kein Handyempfang möglich war, deswegen machte ich mir keine großen Sorgen. Ich musste so viele Leute anrufen. Zohra, eine Freundin, die in New York lebte, kaufte mir ein neues Flugticket.

Aus einer Laune heraus rief ich Zuhal an, eine Collegefreundin, und fragte sie, ob ich für die Nacht bei ihr unterkommen könnte. Wegen des früheren Jobs ihres Vaters standen auch sie auf der schwarzen Liste der Taliban, deswegen fiel es mir leichter, sie zu fragen. »Natürlich, komm, bitte, komm. Es wäre wunderbar, dich noch einmal zu sehen, bevor du weggehst.«

Meine letzte Nacht in Kabul wurde zu einer wunderschönen, unwirklichen Pyjamaparty. Ich blieb die ganze Nacht auf, ohne auf die gruselige Stille zu achten, die über der Stadt lag. Ich saß mit Zuhal in ihrem Zimmer auf dem Boden, und wir taten so, als würden um uns herum nicht Menschen sterben, als wäre unser Leben nicht auf den Kopf gestellt worden, als hätten wir immer noch ein Leben vor uns, das sich zu leben lohnte. Wir tratschten über die Professoren, die wir nicht mochten, und ignorierten die Tatsache, dass wir für eine ganze Weile die letzte Generation von Frauen sein würden, die in diesem Land Bildung bekommen hatten. In dieser Nacht lachten wir einfach nur die ganze Zeit.

Am nächsten Morgen nahm ich noch einmal denselben Weg. Ich fuhr durch die Taliban-Checkpoints, ging durch die Reihe von Taliban, die den Eingang zum Flughafen bewachten, ich gab bei dem Soldaten mein Gepäck auf und bekam eine Bordkarte.

Ich rief noch einmal Sangeena an, doch sie hob nicht ab. Sie hätte vor Ewigkeiten nach Quetta gelangen müssen, also hinterließ ich ihr eine aufgebrachte Nachricht: »Du rücksichtslose Göre! Du hängst dein halbes Leben am Telefon, aber wenn ich einmal hören will, ob es dir gut geht, gehst du nicht mal ran!« Ich tobte weiter, bis ich mitten im Wort abgeschnitten wurde, und dann schaltete ich mein Telefon aus und vergaß die Sache. Ich hatte Besseres zu tun, etwa, legal nach Pakistan zu gelangen nach allen Problemen, die ich dort gehabt hatte. Als wir endlich abhoben, war ich viel zu erschöpft, um irgendetwas zu fühlen. Ich blickte nicht zurück.

Auf dem Flughafen von Islamabad anzukommen fühlte sich nur unwesentlich besser an, als den Flughafen von Kabul zu verlassen; mir war früher nie aufgefallen, wie viele Männer in Uniform auf Flughäfen herumliefen. Sie wussten wohl nicht mehr, auf welche Art und Weise sie mich noch schikanieren sollten, denn ich betrat den Flughafen ohne Probleme. Listen wurden abgeglichen, und abgesehen davon, dass sie dreißig Sekunden auf meinen Namen starrten, stempelten sie anstandslos meinen Pass. Vielleicht waren es doch die vielen Ziegen, die meine Mutter geopfert hatte.

Noch einmal rief ich Sangeena an, und wieder konnte ich sie nicht erreichen. Ich meldete mich bei meiner Mutter, um ihr zu sagen, dass ich in Islamabad war, und um mich darüber zu beschweren, dass Esel meine Anrufe nicht annahm.

Meine Mutter hob beim ersten Klingeln ab. Sie war vollkommen aufgelöst.

»Wo ist Sangeena?«, lautete ihre zweite Frage, nachdem sie mich als Erstes gefragt hatte, ob meine Schwester umgebracht worden war, weil sie mir geholfen hatte, aus Afghanistan rauszukommen.

Es war wie ein Schlag in die Magengrube. Mir war gar nicht in den Sinn gekommen, dass ihr etwas passiert sein konnte – selbstverständlich ging es ihr gut. Sie war eine dumme Kuh, die ihr Telefon ausgeschaltet hatte, als sie es nicht hätte ausschalten sollen. Und ich war zu sehr mit meinen eigenen

Problemen beschäftigt gewesen, um nachzurechnen: Es waren mehr als sechsunddreißig Stunden vergangen, seit wir das letzte Mal etwas von ihr gehört hatten. Meine Schwester wurde vermisst.

Ich rief sofort den Cousin an, der sie zur Grenze fahren sollte, doch er hob auch nicht ab. Ich rief in dem Haus an, wo er und meine Schwester unterwegs Halt machen sollten. Sie bestätigten, dass die beiden durchgekommen waren, und wiesen mich darauf hin, dass Sangeena ihnen gesagt hatte, es gäbe noch einen weiteren Halt. Ich musste lächeln. Esel war nicht auf den Kopf gefallen, sie war so klug, Brotkrumen auf dem Weg zu streuen, damit wir sie im Notfall aufspüren konnten. Beim zweiten Haus erklärten sie mir, dass Sangeena und mein Cousin vor über vierundzwanzig Stunden in Richtung Grenze weitergefahren waren. Ihr Haus lag jedoch keine Stunde von der Grenze entfernt.

»Sie haben bestimmt eine andere Route genommen, deswegen braucht sie so lange«, versuchte ich meiner Mutter zu erklären. Doch meine Worte hatten nicht die erhoffte beruhigende Wirkung. Sie beschloss, selbst nach Sangeena zu suchen. Meine Mutter marschierte also zum Haus ihrer Schwester und verlangte, als sie barhäuptig dort ankam, dass jemand sie zur Grenze fuhr. Sie war nur ein einziges Mal ohne Kopftuch in der Öffentlichkeit gesehen worden – an dem Tag, an dem mein Vater starb. Sie versuchten, vernünftig mit ihr zu reden, und erklärten ihr das Offensichtliche, nämlich, dass die Grenze sehr lang war und dass es sinnlos war, nach Sangeena zu suchen. »Der ganze Staat Pakistan ist nicht fähig, die Grenzübertritte zu kontrollieren, aber du willst sie irgendwie allein finden?« Meiner Mutter war das egal, sie wollte Sangeena wiederhaben. Sie brauchten eine Stunde, um meine Mutter davon zu überzeugen, wenigstens ins Haus zu kommen.

Während meine Mutter durch Quetta irrte wie eine paschtunische Ophelia, versuchten Sangeena und mein Cousin, einen Weg aus Afghanistan hinaus zu finden. Sie schlossen sich einer Gruppe von Männern an, die zu Fuß in Richtung Grenze unterwegs waren. Unglücklicherweise verliefen sich die Männer heillos. Sie liefen zwei ganze Tage und schliefen zwei Nächte unter freiem Himmel. Zuerst betrachtete Sangeena es als Abenteuer, wie sie später berichtete: »Als wir das erste Mal für die Nacht irgendwo bleiben mussten, beschlossen die Männer, in der Nähe der Ruinen zu schlafen. Plötzlich erkannte ich, wo wir waren. Es war Khan Bibis Schloss. Ich war so aufgeregt, dass ich nicht schlafen konnte, und der Boden war auch zu unbequem. Ich lag nur da, betrachtete die Sterne und malte mir aus, wie sie gelebt hatte. Als ich endlich einschlief, träumte ich von ihr.« Sie machte eine Pause. »Weißt du, das war das erste Mal, dass ich dich und Vater und das, was ihr für Afghanistan empfindet, verstand. Ich wusste, warum.«

Doch Esel war noch nie berühmt für eine hohe Aufmerksamkeitsspanne, und am zweiten Morgen beschloss sie, dass sie die Nase voll hatte von diesem Camping-Trip. Sie zückte ihr Telefon. Sie wusste zwar, dass sie kein Internet hatte, aber sie hoffte, dass das GPS ihres Telefons zeigen würde, wo sie waren. Es funktionierte. Sie befanden sich viele Kilometer weit weg von da, wo sie hätten sein sollen; sie bewegten sich seit geraumer Zeit in Richtung der falschen Grenze. »Ihr Idioten!«, schrie Sangeena. Unserer Familie kann man wirklich nicht vorwerfen, wir würden um den heißen Brei herumreden. »Wenn wir in diese Richtung weitergehen, kommen wir in den Iran, nicht nach Pakistan.«

Doch die Männer setzten ihren Weg fort, ohne auf die Beleidigungen zu reagieren, mit denen sie sie überschüttete.

Sangeena schrie weiter und zeigte auf ihr Telefon. Sie weigerte sich, ihnen zu folgen. Mein Cousin wusste nicht, was er machen sollte. Die Männer beachteten sie nicht, aber sie sollten noch begreifen, dass man Esel nur auf eigene Gefahr ignorierte. Ein paar Wutanfälle später dirigierte sie die ganze Gruppe um. In die entgegengesetzte Richtung.

In die richtige Richtung.

Sie liefen stundenlang, doch unterwegs trafen sie keine anderen Menschen, keine Häuser. Sangeena betete seit dem Richtungswechsel um ein Zeichen, dass sie auf dem richtigen Weg waren, dass sie Pakistan erreicht hatten. Flüsternd wurde erster Widerspruch laut, und den wollte sie zum Verstummen bringen. Sie wollte auch ihre eigenen Zweifel zum Verstummen bringen.

»Ich habe Vater um Hilfe gebeten, um ein Zeichen. Es brauchte ja nicht gleich ein Schild mit der Aufschrift ›Willkommen in Pakistan‹ zu sein, aber irgendein Zeichen.« Genau wie ich wandte sich Sangeena in Zeiten der Bedrängnis an unseren Vater und teilte ihre flehentlichen Bitten gleichmäßig zwischen ihm und Gott auf.

Und dann bekam sie das Zeichen, auf das sie gehofft hatte.

Vor ihnen war etwas, ein Schatten, der Umriss eines Tieres, das an einen Pfosten gebunden war. Ein Pfosten, der in der Nähe von jemandes Haus sein musste. Ein Haus, das zu einem Dorf gehören musste.

Sie kniff die Augen zusammen, um zu erkennen, was sie da vor sich hatten. Nach einer Sekunde begriff sie, dass es ein Esel war, und brach in schallendes Gelächter aus.

»Wir sind in Pakistan, ich weiß es. Es ist ein Zeichen.« Sangeena weigerte sich zu erklären, was so lustig war oder woher sie wissen wollte, wo sie waren. Doch sie hatte recht, sie standen am Rand eines Dorfes, und das Dorf lag in Pakistan. Während die Männer Hilfe suchen gingen, blieb sie draußen und murmelte etwas über unseren Vater und seinen schrägen Sinn für Humor. Dass er uns immer den Weg zeigte.

Und das war nicht das letzte Zeichen an diesem Tag.

Mein Bruder, der sich auf den Weg gemacht hatte, um Sangeena abzuholen, schickte mir ein verwackeltes Video, auf dem ein Lastwagen zu sehen war, der vor ihm herfuhr. Die Lastwagenfahrer in diesem Teil der Welt verwenden sehr viel Zeit darauf, ihre Fahrzeuge zu dekorieren, sie malen sie mit wilden Farben an und schmücken sie gern mit Porträts von Bollywoodstars oder von ihren Kindern.

Der Lastwagen vor dem Auto meines Bruders war knallrot gestrichen und trug ein Bild meines Vaters.

Mein Bruder und ich brauchten eine Weile, um uns zu beruhigen. Wir waren gleichzeitig überwältigt, aufgedreht und den Tränen nahe. Wir waren dankbar, dass man sich noch an ihn erinnerte. Dass er noch in unserem Leben war.

So etwas zu sehen fühlte sich an wie ein Segen. Wir hatten so vieles verloren, dass es uns zuweilen so vorkam, als könnten wir uns niemals davon erholen. Doch dort war das Gesicht meines Vaters, auf die Rückseite eines Lastwagens gemalt, um uns daran zu erinnern, dass meine Schwester lebte, dass mein Bruder einen Stamm führte und dass ich auf dem Weg in die USA war. Selbst meine Mutter drehte nicht vollkommen durch. Es ging uns gut, wenigstens in diesem Moment.

Ich weiß nicht, wie unsere Geschichte endet. Nicht die Afghanistans, nicht die meiner Mädchen, nicht die meiner Familie. Nicht einmal meine eigene.

Es spielt keine Rolle. Manchmal ist alles, was man tun kann, einfach weiterzuschreiben.

Epilog

Mitte Oktober konnte ich endlich ein Häkchen hinter alles machen, was notwendig war, um Pakistan zu verlassen. Ich war an der richtigen Stelle ins Land gekommen, ich hatte die richtigen Stempel, und ich hatte auch das richtige Visum. Ich war in Islamabad, dem einzigen Ort, an dem durchreisende Afghanen und Afghaninnen sein durften. Alles war gut. Jetzt konnte ich nur noch warten – für mich die größte Herausforderung überhaupt. Nach all den hektischen Aktivitäten fühlte es sich an, als hätte jemand versehentlich den Pausenknopf gedrückt und ich würde zwischen zwei Leben schweben. Ich steckte in den weißen Seiten zwischen den Kapiteln fest, wo der eine Teil der Geschichte abgeschlossen ist, der nächste Teil aber noch nicht angefangen hat.

Tagelang starrte ich auf die vier riesigen Koffer, die in meinem Zimmer in dem Motel in Islamabad an der Wand aufeinandergestapelt waren, und versuchte erfolglos, mich daran zu erinnern, was genau in diesen Koffern war. Ich hatte sie gepackt, bevor ich Afghanistan verlassen hatte, und das kam mir jetzt vor wie in einem anderen Leben. Ich konnte mich weder aufs Lesen konzentrieren noch aufs Arbeiten, womöglich zum ersten Mal in meinem Leben. Ich wagte es definitiv nicht, über die Zukunft nachzudenken oder mir auszumalen, wie mein Leben wohl aussehen würde, sobald ich endlich in den USA gelandet wäre, sobald ich endlich ausgepackt hätte. Ich starrte bloß auf die Koffer.

Eine Pause hatte ich nur, wenn ich meine Familie sah. Sie waren nach Islamabad gekommen, um mich zu verabschieden, doch es kam keine rechte Abschiedsatmosphäre auf. Es hatte so viele Generalproben gegeben, dass niemand es mehr richtig ernst nehmen konnte. Wir lachten viel, und meistens war es ein nervöses Lachen, aber manchmal war es auch echt, manchmal lachten wir so unbekümmert, dass uns die Bäuche wehtaten.

Das ging zehn Tage lang gut, bis mich das nächste Debakel ereilte. Als hätte ich es nicht gewusst. Einen Tag vor meinem Flug trat, ohne anzuklopfen, der pakistanische Geheimdienst, der ISI, durch die Tür meines Zimmers. Sie öffneten einfach die Tür. Ich griff eilig nach meinem Schal, um mein Haar zu bedecken.

Mein erster Gedanke war: »Wieso denkt jeder, er könnte die Tür zum Zimmer einer Afghanin aufmachen, ohne zu klopfen?« Der zweite war: »Das war's. Das Ende der Fahnenstange.«

Zu siebt kamen sie, auf Urdu brüllend, hereinmarschiert und drängten sich in einem Raum, der wahrlich nicht groß genug war für uns alle.

Sie wandten sich schnurstracks meinen Koffern zu und machten sich methodisch daran, sie zu öffnen und alles zu inspizieren, was ich eingepackt hatte. Meine Kleider, meine Schuhe, meinen Gebetsteppich. Sie zogen meine BHs heraus, einen nach dem anderen. Jede Bewegung wirkte choreografiert und so konzipiert, dass sie den Verlust der Würde maximierte und mich durch Demütigung lähmte. Ich schloss einfach die Augen, doch so sehr ich mir auch wünschte, sie wären weg, sie waren noch da, wenn ich die Augen wieder aufschlug.

Das passiert nicht. Das kann nicht passieren. Was dachten sie denn, was sie in diesen Koffern finden würden? Im Futter meiner Kleider? Ich machte mir Vorwürfe. »Das ist für die vielen Male, wo ich nicht den Blick gesenkt habe. Ich bin selbst schuld. Dafür erfahre ich jetzt gleich, was in den Koffern ist.«

Zuerst stellten sie allgemeine und meistens rhetorische Fragen: »Sie reden gern viel, nicht wahr?«

»Sie durchsuchen meine Sachen, weil ich viel rede?«, erwiderte ich ungläubig. Wenn Reden ein Verbrechen wäre, hätte man mich schon vor langer Zeit hingerichtet. Wahrscheinlich hätten es meine Eltern getan. Ich fragte nicht einmal, ob sie etwas Besonderes meinten oder ob es nur der allgemeine Verdruss über eine Frau war, die Widerworte gab.

Doch plötzlich wurden ihre Fragen sehr spezifisch. Sie wollten mir klar machen, dass sie von meinen früheren Versuchen, das Land zu verlassen, wussten.

»Warum waren auf dem Flughafen in Karatschi Diplomaten bei Ihnen?«, fragte einer aus heiterem Himmel. Er meinte meine diplomatische Begleitung bei den beiden früheren erfolglosen Versuchen, dieses elende Land zu verlassen.

»Ich bin Aktivistin.« Ich ging nicht davon aus, dass ich das weiter ausführen musste.

»Aktivisten brauchen keinen Schutz durch US-Diplomaten«, schnaubte einer der Männer.

Jetzt war es an mir, zu schnauben. »Glauben Sie wirklich, es gibt in der Welt noch einen einzigen Menschen, der nicht weiß, dass Pakistan eine große Abneigung gegen Aktivisten hat?« Ich dachte an meinen Vater, dessen Zusammenstöße mit der pakistanischen Obrigkeit für ihn ziemlich oft im Gefängnis geendet hatten; ich dachte an die wöchentlichen Berichte über Menschen, die spurlos verschwanden. Manche tauchten Monate später wieder auf und erzählten Geschichten über Folterungen, doch die meisten kamen nie mehr wieder. Der ISI war schon lange beim Großreinemachen. Menschenrechtsorganisationen haben über tausend Fälle dokumentiert, bei denen im Laufe der Jahre Paschtunen-, Sindhi- und Belutschen-Aktivisten und -Aktivistinnen weggefegt wurden. In den meisten Fällen genügte ein bestimmter Dreiklang – Angehörige einer Minderheit zu sein, überhaupt eine Meinung zu haben und ein Facebook-Profil zu besitzen –, um »gewaltsam zu verschwinden«, wie sie es nannten.

Ich erfüllte diese Anforderungen bis aufs i-Tüpfelchen.

Der Gipfel der Ironie war, dass diese Befragung das einzige Mal war, dass ich unbesorgt Widerworte geben konnte. Meine Antworten spielten kaum eine Rolle, denn der Ausgang dieser Befragungen war schon festgelegt worden, lange, bevor sie den Raum betreten hatten. Ich war die Einzige, die noch im Dunkeln tappte, sie jedoch wussten längst, ob ich ihren Besuch überleben würde oder nicht.

Das lebhafte Hin und Her über die Rolle und die Beliebtheit von Aktivisten in Pakistan ging noch eine Weile weiter, bevor der ISI-Mann zum eigentlichen Punkt kam.

»Sie sind eine CIA-Agentin.«

»Na also«, dachte ich. Diese Anschuldigung versetzt in diesem Teil der Welt jeden in Angst und Schrecken, hauptsächlich, weil dafür weder ein Beweis noch eine Grundlage in der Realität erforderlich ist. Sie ist nur das Vorspiel zu einer langen Inhaftierung und einem drohenden Todesurteil; der erste Schritt, um einen Menschen auf eine Zahl in einer Menschenrechtsstatistik zu reduzieren. Es steckt auch eine subtile Beleidigung darin, nämlich die, dass man kein würdiger, zu unabhängigen Gedanken fähiger Gegner ist. Jemand, der klüger ist, musste einen gewiss dazu verleiten. Ich hätte entsetzt sein müssen, als er das sagte, doch die letzten Monate hatten meine

Geduld für bewaffnete Männer, die mir sagen wollten, wer ich war oder wer ich sein sollte, vollkommen überstrapaziert.

Ich nahm den Kopf zwischen die Hände. Ich hatte nichts anderes mehr zu bieten als Verachtung.

Leider ließ meine Retourkutsche am Ende einiges zu wünschen übrig. »CIA-Agentin? Allein in meinem Zimmer in irgendeinem Motel, wo Sie mich ganz leicht finden können? Wissen Sie nicht, dass eine richtige Agentin nicht so dumm wäre? Sehen Sie sich keine Filme an?« Es war wohl das allererste Mal, dass eine Person sich bei dem Versuch, ihre Unschuld zu beweisen, auf Filmplots bezog, doch ich fand es sehr passend. Meine Erwiderung war so schwachsinnig wie ihre Anschuldigung dämlich. Ich bin diesen Teil der Befragung seither unzählige Male im Kopf durchgegangen, und ich habe eine sehr eloquente Erwiderung parat, falls ich je wieder in eine solche Situation kommen sollte. Doch damals hatte ich einfach keine passende Antwort.

Trotzdem war ihnen schnell klar, dass dies nicht die Fragerichtung war, die es sich weiter zu verfolgen lohnte. Also setzten sie woanders an.

»Wie sind Sie nach Afghanistan gekommen? Wie sind Sie durch die Taliban-Kontrollen gekommen? Wie sind Sie rausgekommen?«

Ich lachte. »Wäre es nicht einfacher, die Taliban zu fragen? Sind das nicht Ihre Leute?« Sie waren nicht amüsiert, doch meine Respektlosigkeit war ohnehin von kurzer Dauer. Nach ungefähr zwei Stunden Befragung verliert man allmählich den Sinn für Humor. Dann kommt langsam Verzweiflung auf, so sehr man sich auch dagegen wehrt.

Irgendwann antwortete ich einfach gar nicht mehr. Egal, was sie fragten, ich wedelte nur mit meiner Stipendiumszusage von den Wellesley Centers for Women. Ich hatte mir für die Reise mehrere Kopien davon gemacht, denn ich wusste, dass ich sie bei jedem Zwischenaufenthalt unterwegs vorzeigen musste. Mir war klar, dass alle eine Erklärung dafür verlangen würden, dass ich so viel Glück hatte und das alles hinter mir lassen durfte.

»Ein Stipendium! An einer Universität!«

Sie brauchten sechs Stunden, um die Durchsuchung meiner Sachen und meine Befragung abzuschließen. Sechs Stunden. Dann verließen sie mich so abrupt, wie sie gekommen waren. Ich erhob mich von dem Bett, auf dem ich gesessen hatte, und musste mich gleich wieder hinsetzen, weil mir schwindlig war. Mein Herz fühlte sich an, als wollte es mir aus der Brust springen. Ich konnte nicht sagen, ob die Panik erst anfing, nachdem sie weg waren, oder ob ich sie erst jetzt bemerkte.

Ich sah mir meine Besitztümer an, die im ganzen Motelzimmer verstreut waren, und ein gewisser Pragmatismus legte sich über meine Verzweiflung. »Ich kann nichts von diesen Sachen jetzt tragen. Was soll ich für den Flug anziehen?« Alle Kleider, die ich gepackt hatte, waren jetzt schmutzig, nicht nur, weil sie auf dem Boden lagen, sondern weil ich davon überzeugt war, dass sie alles mit ihren dreckigen Fingern beschmutzt hatten. Ich brachte es nicht über mich, etwas anzuziehen, was sie angefasst hatten. Ich hatte noch ungefähr fünfzehn Stunden bis zu meinem Flug und weder die Zeit noch den Ort, um etwas zu waschen. Also beschloss ich, einfach die Sachen anzubehalten, die ich jetzt trug, und ging zu Bett. Ich konnte nicht schlafen, ich lag bloß im Bett, voll angekleidet, das Kopftuch auf dem Kopf, für den Fall, dass sie zurückkamen.

Ich kann mich nicht daran erinnern, wie ich das Flugzeug bestiegen habe, ich war viel zu sehr mit dem Gedanken beschäftigt, dass immer noch alles schiefgehen konnte. Ich dachte die ganze Zeit, der ISI würde irgendwie wie von Zauberhand auftauchen und mich mitnehmen. Jeder Schritt, jede Etappe auf dem Weg in das Flugzeug war eine weitere Gelegenheit, mich aufzuhalten.

Taschenkontrolle.

Check-In.

Passkontrolle.

Boarding.

Sobald ich auf einen Mann in Uniform zugehen musste, und sei es auch nur eine Fluglinienuniform, war ich überzeugt, meine Reise wäre hier und jetzt zu Ende. Selbst beim Zwischenstopp in Doha ließ ich auf der Suche nach den Männern vom ISI den Blick durch den Wartebereich schweifen. Erst irgendwo über Europa hörte ich auf, mir Sorgen um die pakistanischen Behörden zu machen.

Gerade rechtzeitig, um mir erste Sorgen darüber zu machen, wie die Befragung durch die US-Einwanderungsbehörde wohl werden würde.

Als ich am Flughafen Logan in Boston ankam, trug ich ein Kopftuch und ein afghanisches Kleid und darunter meine neuen Turnschuhe. Ich sah exakt so aus, wie ich mich fühlte: die Füße fest auf amerikanischem Boden, doch der Rest von mir immer noch in Afghanistan. Prompt wurde ich zur Befragung gebeten. Ich konnte nichts gegen das mulmige Gefühl in meinem Magen tun. Da ich nur Erfahrungen mit der Befragung durch den ISI hatte, wusste ich nicht, was mich erwartete. Mir graute davor, dasselbe noch einmal durchzumachen. »Eines Tages werde ich reisen können, ohne überall wie eine Kriminelle aus der Schlange geholt zu werden«, versprach ich mir.

Man bat mich, in einem kleinen Zimmer zu warten. Als endlich die Tür aufging, trat eine Frau ein.

Bei ihrem Anblick atmete ich hörbar aus. »Oh, Gott sei Dank.« Ich war mir nicht sicher, ob ich damit klargekommen wäre, noch einmal von Männern befragt zu werden. »Danke, Gott, dass du eine Frau geschickt hast. Danke.«

Meine Laune besserte sich augenblicklich. »Das hier ist anders«, feixte ich innerlich. »Hier erledigt eine Frau den Job von sieben pakistanischen Männern«, dachte ich, was sehr kleinlich war, aber ich konnte einfach nicht anders.

Es *war* anders. Die Fragen waren weniger aufdringlich; vielleicht, weil es richtige Fragen waren und keine mit einem Fragezeichen verbrämten Anschuldigungen. Die Dame von der Einwanderungsbehörde war äußerst gründlich, doch die Luft war leichter zu atmen. Sie drang auch ganz schön in meine Privatsphäre ein, doch ihre Gründlichkeit fühlte sich eher an, als würde ich von meiner gemeinsten, neugierigsten Verwandten ausgefragt, als vom ISI in die Zange genommen. Trotz meines Unbehagens musste ich – natürlich immer zum unpassendsten Zeitpunkt – ab und zu kichern, wenn ich an das 7:1-Verhältnis der Vernehmenden dachte. Falls sich die Dame von der Einwanderungsbehörde wegen meiner sporadischen unerklärlichen Kicheranfälle Gedanken über meine psychische Gesundheit machte, ließ sie es sich nicht anmerken. Sie machte einfach weiter.

Ich zückte meinen Brief von Wellesley, und sie inspizierte ihn höflich, obwohl wir beide wussten, dass sie ihn gewiss schon gesehen hatte. Schließlich war der Brief die Grundlage für mein US-Visum. Der Brief war adressiert an »Pashtana Durrani, Gründerin und Geschäftsführerin von Learn Afghanistan, (ungenannte Adresse)«. Ich konnte ihn inzwischen auswendig zitieren: »Liebe Ms. Durrani, Wellesley Centers for Women am Wellesley College freut sich, Ihnen diese Einladung zu übersenden, als Visiting Fellow …« Trotz seiner gewöhnlichen Standardformulierungen war dieser Brief für mich zutiefst persönlich.

Es dauerte ungefähr eine Stunde, bis die Dame von der Einwanderungsbehörde mich in den Vereinigten Staaten willkommen hieß.

Vollkommen schockiert war ich, als sie mir anbot, mir mit den Koffern zu helfen, denn das war das Letzte, womit ich gerechnet hatte. Hatte ich sie vielleicht falsch verstanden? Vielleicht kam jetzt der Teil, wo sie meine ganzen Sachen rauszerrte, genau wie der ISI? Sie ging zum Gepäckband, und ich folgte ihr, unsicher, was als Nächstes passieren würde.

Als ich den Berg von Gepäck identifiziert hatte, der mir gehörte, drehte sie sich auf den Absätzen um und sagte: »Sie brauchen einen Gepäckwagen.« Gepäckwagen kosteten einen Dollar. Einen Dollar, den ich nicht hatte. Das war mir vollkommen klar, trotzdem kramte ich auf der Suche danach in meinen Taschen. Die Dame von der Einwanderungsbehörde achtete nicht auf meine Bemühungen, sondern steckte einfach einen Dollar in den Schlitz. Was nicht hieß, dass ich aufhörte zu suchen. Ich hatte die wenigen Scheine, die ich besaß, aufgeteilt, bevor ich Islamabad verließ, und aus Vorsicht in den Taschen an meinen Kleidern und meinen diversen Gepäckstücken verteilt. Jetzt konnte ich mich natürlich nicht daran erinnern, wo sie steckten.

Endlich stöberte ich zwanzig Dollar auf und sagte: »Bitte nehmen Sie sie. Sie können mir helfen, sie zu wechseln. Ich will nicht, dass Sie Ihr Geld für meinen Gepäckwagen ausgeben.«

Ihr Blick wurde augenblicklich hart. »Sie können einer Beamtin hier kein Geld geben.«

Bei diesen Worten machte ich augenblicklich einen Schritt nach hinten. Hatte sie gerade angedeutet, ich hätte ihr Bestechungsgeld zustecken wollen? Ich lief knallrot an und spürte, wie meine Wangen und Ohren brannten. »Bitte, Gott, schlag mich tot, es wäre das beste Ergebnis für alle Beteiligten.«

Als ich schließlich etwas sagte, war meine Stimme deutlich höher als normalerweise. »Ich will meine Schulden begleichen, ich will Sie nicht bestechen.« Meine Erklärungen änderten jedoch nichts daran, wie sie mich ansah.

»Na, super«, dachte ich. »Ich bin noch keine drei Stunden im Land und werde gleich abgeschoben, weil ich versucht habe, eine Beamtin zu bestechen.« Ich war zutiefst beschämt.

Sie schob mich nicht ab.

Sobald meine Koffer und Taschen auf dem Gepäckwagen verstaut waren, winkte sie mir zum Abschied. Mein Versuch, sie zu »bestechen«, war mir anscheinend verziehen worden. Sie wünschte mir viel Glück »in meinem neuen Leben«. Sie lächelte mich jetzt sogar an, ein echtes, breites Lächeln. Ich schob den Gepäckwagen durch die hell erleuchteten Gänge im Niemandsland des Flughafens, bis mir das Gewusel der Ankunftshalle entgegenschlug. Zwei Flüge und zwei Befragungen später kam ich endlich an.

Man sagt, es dauert drei Monate, bis Heimweh aufkommt. Am Anfang ist man abgelenkt, weil alles neu ist; nach drei Monaten hat sich die erste Aufregung allmählich gelegt.

Ich lebte jetzt allein in einer Wohnung, die für die Stipendiatinnen am Wellesley College reserviert war. Morgen für Morgen wachte ich mit einem Gefühl der Unsicherheit auf. Es dauerte eine Weile, bis ich die genaue Quelle meines Unbehagens ausgemacht hatte und begriff, dass es die Abwesenheit von Lärm war, die mich so irritierte. Zu Hause hatte ich oft die Nacht durchgearbeitet und war in einem hektischen Haushalt aufgewacht, zum Lärm von aneinanderschlagenden Töpfen und Stimmen, die laut von einem Zimmer zum anderen riefen. Mein ganzes Leben lang hatte ich meinen Geschwistern gesagt, sie sollten leise sein. Ich hatte wahrlich nicht erwartet, dass ich ihren Lärm vermissen würde.

Ich löste das Problem dadurch, dass ich einen Fernseher mit einer Zeitschaltuhr versah. Jeden Morgen geht im Zimmer nebenan um fünf Uhr mein Fernseher an, wo Zeichentrickfilme laufen. So muss ich mich erst mit meiner neuen Realität auseinandersetzen, wenn ich richtig wach bin.

Die Zeichentrickfilme laufen im Hintergrund auch noch, wenn ich mein Telefon checke. Wegen des Zeitunterschieds haben die Menschen in Afghanistan bis dahin schon den halben Tag hinter sich, und es gibt viel aufzuholen. Ich habe keine großen Erwartungen, denn nur selten gibt es gute Nachrichten. Meistens erwarten mich grauenvolle Geschichten über Hunger, die drohende Hungersnot und die langsam wachsende Zahl von Erlassen, die die Frauenrechte weiter einschränken.

Eine Weile kämpfte ich beherzt darum, weiter so zu tun, als wären die Dinge gar nicht so anders. Ich versuchte unverdrossen, in einer anderen Zeitzone wach zu sein, die Nachrichten aus Afghanistan in Echtzeit anzuschauen und im Laufe des Tages mit meinen Mitarbeiterinnen von »Learn« – und mit meiner Mutter – zu sprechen.

Ich lebte mein Leben auf WhatsApp und Zoom. Seit der Rückeroberung Afghanistans erlauben die Taliban nur Jungen den Schulbesuch über die sechste Klasse hinaus. Sie behaupten, die Mädchen könnten bloß wegen der logistischen Herausforderungen, die ihr Schulbesuch darstellt, nicht zur Schule gehen. »Es geht nicht um Ideologie oder fehlendes Engagement«, wiederholen sie in ihren Statements. »Ab dem neuen Schuljahr im März dürfen die Mädchen wieder die Schule besuchen.«

Ob nur vorübergehend oder von Dauer, innerhalb weniger Tage nach der Übernahme des Landes durch die Taliban richtete ich unverzüglich alle meine Bemühungen – und die Ressourcen von »Learn« – darauf, höhere Klassen zu unterrichten. Unsere Ausbildungszentren blieben offen, sie überlebten die Übernahme, und sie überlebten auch mein Fortgehen aus Afghanistan. Dass ich jahrelang den Gemeinden die Hand gereicht hatte und mich unzählige Male mit den Stammesführern getroffen hatte, zahlte sich jetzt aus. Jetzt reichten die Gemeindeführer mir die Hand. Wir machten in vier verschiedenen Provinzen weiter, getarnt als Ernährungskurse, Gedicht- oder Nähzirkel, in denen wir rund vierhundert Mädchen unterrichteten.

Das Modell war simpel. Die Gemeinden mussten sich verpflichten, für den Schutz der Mädchen zu sorgen, was hauptsächlich in dem Versprechen bestand, sie nicht an die Taliban zu verraten. Und sie mussten einen Raum zur Verfügung stellen, wo sie sich treffen konnten. Was den Raum anging, war ich nicht wählerisch – es war mir egal, ob sie ein Gemeindezentrum nahmen oder ein Privathaus, solange sich die Mädchen zu einer bestimmten Zeit für ein paar Stunden treffen konnten. Dafür bekamen sie von »Learn« Zugang zum gesamten Unterrichtsstoff und zu Online-Tutorien, falls diese gebraucht wurden, sowie ein Tablet für jeweils zwei Mädchen. Wir boten auch digitale Alphabetisierungskurse an, die später für im Verborgenen liegende, diskrete Arbeitsplätze für Frauen sorgen würden, die einzige Möglichkeit unter der Taliban-Herrschaft. Alle Lehrerinnen und IT-Spezialistinnen wurden aus der Gemeinde rekrutiert, was die Bindung an die Schule weiter festigte. Ich bekam immer wieder Anfragen, weitere Zentren zu gründen, doch dafür fehlte das Geld.

Geld aufzutreiben war der Fluch meiner Existenz. Wenn

Leute hörten, dass es immer noch eine Möglichkeit gab, afghanische Mädchen zu unterrichten, dass da jemand war, die es weiterhin versuchte, war die anfängliche Begeisterung immer groß. Doch die wenigsten der etablierten, großen Organisationen, die Projekte finanzierten, waren bereit, mir einen Vertrauensvorschuss zu geben oder sich gegen die offiziellen Verbote zu stellen. Das lag zum Teil daran, dass sie fürchteten, zukünftige Bemühungen zu gefährden – etwas, was ich sehr gut verstand. Doch für mich hatten die Mädchen in meinem Programm Namen und Gesichter. Ich wusste einfach nicht, wie ich ihnen sagen sollte, sie müssten warten. Für mich waren sie es wert, das Risiko einzugehen.

Wenn die Mädchen im neuen Schuljahr den Schulbesuch fortsetzen könnten, würde sich all das landesweit ändern, da waren sich alle Bildungsorganisationen einig. Am 23. März 2022 würde ein neues Leben beginnen. Wir würden ganz offen agieren können. Alles würde leichter werden.

Monatelang bereitete ich mich auf diesen Tag vor, organisierte Lehrerinnen und Logistik, Curricula und Klassenzimmer. Dies würde unser Tag werden. Die Geldbeschaffung würde leichter, wir könnten mehr Zentren gründen, mehr Mädchen erreichen. Ich hatte vor, mitten in der Nacht aufzustehen, um zuzusehen, wie die Mädchen wieder in die Schule gingen. Ich war aufgeregter, dass die Mädchen an diesem Tag wieder zur Schule gingen, als an meinem eigenen allerersten Schultag.

Im Vorfeld dieses Tages war das Medieninteresse groß. Ich hatte mehrere Interviews verabredet, wenn die Schulen wieder öffnen würden. Tagelang suchte ich nach dem passenden Hintergrund für meine Zoom-Gespräche, denn man hatte mir gesagt, mein Büro sähe aus wie ein Besenschrank. »Zeigen Sie die Bücher!«, schlug eine Produzentin vor. Ich stellte meinen

Computer woanders hin, doch auf den Plastikregalen hinter mir, die jetzt ins Bild rückten, lagen drei Bücher, anscheinend nicht die Bücherwand im Hintergrund, die sie sich vorgestellt hatte. »Ich kaufe eBooks«, versuchte ich zu erklären. »Die kann man überallhin mitnehmen.« Wer mehrfach sein Zuhause verliert, lernt, mit leichtem Gepäck zu reisen.

Es gab noch eine andere Möglichkeit, sagte ich und trug meinen Computer ins Wohnzimmer. Über dem Sofa hing eine riesige Afghanistan-Flagge aus Nylonstoff, die mit Klebeband an der Wand befestigt war. Stolz nahm ich davor Platz. Die Producerin kreischte förmlich auf. »Nein, bitte nicht! So sieht es aus wie ein Geisel-Video.« Plötzlich schien der Besenschrank doch nicht so schlecht zu sein.

Der Tag fing gut an. Zur Abwechslung lächelte ich, als ich durch meine sozialen Medien scrollte – etwas, was nicht oft passierte. So viele frisch gebügelte Schuluniformen, saubere Schuhe, frisch gespitzte Bleistifte waren zu sehen, als die Mädchen sich im ganzen Land auf den Weg in die Schule machten.

Es währte nicht lange. Als die Mädchen zu den Schulen kamen, wurden sie von geschlossenen Toren und bewaffneten Taliban-Wachen begrüßt. Das Verbot, das – trotz der vielen Versprechungen des Gegenteils in den vorausgegangenen Monaten – an diesem Morgen erlassen worden war, besagte, dass kein Mädchen über die sechste Klasse hinaus die Schule besuchen durfte. Eine Hundertachtziggradwende, die in einer kurzen Stellungnahme übermittelt wurde, ohne weitere Erklärung. Wieder einmal war Afghanistan offiziell das einzige Land in der Welt, in dem es Mädchen nicht erlaubt ist, eine weiterführende Schule zu besuchen. Bald quoll mein Posteingang über vor Interviewanfragen.

Niemand scherte sich mehr um meinen Zoom-Hintergrund.

Die Verzweiflung in den Videos von Mädchen nach dem Verbot sind wie Schläge in die Magengrube. Nach einer Weile verschwammen sie alle miteinander, bis auf eines. Das Mädchen war vielleicht vierzehn Jahre alt. Sie wiederholte, als könnte sie es einfach nicht glauben, immer wieder: »Sie haben die Mädchen nicht reingelassen. Sie haben gesagt, die Mädchen dürfen die Schule nicht betreten.« Sie gehörte eindeutig zu denen, die nicht eingelassen worden waren, doch sie sprach von sich in der dritten Person, sie hatte ihr Selbstgefühl schon verloren. Als ich ihr zusah, schien mir, als wäre der Kampf vorbei, als wäre der Krieg darum, afghanischen Mädchen Zugang zu Bildung zu gewähren, für immer verloren. Die Niederlage war so allumfassend, dass es vernünftig schien, die weiße Flagge zu schwenken. Die Taliban hatten das Ende neu geschrieben.

Es ist ein Jahr her, seit ich mein Land verloren habe. Ab und zu wurden die unvorstellbaren Verluste von kleinen persönlichen Siegen aufgewogen. Im Juni 2022 machte ich endlich meinen Abschluss an der Uni, aus der Ferne und ohne Glanz und Gloria. Es gab weder Robe noch Hut, nicht einmal ein Diplomzeugnis. Nach allem, was passiert war, hatte das Ausdrucken der Zeugnisse keine besonders hohe Priorität. Die Verwaltung versprach ein pdf-Dokument als Platzhalter und einen Link zu einer Zoom-Konferenz, auf der die Namen der Absolventen und Absolventinnen verlesen werden sollten. Die einzige Anerkennung für jahrelange Bemühungen war ein E-Mail-Anhang.

Doch als der Tag meines Abschlusses kam, spielte es kaum eine Rolle, dass das Ganze so dürftig und willkürlich war. Es ging überhaupt nicht um den akademischen Titel. Es ging darum, dass ich die Ziellinie erreicht hatte, trotz des Krieges, obwohl ich mein Land verloren hatte, obwohl ein Gesetz verabschiedet worden war, das mir verbot, überhaupt eine Universität zu besuchen. Ich machte meinen Abschluss durch die Gnade Gottes, doch es war der Glaube meines Vaters an mich, der mir die Außenseiterchance gegeben hatte, an diesem Tag dort zu sein. Es erinnerte mich an sein stures Beharren, dass ich einen Weg finden würde, dass ich es hinkriegen würde, selbst wenn alles um mich herum auf das Gegenteil deutete. Er hatte mir beigebracht, dass es sich bei manchen Dingen lohnt, zu kämpfen, egal, wie gering die Chancen stehen oder wie dünn gesät die Siege unterwegs waren. Seinetwegen weigerte ich mich zu akzeptieren, dass Bildung etwas ist, was man der Hälfte der Menschheit verweigern kann. Seinetwegen kämpfe ich weiter für meine Mädchen.

Was mich weitermachen ließ, war nicht mein eigenes Diplom, sondern die dreiundachtzig Diplome, die ich austeilen würde. In demselben Monat, in dem ich meinen Abschluss machte, erreichte die erste Klasse afghanischer Mädchen in meinem Programm den Highschool-Abschluss. Sie machten ihren Abschluss digital, in Gebieten ohne Internet, in einem Land, das ihnen verbot, eine höhere Schule zu besuchen. Das war ein Sieg, egal wie klein. Dies war nicht der Zeitpunkt, über fehlende Finanzierung und über die Grenzen des Programms nachzudenken. Dies war ein Tag zum Feiern.

Das »Learn«-Budget reichte nicht, um eine richtige Party zu schmeißen, aber ich sparte und schickte von meinem eigenen Geld etwas für Saft und Süßigkeiten. Ich wollte, dass sie sich daran erinnerten, dass das, was sie erreicht hatten, ihnen einst unmöglich erschienen war. Wenn man stur genug ist und wenn man es entschlossen genug versucht, kann man das, was möglich ist, manchmal korrigieren. Und es braucht ein wenig Glauben und Bereitschaft, um zu kämpfen.

Bemitleidet meine Mädchen nicht wegen der geringen Chancen, die sie haben. Mitleid ist ein jämmerlicher Ersatz für Hoffnung.

Blickt an unseren Niederlagen vorbei und beurteilt uns aufgrund unseres Glaubens und unserer Bereitschaft zu kämpfen. Das können die Taliban uns nicht nehmen.

Ich bin zum Kampf bereit. Und meine Bildung ist meine Rüstung.

Mit meinem Vater, dem ich viel zu verdanken habe

Jedes Kind hat ein Recht auf Bildung

Pashtanas Dank

Ich danke …

Zalmai Khan Barakzai und Robina Zalmai, deren Geduld ich reichlich auf die Probe gestellt habe und die es trotzdem ihr ganzes Leben lang mit diesem hochfunktionalen Kind auf sich genommen haben.

Meinen Geschwistern Sangeena und Pasthoon – die ich hier das einzige Mal tatsächlich meine Geschwister nenne und akzeptiere, dass sie mit mir verwandt sind – für ihre Geduld und für die vielen Male, als ich sie herumkommandiert habe. Aber auch für die Male, wo sie mich mit ihren kleinen Herzen und mutigen Seelen beschützt haben.

Sarah De Mol und Tashfain, zwei großartigen Freunden, die an meine Sache glaubten, lange bevor ich daran glaubte.

Giada Bleeker (Kochai), einer Freundin, die nur wenige Kilometer entfernt war (Helmand), die ich aber in vier Jahren nie getroffen habe und die doch alles unterstützte, was sich, wie wir als Frauen glaubten, in Afghanistan zum Guten verbessern ließe.

Jessica, ein Kraftwerk, das an den Altruismus von Menschen glaubt und an die Tatsache, dass Bildung unser Ausweg aus diesem Konflikt ist.

Tamara, dem einzigen Menschen, dem gegenüber ich mich öffnen kann, auch wenn ich trotzdem mehr Angst vor ihren *chappals* (Pantoffeln) habe als vor denen meiner Mutter. Sie ist auch der einzige Mensch, der fand, dass ich zwar laut bin, dass meine Arbeit aber trotzdem etwas taugt.

Amna, die Berge versetzte für ein Kind, das so willensstark war und die doch nie die Geduld mit mir verlor.

Sosun und Mursel, die überzeugt sind, dass es für jedes Problem eine Lösung gibt.

Mina Sharif, meiner Seelenschwester, die mich vor allem Negativen beschützte und mir half, meine Seele zu heilen, als ich Afghanistan verließ. Sie war der einzige Mensch, den ich jedes Mal anrief, wenn sich mein Herz anfühlte, als würde es explodieren.

Makiz, Shefa und Taqween, alle drei intelligente, beste Freunde, die mir gezeigt haben, dass am Ende des Tunnels immer ein Licht ist und dass die Welt nicht jedes Mal zusammenbricht, wenn ich mal Gefühle zeige.

Meinen Großeltern mütterlicherseits, Bibi Amina Achakzai und Syed Rasool Kakar, die sich in ihrer Welt nicht viel leisten konnten, die mich aber mit ihrer Liebe und ihrem Zuspruch überschütteten und dafür sorgten, dass ich meine Schulbildung ernst nahm (und die mir das beste Malbuch auf diesem Planeten und die besten Buntstifte kauften).

Meiner Großmutter väterlicherseits, Khan Bibi Barakzai, deren Geschichten mich alle Dinge hinterfragen lassen, die unter dem Deckmantel der Religion weitergegeben werden, die jedoch nur Männer begünstigen und nichts mit Religion zu tun haben.

Emily Kaiser vom Aspen Institute und Alice, meiner Agentin.

Tamaras Dank

Ich danke allen, die dieses Buch möglich gemacht und uns auf dem Weg ermutigt haben. Qais, der mich vor einigen Jahren mit Pashtana bekannt machte mit den Worten: »Sie ist genauso verrückt wie du.« Das ist sie definitiv. Amy, von *Women:* Ungeteilter Dank für ihre frühe Unterstützung, als dieses Buch sie am meisten brauchte. Alice, weil sie an uns geglaubt hat. Ramona für ihre geduldigen, frühen und großartigen Lektoratsvorschläge. Allen afghanischen Mädchen: Ein Hoch auf euch! Und schließlich gelten meine Liebe und mein Dank meiner Familie, Mike, Dora und Kai. Wie alle wissen, die während der Pandemie von zu Hause aus gearbeitet haben, habe ich genauso viel trotz euch fertig gekriegt wie wegen euch.